クリニカル・エリクソン

その精神分析の方法：治療的かかわりと活性化

スティーブン・シュライン［著］
鑪 幹八郎・松本寿弥［訳］

The Clinical
Erik Erikson
A Psychoanalytic Method of Engagement and Activation

誠信書房

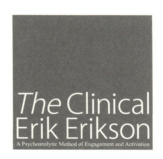

THE CLINICAL ERIK ERIKSON:
A Psychoanalytic Method of Engagement and Activation

Authorized translation from English language edition published by
Routledge, a member of the Taylor & Francis Group LLC.
through Japan UNI Agency, Inc., Tokyo

エピグラフ

EPIGRAPH

大局的な展望と臨床的な方法をつくりあげる努力のなかで、エリクソンは著書『青年ルター *Young Man Luther*』（1958）の序文で、次のように述べている。

私は、一人の（必ずしも愛すべきとはかぎらない）青年が、その時代の最前線において人間的**実存**の問題と直面している姿に、同情と共感を惜しむことはできない。こうした最も単純な意味で使うことにする。このことばは、どの学派の専売特許でもないからである。**実存的**ということばを、

（Erikson, 1958, p. 22）

ジョーン・エリクソン著『活動・回復・成長 *Activity, Recovery, Growth*』（1976）の「あとがき」にあるように、成長のために欠くことのできない環境的条件や諸要素について、エリクソンは発達的な視点をもたらした。

成長するものは、自分の開花を助けるもの、また、枯れさせるものは何か、ということをはっきりと示す際に、迷うことなくやったぞと主張することも愚痴ることもなく、成長を促し、衰弱を避けるために、最も単純な意志を働かせることだけを要求するのである。

（Erikson, 1976, p. 265）

エリク・エリクソン（1969年）、マサチューセッツ州コートウィットにて。
ヤン・エリクソン撮影。

まえがきと謝辞

PREFACE AND ACKNOWLEDGMENTS

この出版計画は一九八九年にはじまった。その頃、私はエリク・エリクソンと一緒に、マサチューセッツ州ストックブリッジにあるオースティン・リッグス・センターで仕事をしていた。私はエリクソンの『ひとつのものの見方 *A Way of Looking at Things*』という著作集を出版したばかりであった。そしてエリクソンに向かって、注意深くではあったがやや唐突に、彼の心理療法の仕事を出版することを手伝わせていただけないだろうか、と尋ねた。エリクソンの最初の反応は、ややぶっきらぼうなものであった。「君は今日、編集者のイスを得たということかね」とエリクソンは言った。明らかに不意を突かれた様子で、私の要求に少し不快そうであった。それから、「そのような個人的な資料を出版したいかどうか、自分でもよくわからないんだよ。しかし、考えてみよう。あとで連絡するから」と続けた。数週間後、エリクソンが私を呼んで、企画書をまとめてくれれば自分の編集者と妻のジョーンと検討すると言った。企画書を仕上げた私は、マサチューセッツ州ケンブリッジにあるエリクソンの家で彼と会った。

最初にエリクソンは前に言ったことを繰り返した——私の関心と努力はありがたいと思うが、自分の患者の生活についての治療記録を出版してよいものか迷っている、と。そのとき、私の企画書を持ったジョーン夫人が、会話に割り込んできて、はっきりと次のように言ったのだった。「エリク、これはいい企画書だし、あなたの論文集を出すとき、スティーヴがいい仕事をしたのをよく知っているでしょ。エリク、やらせてあげなさいよ。世の中の人は、あなたがセラピーでどんな仕事をしたのか知るべきなのよ」。しばらくして、エリクはしぶしぶ私のほうを向いて、企画を進めることに同意したのであった。

私はその後、ダニエル・シュワルツ博士（当時のオースティン・リッグス・センター病院の所長）に連絡をとり、リッグスの文書保管所で調査をする許可を得た。この仕事をやりとげるのに、私はふた夏の大部分を費やし、エリクソンの患者たちの心理療法に関するいくつかの記録を見つけることができた。私はまた、エリクソンの手紙や手記などが保管されている、彼が以前に仕事をしたいくつかの大学（ハーバード大学、イェール大学、カリフォルニア大学バークレー校）と、ハーバード大学のホートン図書館と連絡をとった。エリクソンはまた、自分の個人的なファイルの中から、たくさんの臨床事例の資料を渡してくれた。

一九九〇年代の初頭は、計画どおりに事が進んでいた。そこでやっていたのは、企画の資料集めの仕事が大部分であった。一方、エリクソンは九〇歳になろうとしていた。彼の加齢による認知的な障害に、私は激しく動揺した。エリクソンは一九九四年に逝去した。このことが私に与えた衝撃ははかり知れなかった。私はオースティン・リッグス時代に訓練を受けてからずっと深く信頼してきた先生を喪ってしまった。また彼は、論文を一緒に出版する協力者であり、仲間であり、そして友人でもあったのだ。これまで受けてきた精神的なサポートを失い、もう先に進むことができないと思った。努力はしたが、もはや私の心はこの出版計画にはなかった。私の生産性はみるみる低下してしまった。

この大変な時期に、ジョーン・エリクソン夫人は、私がさらなる臨床的資料を探すのを、断固たる前向きの姿勢で大いに助けてくれた。私はこれまで以上に、彼女と個人的に親しくなった。そしてときどき、マサチューセッツ州ハーウィッチの町にジョーンを訪ねた。残念ながら、ジョーンもまた一九九七年に逝ってしまい、私はこの重要な計画をまったく一人で続けなければならなくなった。約十年が過ぎたが、計画ははかどらなかった。そして二〇〇七年になった頃、これではいけないと気合いを入れて、自分がはじめたこの企画を完成させる決心をした。二〇一〇年までには、もう一度打ち込むことができるようになり、ゆっくりとであるが、完成に近づいたのである。

本書の完成は、友人、仕事仲間、そして家族からの優しさ、大きな支えと支援がなかったら実現しなかったと思う。レストン・ヘイヴンズ先生に感謝したい。彼は長年にわたり、いつも個人的な相談に乗ってくれるスーパーヴァイザーである。また八〇年代に、エリクソンの論文集を編集したときに、私を導いてくれた人でもある。エリクソンの臨床的な仕事を出版するという私のアイデアを、これまた力強く応援してくれた。レストン先生は、私がこの仕事に一番の適任だと言ってくれた。この励ましがエリクソンに近づく勇気と自信を与えてくれたのである。

オースティン・リッグス・センターのスタッフの方々から特別の支援をいただいたことは、大きな助けとなった。彼らは、本書の完成まで長年にわたって、大事な役割を果たしてくださった。それは次のような人たちである――ダン・シュワルツ、アル・ローセンバーグ、エド・シャピロ、リー・ワトローバ、ジム・サックステター。リッグス・センターでは、親しい友人であり、リッグスでの同僚でもあったジェリー・フロムから多大な援助を受けた。ジェリーは当初からそばにいてくれて、企画について彼の支持や助言が必要なときはいつでも応えてくれた。ことに、患者たちの個人情報の保護について援助を受けた。

他の友人や同僚たちは、この大胆な企画の一部になってくれた。例えば、アル・ジェイコブソンは社会学の出身であるが、私のこのプロジェクトに関心をもち、原稿の完成部分を読んでくれて、ユニークな意見をくれた。キャロル・フリースは臨床家であり、また画家であったが、自分の技術を使って、エリクソンの臨床メモをレビューしてくれた。そのなかには、ひとりの患者さんとの治療セッションの間にエリクソンが描いた一連のスケッチもあった。T・ベリー・ブラゼルトンはすばらしく共感的で、深い関心をもちながら、子どものプレイの章について、元気の出る励ましと洞察のあるアイデアを与えてくれた。私の親友のリチャード・メリトは当初からこの出版計画の一人であったが、エリクソンの臨床メモの理解や組み立てについて、自分の編集技術と臨床能力で私を導いてくれた。私たちの親しい友情は大きな支えになり、彼を必要としたときにはいつでも頼りにすることができた。

これほど大きな企画を仕上げるにあたり、専門的な面で支えてくれた人たちがいる。ハーバード大学の図書館の司書で、近代の著書や原稿の収集係のレスリー・モリスは、ハーバード大学にあるエリクソンの論文、書簡、ノート類のありかを教えてくれて、長年助けてくれた。レスリーの援助はまた、エリクソンの長男のカイ・エリクソンの支援と重なっていた。彼は、個人的な臨床資料を扱わせてもらうためにエリクソン家からの正式な許可をくれ、私をいつも支援してくれた。エリクソンの写真類は、この本の中で重要な資料になっている。この点で二人の著名な芸術家からその作品を掲載することができたのは、幸運であった。そのひとりはクレメンス・カリッシャーであり、もうひとりはエリクソンの次男ヤン・エリクソンである。彼らの代理人、ケイト・クールハンとキャサリーン・オルソンの協力に感謝したい。ノーリーン・ラバトは本書の完成のために立派なタイプをしてくれた。私の弟ポール・シュラインは、自身が編集者であるが、私が書いている途中で行き詰まると、優しく、また効果的に進むべき道を示して励ましてくれた。ルートレッジ・ブックス編集部のケイト・ホースと彼女のアシスタントのスーザン・ウィッケンデンは、本書が文字どおり本になる複雑なプロセスを上手に導いてくれた。二人の辛抱強さと熟練の技に深く感謝する。担当のクリストファー・スプリングは、私の書いた文の一字一句を読み、はかり知れない編集上の助言と執筆の手助けをしてくれた。もともと書くことに自信がないのに、この仕事の重大さも加わっていたところに、クリストファーは私の命を救ってくれたと言っても大げさではない。

言うまでもなく、オースティン・リッグス・センターには特別な感謝をささげたい。幸運にも、ここで私は臨床心理学と精神分析の訓練を修了し、多くの知識とインスピレーションを得た。そしてこのような仕事をするために欠かせない精神力と勇気を得ることができた。ここリッグスで私は、オットー・ウィル、マーガレット・ブレンマン＝ギブソン、ジョセフ・チャセルに、そして、一九七一年にエリク・エリクソンに出会ったのである。この経験は、私が対人関係・関係的精神分析家になるうえで欠かせないものであった。

私の家族にも特別の感謝をささげたい。妻のトビー、娘のカレン、サラは出版までの長い道のりを一緒にがんばってくれて、大きなサポートを与えてくれた。いつも家族は私をかたく信じ、信頼してくれて、きっと本書を完成させると信じていた。私とともにいてくれたことに、心底からお礼を言いたい。

最後に、私の両親、アンとアーヴィング・シュラインは私に勇気と揺るがない気持ちと強さをくれた。この本が出来上がるまで、それらが私を導いてくれた。二人がまだこの世に生きていて、この本を見て喜んでくれたら、どんなによかっただろう。

二〇一五年三月二二日　マサチューセッツ州レキシントンにて

スティーブン・シュライン

目次

CONTENTS

エリクソンと著者（1978 年）、バーモント州ベニントンにて。
ジョーン・エリクソン撮影。

第1章 序文

INTRODUCTORY REMARKS

エリクソンの臨床的‐心理療法的な仕事について、自分の見解を披露する機会――つまり、私が心から私淑した人物と、興味深い主題についての考えを語る機会を与えられたことは、大変な名誉だと思う。二〇世紀は人が自己を発見する時代だったと言われている。エリクソンほどこの点で大きく貢献した人は、多くないだろう。本書の中で、私はエリクソンが精神分析の領域の発展に大きな貢献をしたことを明らかにしたい。また、そのためにエリクソンが実際に扱った精神分析の臨床的な資料を示し、精神分析の実際の発展に貢献したこと、精神分析の開拓者の一人として発見の時代を築いたことを語りたい。エリクソンは新しい未開の地を開拓しようとした、つまり、はじめて子どものプレイの価値と意義について考えた一人であった。また、子どもの精神分析を築いた一人であったこと、青年期のアイデンティティ危機というテーマについて考えた一人であったこと、重篤な精神病理の治療のパイオニアであったこと、ことに青年期の境界性パーソナリティ障害の治療にあたったこと、また夢とその解釈に関する理解に貢献したこと、などについて語りたいと思う。

私個人にとって、この出版計画がはじまってから経験した喜びと興奮は、あたかも生物学や地理学の調査に参加して、地下水流やめずらしい動物といった何か思いもよらないユニークなものを発見したかのような、とてつもないものであった。私はジュディス・デュポンの編集した『シャンドール・フェレンツィの臨床日記 *The Clinical Diary of Sándor Ferenczi*』（Dupont, 1988）に感銘を受けていた。その内容はまったく個人的で、自分の治療的な仕事を探索するものであった。私はエリクソンのために、このような臨床日記を生み出したいと思った。もちろんエリクソンはそのようなものを残していないのだが。それは、治療関係の中での相互作用のプロセスに関するエリクソンのアイデアであり、また、心理療法に対するエリクソンの臨床的・個人的な省察の記録であり、エリクソンの心理療法や精神分析の方法や技法につながる話題である。私はこのような面について多くの時間を費やした。いわば、私としてはエリクソンの声になりたいと思ったのである。

事例の資料——簡単なメモ的なものであれ、また臨床的なヴィニエットであれ——の出版は、読者をエリクソンの治療室に招き入れ、エリクソンの臨床の方法と技術を十分に示すことになるだろう。したがって、彼が精神分析の領域でどのような実践を行っていたかが、はじめて明確に理解されるのである。子ども・青年・成人とのエリクソンの臨床の仕事を徹底的に検討、探求したことが、本書の最も重要なところである。また本書によって、彼の仕事ぶりが印刷物としてはじめて公にされる。心理療法の出会いの中で用意される臨床的エビデンスの特質について考察するなかで、エリクソン（1964）は、「このようにつねに変化する流動的な状態の中で、私たちは臨床的なエビデンスの道筋を追わねばならないのである」（p. 56）と述べている。

いま私は、エリクソンの臨床的洞察が現代の臨床家に教えてくれることや、彼の発見のいくつかの側面を浮き彫りにする使命を与えられたと感じている。だから私は、エリクソンの臨床的・心理療法的な仕事の中から発展していったモチーフのいくつかを描いてみたいと思う。このような資料を提出することにワクワクしているが、読者には次のことを大急ぎでつけ加えねばならないと思っている。つまり、精神分析の領域の人たちはエリクソンの心理療法的技術も、臨床的方法もほとんど知らないのだ、と。エリクソンは心理‐歴史家として、また、発達的なライフサイクルの理論家として、そしてまたアイデンティティ危機の理論家として、なくてはならない貢献をした。彼は「私たちの文化に偉大な影響を与えた」（フリードマンの『エリクソンの人生 *Identity's Architect*』〈Friedman, 1999〉の表紙にあることば）ことで、世界的な名声を得た。しかし、ほとんどの臨床家は、子どもや成人の精神分析家としての仕事におけるエリクソンの技法については知らないのである。彼の著作物や事例研究で示したものの大部分は、よく知られた彼のライフサイクル論ないしライフ・ステージ論について語っていた。しかしそれは、いかに個人が長期にわたって成長、発達していくかを理解する方法を発展させたもので、人生を生き抜いていく取り組みを深く理解するための試みであった。自分の心理・社会的な顕微鏡を用いた、このライフサイクルの分析を、エリクソンは個人の生活の中の「文脈図式《コンテクスチュアリティ》」と呼んでいた。

エリクソンの心理社会的な発達理論はよく知られている。しかし、この本はそれとは違った、彼の子どもや成人の精神分析の臨床的な方法についての物語を描いている。一九五〇年代にオースティン・リッグス・センターで、エリクソンの教えを受けたロイ・シェイファー（Shafer, R.）によると、スーパーヴィジョンの中でもエリクソンは決して技法について話をしたがらなかったということであった。というのは、技法というものは、理解からおのずと得られるものだとエリクソンが信じていたからである。* しかし、シェイファーは次のようにも言っている。

理解という観点からすると、エリクソンは私がこれまで会った教師のなかで、最も聡明な臨床家であった。（夢のセミナーで）報告された資料の扱いの見事さにクラスのメンバー全員が驚かされてしまった。彼は無意識をどう理解し読むかについて特別に優れていた。……臨床的には、幼児期の生活とその発達やゆがみを解釈することにかけて、私が出会った人のなかで数少ない、天才的な人だった。私が精神分析を教える

＊　原注　『カレン・ホーナイの最終講義 *Final Lectures of Karen Horney*』の編者の言葉（Ingram, 1987, p. 10）によると、これは彼女の展望に近いそうである。

ときには、頭のなかにひとつの自我理想があった。私はいつも、エリクソンのようなレベルになれたらと思っていた。(Fogel, 1991, p. 15)

他にも似たようなことを言った人たちがいる。『自我と本能 *Ego and Instinct*』(Yankelovich & Barrett, 1970) の中で、ヤンコロヴィッチとバレットは、エリクソンが「精神分析の偉大な人たちのなかでも、最も才能に恵まれたひとりであった」(p. 110) とコメントしている。またエリクソンは「優れた臨床的洞察」(Yankelovich & Barrett, 1970, p. 118) をもっており、「彼のすばらしい繊細な臨床的感覚は、多くの人生にかかわる臨床的な仕事の中で見出したものに、現象学的観点にとどまりつつ、妾丘することを可能にしたのだ」(pp. 150-151) と述べている。著者によれば、エリクソンが人間的な強さに抱く関心や、彼の分析の仕事が「絵画的なまとまりを示している。それは形式的な構造というのではなく、生き生きした多くの事例の質感と精密さによって豊かに彩られたコンテキスト(文脈) の中で展開している」(p. 120)。同様に、スターン (Stern, 2007) はアテネで開かれた関係精神分析学会で発表した論文の中で、ウィニコット (Winnicott, D. W.) やサリヴァン (Sullivan, H. S.) のような「精神分析的なヴィジョンを描ける人である」と述べている。つまり、本書を読むにあたっては、次のことを理解しておくことが大事である。エリクソンの臨床的な技法について、こうした好意的な見方が述べられてきたにもかかわらず、精神分析の文献では、このことについてほとんど触れられていない。その理由は、多くの臨床家がエリクソンの臨床上の貢献に気づいておらず、また彼がずっと心理療法に従事していたことも知らないからである。

エリクソンは臨床的な精神分析家としてはあまり知られていなかったが、次のことに目を向けると興味深いのではないだろうか。一九五六年五月、精神分析家として当時世界的に名を馳せていたクリス (Kris, E.)、ハルトマン (Hartmann, H.)、アレキサンダー (Alexander, F.)、ローウェンシュタイン (Loewenstein, R.)、スピッツ (Spitz, R.) とともに、エリクソンは、フロイトの生誕一〇〇年祭に講演者のひとりとして招かれたのである (図1-1はこの

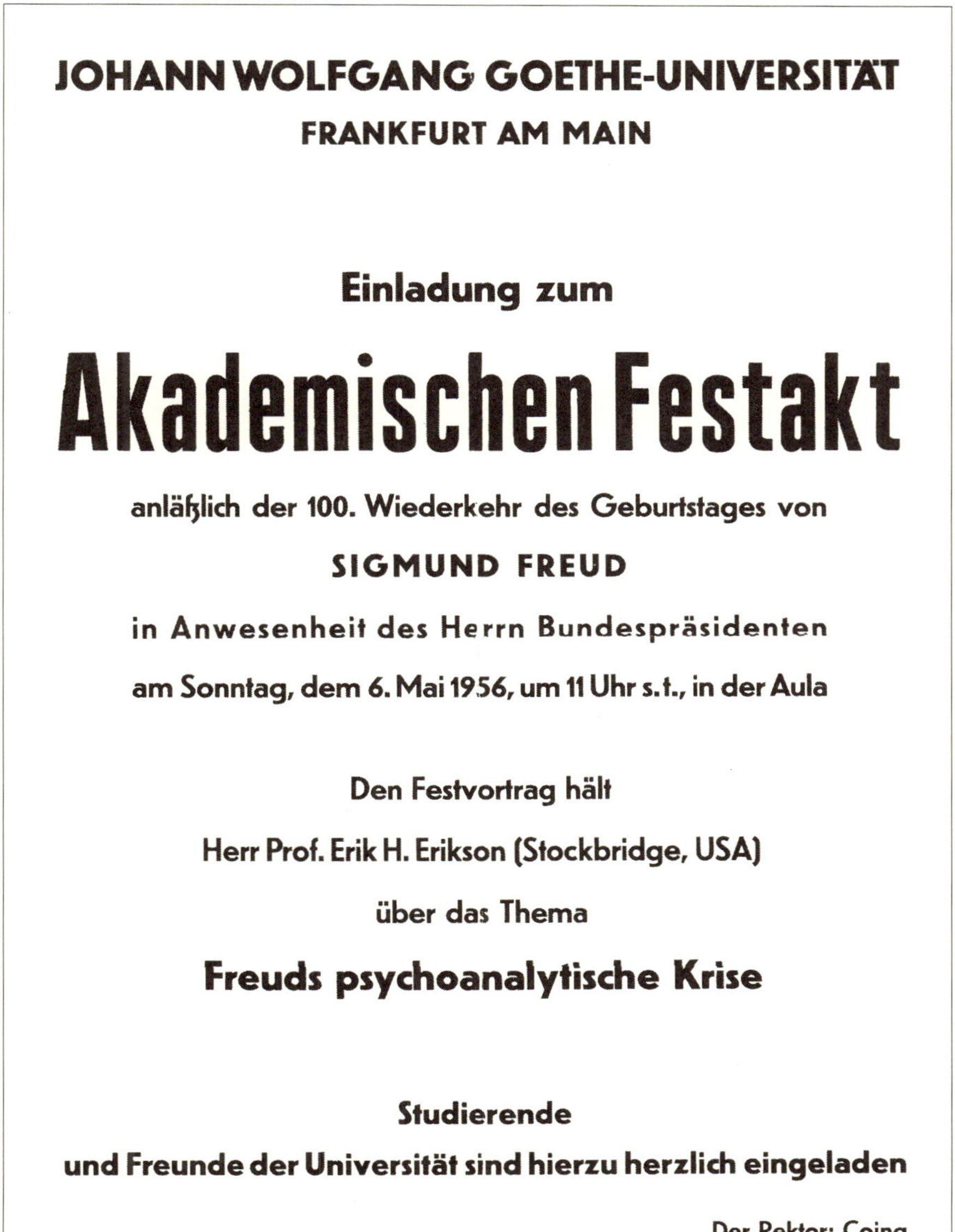

JOHANN WOLFGANG GOETHE-UNIVERSITÄT
FRANKFURT AM MAIN

Einladung zum

Akademischen Festakt

anläßlich der 100. Wiederkehr des Geburtstages von

SIGMUND FREUD

in Anwesenheit des Herrn Bundespräsidenten

am Sonntag, dem 6. Mai 1956, um 11 Uhr s.t., in der Aula

Den Festvortrag hält

Herr Prof. Erik H. Erikson (Stockbridge, USA)

über das Thema

Freuds psychoanalytische Krise

Studierende
und Freunde der Universität sind hierzu herzlich eingeladen

Der Rektor: Coing

図 1-1　フランクフルトでのエリクソンのポスター

式典の広告である）。これは，精神分析家として最上の栄誉である。エリクソンの演題は「フロイトの精神分析的危機」というものであった。これはのちに『洞察と責任』（1964）の第一章として「最初の精神分析家」という題名で出版された。

本書の出版に対する私の思いは，エリクソンの著作論文集である『ひとつのものの見方 *A Way of Looking at Things*』（Schlein, 1987）を彼と一緒に編集した歓びの経験から生まれてきた。私は，子どもの精神分析に関するエリクソンの初期の研究について調査し，彼の後期の臨床的な著作物と心理療法の事例研究を分析し，そしてオースティン・リッグス・センターで行われていた症例検討会に参加した。こうした経験をつうじて，エリクソンの特別に豊かな臨床的－精神分析的な方法が明らかになった。不幸なことに，彼の他の先駆的な業績の影にそれは隠れてしまい，残念ながらその内容に値する脚光と評価をもらえなかったのである。これは，エリクソン自身にもわざとぼかすようなところがあったためのようにも見える。つまり，「エリクソンが精神分析の運動からのズレの程度を曖昧にした」（Yankelovich & Barrett, 1970, p. 120）のである。エリクソンの印象派的－実存的なスタイルの結果として，他の多くの精神分析家たちよりもやや直観的に彼は動いていたが，本人としては，精神分析の本流から外れているとは決して考えていなかった。一九五八年に，彼が次のように言っていることを考えてみてほしい。

フロイディアンとして，フロイト自身のことを語るのは容易なことではない。この人は私の目の前で神話となった人物であり，……私はめったにない人格的深さと広がりをもった人に出会ったと感じた。……また，この人は心の医者であり，また心の探検家であった……。

(Erikson, 1958, p. 8)

このエリクソンのことばは，ウィニコットのある著作に対するアダム・フィリップスの書評を思い出させる。

曰く、ウィニコットは「フロイトからのはっきりした離脱を偽装するといった、ある種のずる賢さ disingenuousness を見せている」（Phillips, 1988, p. 5)。エリクソンはというと、その慎み深さと自信のなさのために、またフロイト一家への個人的な深いつながりと恩義のために、フロイトから自分がどのくらい離れてしまったかをはっきり示すことが、できなかったのである。明らかに彼はフロイトに強い恩義を感じており、「二人の間の違いをはっきりさせてしまうには、フロイトは偉大すぎたのである」（Yankelovich & Barrett, 1970, p. 120)。幾人かの著者も同じように、エリクソンにとって精神分析の伝統的なモデルから離れるということがいかに困難であったか、そして、常用されている専門用語を用いることでいかに自分の新しいアイデアをベールに包んでぼかしてしまったかについて書いている。そうすることで、古典的な精神分析からのはっきりした逸脱を偽装し、小さく見せていたのだ。しかし、彼がいかに「精神分析の伝統からの自身の逸脱をごまかすことに長けて」（Yankelovich & Barrett, 1970, p. 121）いようと、エリクソンの根本的な臨床的方向性と、一般に承認されていた治療モデルとの間に、大きなギャップが存在するという事実は残るのである。

さらに、きわめてドラマチックなのだが、エリクソンは成人との臨床資料の大部分を論文にしなかった――このことは、エリクソンが目立たなくなりやがて隅に追いやられるという結果を助長した本質的な事実である。一九八九年のある午後のこと、私は、（ハーバード大学のある）ケンブリッジのエリクソンの家で彼と会った。彼の臨床的な論文を出版したいという私の提案に、どれほど彼が気乗りしない様子だったかを覚えている。彼のためらいを最も強く感じたのは、「人の生活の個人的な資料を出版するのは、よくないことだ」と、彼がはっきり言ったときだった。フロイトはたくさんの事例の資料を公表しているではないかと言っても、エリクソンの心を変えることはできなかった。ただ、エリクソンの妻ジョーンが、この出版計画を強く支持して励ましてくれたので、しぶしぶ了承してくれたのである。

エリクソンの資料をまとめていくことは簡単ではなかった。私は、ある奇怪な事件について語らねばなるまい。リッグス・センターの地下室にエリクソンが保管していた個人的な記録や事例の資料が，一九七〇年代のはじめに二つのキャビネットごと紛失したのである。エリクソンは私に，この資料はリッグス・センターの地下室にあり，その場所はここだという手書きの紙を私に渡した。この臨床資料は一九七三年にリッグス・センターからカリフォルニア州のティブロンの新居に送られたことになっている。当時の信頼できるリッグス・センターの管理人が，そのときの実際の輸送の責任者でもあり，またこの資料をカリフォルニアに送ったことを証明しているのである。しかし，エリクソンの伝記作家のフリードマンは次のように書いている。

膨大な数の箱を荷造りして，送って，また荷ほどきする作業のなかで，リッグス・センターで最も重要な仕事をした時期のエリクソンの事例記録の貴重なファイルが多数，ティブロンに到着していたようである。それらの荷物がティブロンの新しい住まいに送られたとしても，それ以来見つかっていない。この紛失によって，治療者そして臨床的コンサルタントとしての彼の仕事の記録に，大きな空白が残されたのである。

(Friedman, 1999, p. 408)

フリードマンはまた，実際に荷造りにかかわり，箱類を輸送した人として，間違いないと確認されたリッグス・センターのスタッフから，同じ話を聞いたことを語っている。その後，私は郵送されたこの事例の資料をあらゆる手段を使って探してみた。さらに，エリクソンの二人の子どもにも尋ねてみた。長男のカイ・エリクソンと妹のスー・ブロランドである。また，私はリッグス・センターの地下も探し，ジョーン・エリクソン夫人から許可をもらって，エリクソンの死後に，ケンブリッジの家の地下とケープコッドの家の物置のガレージを探した。しかし，不幸にもこれらの資料は見つからずじまいとなった。

これらの貴重な臨床データを失ったことによる制約や深い失意はあったものの，他の資料の中から，このプロジェクトを遂行するうえで十分な事例を見つけることができた。それにはとくに，次のような人びとから助けがあった。リッグス・センター，ハーバード大学のホートン図書館，ジョーン・エリクソン夫人。そして最も重要なものは，エリクソン本人から直接私が受け取った未発表事例の資料である。これらの事例の資料は，一九三七年から一九四〇年に書かれたもので，エリクソンの初期の論文に実際に発表された一連の臨床的描写であった。そのいくつかは，一九五〇年に出版された『幼年期と社会』に再録されている。

本書では，エリクソンの臨床的な論文類と未公刊の論文，さらに事例研究の記録を系統的に調べることにする。そして治療関係のインパクトを探索し，彼が治療による回復過程の理解にどのような知見をつけ加えているかを明らかにする。私は，子ども，青年，成人との治療関係に対するエリクソンのヴィジョンを描くとともに，臨床治療の考え方と臨床技法の定式を解説したい。また，エリクソンの対人関係的－関係論的な研究に光をあて，半世紀以上にわたって進化し成長したエリクソンのアイデアを考察してみたい。

エリクソンの書いたものから，対人関係的な方法のいくつかの基本的な要素が明らかになり，患者の成長を促進・回復する潜在的な力をもつ特定の相互作用の次元について，読者ははっきり見ることができるだろう。この治療方法の基本的な要因を探してみることを読者に奨めたい。事例の描写には印象派のような趣があり，治療プロセスについてのエリクソンの見方が重要な要素をもっていることが見出されるだろう。そのなかには，精神分析の文献の中でもユニークな臨床的技法が含まれている。もちろん，私たちは歴史的な観点を維持していなければならない。これらの文書が書かれたのは，一九四〇年代，一九五〇年代，そして一九六〇年代初頭である。

私は，この仕事が終わりに近づく頃には，エリクソンの対人関係的－関係論的な方法への重要な疑問に対して，いくつかの答えを考え出したいと願っている。それは次のような疑問である。

- エリクソンはどのように対人関係的－関係論的な治療のプロセスを概念化し，またかかわりのどの次元

が成長を促進させることを明確にしたのか
- 回復の力をもっている，変化のための心理療法的な要素とはどんなものか
- 治療期間を短期にする治療的な働きを，エリクソンはどのように理解していたのか

臨床的観察をするための技法の訓練を受けて，エリクソンはいろいろの経験や人間存在の内的な諸次元について，心理学的な洞察によって明らかにされたものを語ることを求められているように感じていた。お気づきのように，エリクソンは欠陥をめぐる心理学は置き去りにして，創造的な人間の強さ，人間のもつ潜在能力に焦点を合わせていった。彼の書いた論文を，以下のように評する人もいる。「彼の書いたものは本当に魅力的だ。というのは，精神分析理論の裏口から，人間精神についての概念をこっそり導入したからである。エリクソンは，優れた精神分析理論の研究者がフロイトのメタ心理学の五分の四を無視し，残りを自分の都合のいいように利用しているという，興味深い事態を見せてくれた」(Yankelovich & Barrett, 1970, pp. 152–153)。

精神分析の諸概念はエリクソンの臨床的な思考法に本質的に残っているが，一方で実際のコミュニケーションについて，自分のアイデアを進化させ，発展させた。つまり，何が対人関係的な，関係論的な，また実存的な精神分析にいちばんよく当てはまるものであるかを考えたのである。このような認識のなか，彼の論文は次のようなアイデアで満たされていったのである。

- アイデンティティを提供する者としての治療者の確かな存在
- 出会いをとおして，患者に人格的なまとまりと相互性をもったものを回復させる方法
- 出会いのひとつの側面としての自我のかかわり関与性《アクチュアリティ》 ego actuality の概念の提出。この概念には，実在的かつ直接的な状態から生まれる現実性という意味が含まれる

● 参加の世界としての現実。そして人間の自我の強さの中心としての相互的な活性化 mutual activation があるということについて

エリクソンの心理療法モデルの本質的な成分は、対人関係的‐関係論的な概念モデルである。このモデルでは、個人的な協力と参加という人間的な心を含む相互関与的な現象を強調している。「訓練された主観性 disciplined subjectivity」と名づけられた臨床的な方法論を確立する際、エリクソンは自身を「観察しながらの参加者 observing participant」として位置づけている。それは、「相互的な活性化」「自我のかかわり関与」「確認（肯定）のモデル」といった概念を活用していく者のことである。彼の自我心理的な展望の特質は、その中核に人間の潜在的な力に対する深い信頼があり、これをエリクソンは「人間発達の黄金律」と呼んでいる。それはひとりの人が関与的‐対人関係的な治療のプロセスの中で、もうひとりの人に対してできることを強調している。エリクソンのヴィジョンは、力強い情動と流れをもって、関係性を舞台の中央にもっていくというものである。それはおわかりのとおり、人は現実に変化するための力強い潜在的な能力をもっているのだというエリクソンの思想の本質である。

精神分析の過去十年の研究は、対人関係的な出会いのこみ入った複雑な様相に焦点をあててきた。一方、内容から文脈へ焦点が移り、治療のための基本的な資料として、直接の経験が重視されるようになった。それぞれの論者や学派は、この相互関係について、焦点のあて方が異なり、またそれを記述する用語も違っている。このような治療的な出会いを、ある人は「関係論的」と呼び、また「対人関係論的」「相互作用的」「間主観的」と呼んでいる。なかには、「親密さのきわ intimate edge」で仕事をすることから、これを「かかわり engagement」のプロセスと呼ぶ者もいる（例えば Ehrenberg. 1992）。効果的な精神分析には患者との親密な関係が必要であり、またこの対人関係的な出会いとかかわり方は精神分析のプロセスに深みと生命感を与えるということについては、幅広い

同意が見られる。しかし、それを構成する肝心の心理療法的技法の特定は難しい。

エリクソンが一九三〇年代、四〇年代、五〇年代に執筆している頃には、彼は時代をはるかに超えていたのである。そしてエリクソンの治療のプロセスや治療的関係についての説明は、今日私たちが分析的な状況についての「関係的なヴィジョン」と考えるものと同じものであった。H・S・サリヴァンやE・フロムと同じく、エリクソンは分析的関係が本質的変容をもたらすものであることを示していたのだった——つまり、それは新しい経験と人格の深いところにおける変化を生むということだった。私の希望は、エリクソンの仕事が今日の対人関係的‐関係論的なレンズをとおしてしっかりと検討されていくこと、そして、セリグマンとシャノク（Seligman & Shanok, 1995）が、これらの貢献における「前向きな可能性 progressive possibilities」と呼んだものに光があてられることである。というのも、エリクソンは個人の経験の次元を捉えていたからである。それは、つねに人の中にある変化への可能性を深く見抜くエリクソンの力であった。その可能性は、葛藤やトラウマで失った側面を取り戻すだけでなく、個人のパーソナリティの新しい側面も生まれ出てくるものであった。こうした側面は、これまで見ることのできなかったものであり、変化可能な治療の経験の結果として現れてきたものである。

ウィニコットによく似ているが、エリクソンは成長と発達の人間の潜在能力ということになると、環境的供給モデルに信念をもっていた。夫人であるジョーン・エリクソンの著書『活動、回復、成長 *Activity, Recovery, Growth*』の「あとがき」に、エリクソンが次のように書いていることは印象深い。「成長するものは、自分の開花を助けるもの、また、枯れさせるものは何か、ということをはっきりと示す際に、迷うことなくやったぞと主張することも愚痴ることもなく、成長を促し、衰弱を避けるために、最も単純な意志を働かせることだけを要求するのである」（1976, p. 265）。この文章は本書のはじめに掲げたエピグラフに書かれたものであるが、衰弱でなく、成長を促進する環境に必要とされる基本的な人間的要求が描かれているのである。

ニューヨーク・タイムズに夏のオリンピックについての記事「オリンピックの魂」を掲載したフランク・ブ

ルーニ（Bruni, 2012）と同じように、エリクソンもまた、人間の潜在能力は無限のものであり、大きな冒険をしたとき、大きな報いも得られるということを確信している。またエリクソン（1950）は、臨床家に次のような警告も発している。「心理療法家が生理的なことばや身体的なことばを使って、名誉や連帯や安楽を求めているとしても、要するに人間的な不安を扱っているのである」（pp. 24-25）。それに加えて、この本には精神分析の専門家として、もっと人間的‐実存的なやり方で、エリクソンが自分の臨床的な立場で「同情と共感」を示していることがわかる。

これらの定式化は、親密さのかかわりのきわにおける、人間関係の出会いに関する最も今日的な探求について論じており、またエリクソンの開拓者としてのアイデアの進化・発展を示しているのである。それは一九二〇年代のウィーンにおける初期の訓練経験に端を発している。彼の思考は我々が待ち望んでいたものであり、それは今日の状況に多くの光を投げかけている。なぜなら、彼が方法や技法について重要な進化・発展を示しているからである。それらはようやく近年の文献で見られるようになった。

この序章の終わりにあたって、一九六九年九月に起こったことを述べておきたい。その頃、ハーバード大学の教授であったエリクソンが、大学のアプルトン教会に現れたときのことであった。その週にアメリカは人類はじめての月面着陸をしたのだった。当初エリクソンは、この驚くべき、想像を絶する偉大な出来事のことを話していた。しかし、「この国の最高司令官［リチャード・ニクソン］が、五億人の聞いている前で、この月面着陸までの一週間は天地創造の七日間以降で最も偉大な一週間であったと平然と言ってのけた」ことに話が及んだとき、彼は少し肩の力をおとして、次のように言ったのだった。

月面着陸の頃、ジョーンと私は、誕生した孫を腕に抱いていたのです。子どもが生まれるたびに、私はいつも天地創造以降で最も偉大なときだと思わずにはいられない。そして七つの海も、宇宙も、そのメッセージの前では色あせるでしょう。科学のめざす具体的な目標として，この人たちは天国に侵攻して，地上に引きおろしてしまうでしょう。キリストのことばにあったように，もし，私たちが天国と対面し，それを皆で分け持つことができるならば，天国は私たちの中にいつもありつづけるのではないでしょうか。

（Schlein, 1987, pp. 745–747）

また，『幼年期と社会』（1950）の最後の章にあるエリクソンのことば「私はものに対するひとつの見方を提供するだけである」（p. 359）は，注目に値すると思われる。読者も，このことばを心にとどめながら，本書を読み進めてほしい。エリクソンの臨床的な見方は何だったか，自分の周囲の世界を彼はどのように見ていたのか，彼はどのように反応していたのだろうか。

ここでジョーン・エリクソン夫人について話しておきたい。ジョーンは最も近い協力者として，夫の仕事に深く関与していた。この二人の姿をお見せするには，エリクソンの主な著書の前書きや序文にある彼自身のことばを引用するのが最もよいと思う。

- 『青年ルター』（1958）より：「妻のジョーン・エリクソンは，資料を読み，また書いている間をとおして私と一緒にいてくれた。そしてこの原稿を編集することで，終止符を打ってくれたのである」（p. 10）
- 『洞察と責任』（1964）より：「ジョーン・エリクソンはこの本を編集し，はじめから終わりまで，同伴者として洞察をともにしてきた」（p. 11）
- 『生活史と歴史的瞬間』（1975）より：「この本の中には，いくつかの貴重なことばがある。これらは，書きはじめのところでのジョーン・エリクソンとの会話では，まだ現れていなかった。文章の中で，まさにぴったりのことばの使い方があるとすれば，それは彼女によるものである」（p. 10）

● 『ひとつのものの見方』（1987）という、エリクソン本人選定の著作集の出版準備を彼と一緒にしている頃、ある日彼が私に電話してきて、この本をジョーンにささげたい、そしてジョーンが自分のすべての著書で不可欠の役割を果たしていることを知らせたいのだと言った。そこで私たちは、エリクソンが編者である私に手紙を書くなかでその気持ちを伝え、それを私が彼の論文とともに出版するということを考えたのである。彼が書いた手紙は以下のものである。

親愛なるスティーヴ
一冊の本に選定されたこれらの論文は、「ジョーンと一緒に」書いたものであると言えます。本書にある文章の中で、彼女と考えを共有しないで書いた文章には、よいものはひとつもありません。理論の展開においても同じことが言えます。私の『ひとつのものの見方』という著書は、彼女がいなければ存在しないものです。スティーヴ君、ありがとう。
エリクより
(Erikson, 1987, p. ix)

歴史的な展望を念頭に置いて、次にエリクソンの精神分析家としての研究生活をまとめておきたい。一九二七年のウィーンでの精神分析訓練のはじまりから、教えることも書くこともやめた一九八七年までのものである。

● オーストリア、ウィーン：ウィーン精神分析研究所（一九二七〜三三年）
● マサチューセッツ州、ボストンとケンブリッジ：ハーバード大学医学部、ジャッジ・ベーカー・ガイダンス・センター、ハーバード大学心理クリニック、そして個人開業（一九三三〜三七年）
● コネチカット州ニューヘイブン：イェール大学、人間関係研究所、心理学部、そして個人開業（一九三七〜三九年）

- カリフォルニア州サンフランシスコとバークレー：カリフォルニア大学心理学部、児童福祉研究所、シオン山病院、個人開業（一九三九～五一年）
- マサチューセッツ州ストックブリッジとピッツフィールド：オースティン・リッグス・センター病院、バークシャー精神健康センター（一九五一～七三年）
- コネチカット州ニューヘイブン：西部ニューイングランド精神分析研究所（一九五一～七三年）
- ペンシルベニア州ピッツバーグ：西部精神医学研究所（一九五一～六〇年）
- マサチューセッツ州ケンブリッジ：ハーバード大学心理学部（一九六〇～七一年）、そしてハーバード大学医学部、ケンブリッジ病院、エリク・エリクソン・センター（一九八二～八七年）

文献

Bruni, F. (2012). The soul of the Olympics. *New York Times.*

Dupont, J. (Ed.) (1988). *The clinical diary of Sándor Ferenczi.* Cambridge, MA: Harvard University Press.（森茂起訳（2000）『臨床日記』みすず書房）

Ehrenberg, D. (1992). *The intimate edge: Extending the reach of psychoanalytic interaction.* New York, NY: W.W. Norton.

Erikson, E. (1950). *Childhood and society.* New York, NY: W.W. Norton.（草野栄三良訳（1954, 1955, 1956）『幼年期と社会 前篇・中篇・後篇』日本教文社）

Erikson, E. (1958). *Young man Luther: A study in psychoanalysis and history.* New York, NY: W.W. Norton & Co.（西平直訳（2002, 2003）『青年ルター 1・2』みすず書房）

Erikson, E. (1964). *Insight and responsibility.* New York, NY: W.W. Norton.（鑪幹八郎訳（2016）『洞察と責任——精神分析の臨床と倫理』誠信書房）

Erikson, E. (1975). *Life history and the historical moment.* New York, NY: W.W. Norton.

Erikson, E. (1976). Reflections on activity, recovery, and growth. In J. Erikson, *Activity, recovery, growth: The communal role of planned activities* (pp. 251-266). New York, NY: W.W. Norton.

Fogel, G. (1991). A conversation with Roy Schafer. *The American Psychoanalyst, 24,* 4.

Friedman, L. (1999). *Identity's architect: A biography of Erik Erikson.* New York, NY: Scribner. (やまだようこ・西平直監訳 (2003)『エリクソンの人生――アイデンティティの探求者　上・下』新曜社)

Ingram, D. (Ed.) (1987). *Final lectures of Karen Horney.* New York, NY: W.W. Norton.

Phillips, A. (1988). *Winnicott: Playing and reality.* Cambridge, MA: Harvard University Press.

Schlein, S. (1987). *A way of looking at things: The selected papers of Erik Erikson, 1930-1980.* New York, NY: W.W. Norton.

Seligman, S., & Shanok, R. S. (1995). Subjectivity, complexity and the social world: Erikson's identity-concept and contemporary relational theories. *Psychoanalytic Dialogues, 5,* 537-565.

Stern, S. (2007). Discussion of Stephen Schlein's paper on Erik Erikson. Paper presented at the annual meeting of the International Association of Relational Psychotherapy, Athens, Greece.

Yankelovich, D., & Barrett,W. (1970). *Ego and instinct: The psychoanalytic view of human nature.* New York, NY: Random House.

第2章　エリク・エリクソン生誕一〇〇周年に思うこと

PERSONAL REFLECTIONS ON THE 100TH ANNIVERSARY OF ERIK ERIKSON'S BIRTH

本書の中に、エリクソンとの関係についての私の個人的な文章を入れてもよいのではないかと思う。以下の内容は、二〇〇二年にエリクソンの生誕一〇〇周年を祝うイベントを、オースティン・リッグス・センターが開催したときが初出である。私はこの祝いの席で、エリクソンと私の個人的な関係について語るように依頼を受けた。ここに示したのが、私の思索であった。

私は一九七一年にはじめてエリクソンに出会った。それは私が臨床心理学の大学院で、エリクソンの研究をして、博士取得後の訓練を受けるためにオースティン・リッグス・センターに来たときのことだった。はじめて会ったときの、彼の美しい白髪を忘れることはできない。たくさんの人の中にいても彼を見つけることができた。この人が特別な人であることはすぐわかった。有名な人が誰でもそう見えるわけではないが、この人は見事であった。期待していたように、彼を目の前にして感動に震えた。毎水曜の夜に彼の家で開かれる臨床セミナーに参加することはすばらしい体験だった。そこでは、優れた臨床的な意見にくわえて、エリクソンはデンマーク産のシガーとコニャックをふるまってくれた。

私は毎週、他のメンバーが到着するより早く彼の家に行くことにしていた。そうするとエリクソンと二人きりで数分間話すことができたのである。彼は歓迎してくれて、驚くほど丁寧に受け入れてくれた。それはやがて毎回のことになった。ときには、一五分や二〇分早いこともあった。いろいろな話をした。マーティン・ルーサー・キングのことや、リチャード・ニクソンのことなど。あるときエリクソンは、ニューヨーク・タイムズの書評欄に、彼が自分のユダヤ人アイデンティティを否定しているとなじる記事があり狼狽したことを話した。またあるときは、やや苦々しそうに、ちょうど着いたばかりの日本語訳の『幼年期と社会』のカバーにある彼のポートレート写真を見せて、心穏やかでないということを語った。その写真のエリクソンの髪はまっすぐ伸ばされ、黒色にされ……眼の形は変えられ、あたかも彼が日本人であるかのような印象を与えるように加工されていた。その翻訳書を私にかざして、「見てごらん、なんということを私にしてくれたのか」と言った。†

しかし、彼の論文をまとめて『ひとつのものの見方 *A Way of Looking at Things*』を生み出す作業をはじめるまで、私はエリクソンを本当の意味では知らなかった。この本は彼の心からの関心、優しい支援、そしてエネルギッシュな姿勢がなければ、出来上がらなかっただろう。彼はずっと関心をもってくれて、私がうまく一緒に編集をやれるように支えてくれた。エリクソンと過ごした時間は、私の思っていた以上のものであった。また、あたたかさや、支え、しっかりした存在感、そして握手などで身体的に示してくれる情愛など、いろいろな形で私を元気づけてくれた。一緒に座っているときはよく、対面でなくすぐ隣に座りなさいと言ってくれたし、私の膝に手

---

† 訳注　これは草野栄三良訳『幼年期と社会』（一九五四～五六年、日本教文社）の分冊訳（三巻）された第一巻の見出し写真についての、エリクソンの厳しいコメントである。しかし、これはエリクソン自身の自己イメージについての思い違いではないかと思われる。娘スー（Sue Erikson Bloland）が父について書いた著書 *In the Shadow of the Fame* (2004) 中に掲載されている父エリクソンの写真（pp. 118-119）は、同じ頃（一九四〇年代後半と記されている）のものと思われる。鼻ひげの黒く見える濃さ、ネクタイ、シャツ、ブレザーコートも同じに見える。問題の写真と同じ日か、近い日時のものと考えてよいと思われる。これを見ると、草野氏や出版社が日本人風に加工したとは考えがたいのではないだろうか。

を置いて、自分の話している事柄について私がどう思っているか優しく尋ねてくれたのである。はじめのうち、このようなエリクソンのやり方は、私を萎縮させてしまった。というのは、その話題についての私の考えを、本当にエリクソンは知りたがっていたからである。

彼の論文を一緒にまとめていくある時点で、私はカリフォルニアに彼を訪ねたことがあった。私がエリクソンの家に到着すると、早速私を裏庭に建てられた小さな小屋に連れていった。多くの人はこの建物を「シェッド」（小屋）と呼んだが、エリクソンはこれを「カブース」（仕事部屋）と呼んでいた。彼は大きな字で私の名前が書いてある大きな郵便封筒を私にくれた。そこには彼の多くの論文や記録が入っており、以前に発表されたものも、まだ発表されていないものもあった。彼はいささか強い口調で、「ここに座ってこの資料を読んだら、私を呼びに来てください。そして二人で、どの論文を本に入れるかを話し合いましょう」と言ったのである（図2-1参照）。

私は長い間エリクソンと仕事をして、彼をいっそう一人の生身の人間として感じるようになった。エリクソンの深いところにある不安や自分への疑念を感じるようになり、またそれに気づくようになった。エリクソンはしばしば、私の同意と確認を期待しているようであった。ケンブリッジに住んでいた頃、書斎に入ると、暖炉の上にアンナ・フロイトの肖像写真が飾ってあった。一九三〇年代の前半にエリクソンがウィーンを離れるとき、彼女は「向こう側に行ったらだめよ」と強く引き止めたのだった。アンナ・フロイトは、エリクソンが哲学的にずっと左翼に傾倒していたことを知っていたのである。そして胸に手をあてながら、「彼女は私の仕事を決して受け入れてくれなかった」と、そのことにいかに傷ついたかを語った。またあるとき、私がロバート・コールズ氏から聞いた、ウィーン時代に彼がフロイトを空港まで車で送った話について尋ねたら、エリクソンはかなり嫌そうな顔をした。そしてはっきりと、運転手ではなく、後部座席でジークムントとアンナの間に座っていたのだ、と述べたのであった。

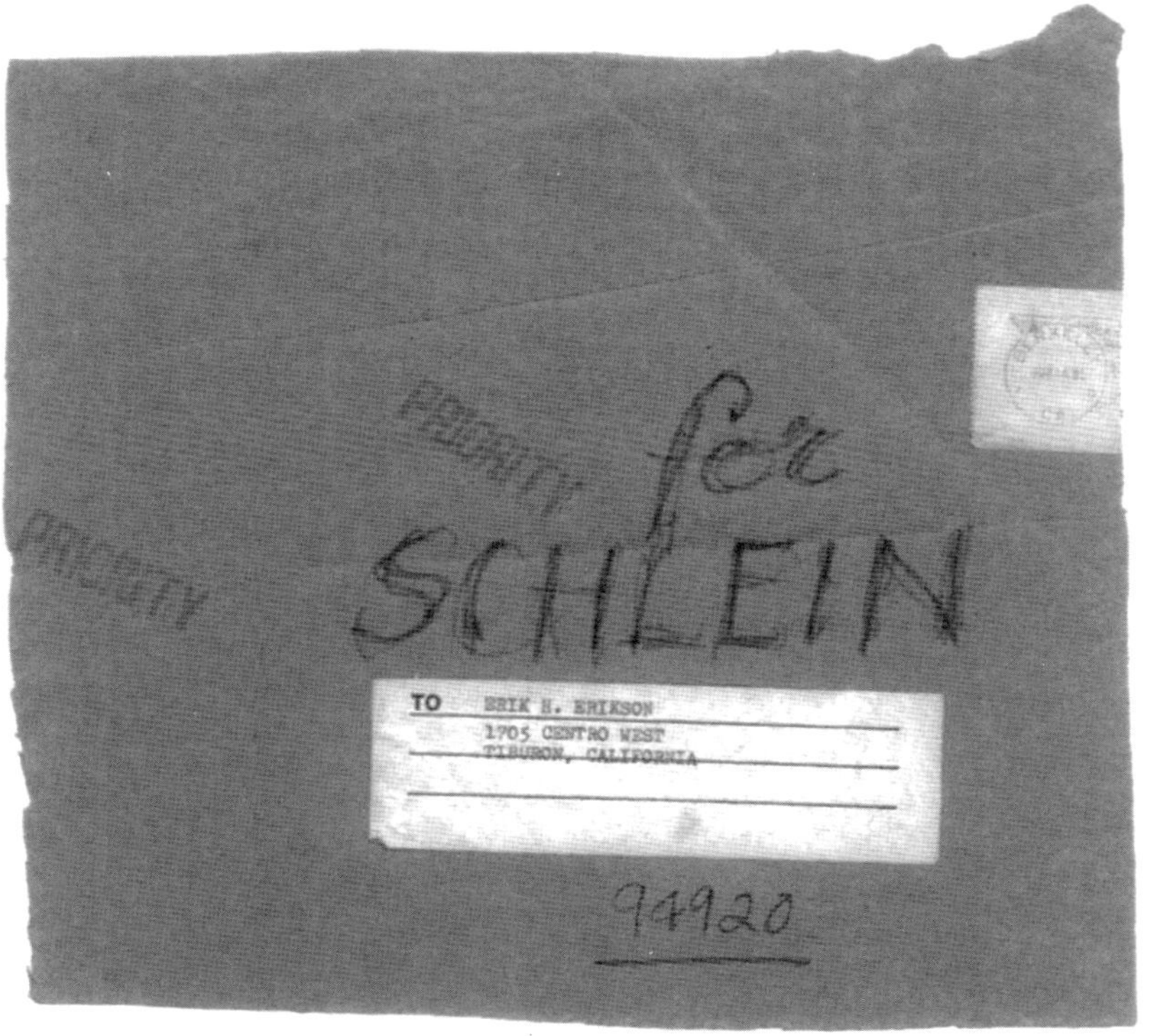

図2-1　エリクソンから渡された封筒（カリフォルニア、ティブロンにて）

また別のときには、エリクソンは三歳の誕生日という早期の記憶について話してくれた。彼は一家のお祝いは自分の誕生会だと思っていたのだが、のちに自分がそのお祝いの一部しか覚えていなかったことがわかった。この家族の集いは、エリクソンがかかっていた小児科医のテオドール・ホーンブルガー氏と彼の母親との結婚パーティーでもあったのだ。一度、ライフサイクルの論文について議論していたとき、自分を有名にしたライフサイクル段階の構想が生まれた一九四〇年代後半の様子を思い出したことがあった。彼は、幼児期の最初の段階が「内的な自信」であるに違いないというアイデアをもっていた。妻のジョーンに、このことについてどう思うかと尋ねると、彼女は賛成できない様子で首を横にふり、次のように言うのだった。「エリク、違うわよ。「内的な自信」では、母 - 子の相互作用の複雑さと、赤ん坊が母親から得ているものを捉えきれていないのよ。……ライフサイクルの第一の段階は「基本的信頼」と呼ぶべきだわ」。

最後に、エリクソンと一緒にいる経験は信じがたいほどの深い、そして意味のあるものであった。エリクソンは、偽りのない態度で、いつも注目してくれて、応答性をもって話を聴いてくれる人であった。そして、いつも学ぼうとしていた。エリクソンは各ライフサイクルで生まれ出てくる人間的な活力 human virtue について描いている。彼自身の個人的な人格的活力ないし人柄から、私は卓越した人間性を感じるのであった。私は偉大な人の前にいるのだ、という感覚をいつももっていた。

ノーマン・ロックウェルによるエリクソンのスケッチ（1950 年代）、
マサチューセッツ州ストックブリッジにて。

第3章 エリクソンによる子どもおよび成人の臨床的 - 心理療法的研究の展望

PERSPECTIVES ON ERIKSON'S CLINICAL-PSYCHOTHERAPEUTIC WORK WITH CHILDREN AND ADULTS

この論評の土台になるものとして、エリクソンが一九三五年にはじめて書いた論文「精神分析と教育の将来」のことを語ろうと思う。彼はこの論文をウィーン精神分析協会に提出するものとして一九三〇年に発表した。そのとき、彼はまだ精神分析の訓練生だった。この論文は具体的で魅力的なものであり、のちのエリクソンの展開を予示している。この論文は期待どおりにはじまっている。つまり、当時の決まり文句である、精神分析における自己知の治癒力、偏見のない公平な態度をとる無言の観察者としての分析家、そして分析家の受け身性などが述べられている。人間の成長の潜在力として、「心理的な啓蒙」に焦点をあてるなかで、大胆にも次のようなことを示唆している。当時の精神分析の分野は、明確に抑圧されたリビードのエネルギーや衝動が注目されていたが、エリクソンは、人間の成長（治療の中でのことと私は思うが）において注目すべきは「あるひとつの特別な本能だけでなく、感情の世界全体について、啓蒙のより幅広い概念について関心をもつこと」(Schlein, 1987, p. 29) と述べた。ロバート・コールズ (Coles, 1970) は、エリクソンの意見は当時の研究所の指導者たちには挑戦的に聞こえただろうし、とくにアンナ・フロイト (Freud, A.) にとってはそうだったと思う、と語っている。

この論文を見直してみると明らかなことは、エリクソンがアンナ・フロイトの学校で教師として働きながら、ウィーンの研究所で精神分析の訓練を受けているなかで、次のような柔軟性をもっている教師という役割に対する羨望を抱いていたことである。教師とは、「いつも話す」ことが仕事であり、「自分の情動的な反応が表に出るのはやむをえない」ことで、また「自分のパーソナリティを除外することはできない」立場であり、「子どもたちの生活にきわめて個人的に関与する」ことが可能なのである。エリクソンは「教師の人格の中にある何か、Xというものが、子どもの発達の中にあるXというものに影響を与える」と信じていた（Schlein, 1987, pp. 14-15)。子どもに対して自発的にかかわり合うという教師の役割が、精神分析の訓練で得られるものよりも、エリクソンにとっては心に響くものであり、また満足の得られるものであったことは確かのように思われる。

エリクソンの初期の文章を点検するなかで、もうひとつの論文に光をあてたいと思う。それは一九四五年に書かれたもので、若者たちの中に見られる自我アイデンティティの混乱と拡散の問題についてはじめて出版されたものであった。サンフランシスコのシオン山病院で第二次大戦の傷痍《しょうい》軍人のためのクリニックで仕事をしていたときに、エリクソンはこの論文を発表した。題名は「不安定の症状を呈する復員軍人について」であった。この論文は数年後、『幼年期と社会』（1950）に収録された。のちに彼は、戦地から帰国した軍人の事例について考察を加えている（「海兵隊員の戦闘危機」〈pp. 34-43〉)。傷痍軍人の戦争体験を理解するにあたって、エリクソンはより診断的な見方を取り入れている。ここに臨床家としてのエリクソンの仕事を見ることができる。前線から帰国したこの傷痍軍人の心の中で何が起きているのかについて、心理学的に明確にし、正確な記録を残そうとしているのである。

軍人の発病――もともと「神経症」「戦争神経症」と呼称されていた――を記述するにあたって、エリクソンは症状のパターンに焦点をあて、自我が次第に崩壊していく臨床像を理解できるようにした。エリクソンはこれを自我の統合性の喪失と名づけた。これには次のような重要な診断上の指標がいくつかある。

● 神経症的な不安定の症状

- 身体的な疲労困憊《こんぱい》状態
- 睡眠不足
- 運動の抑制
- 上官の知識や正直さへの一時的な疑い。責任感が過剰であること。「いったいどんな意味があるのか」という信念の喪失など

またエリクソンはその後に、さらに付加的な診断的兆候をリストにしている。

- 劣等感
- 自分が正気かどうかについての疑い
- 戦場にまだいる戦友たちに対する罪責感
- 「弱虫」「軟弱なやつ」と見なされたり、臆病者となじられることへの気がかり

エリクソンは境界例のはっきりした症状と心的外傷後ストレス障害の確実な診断像をもって、神経衰弱の経過を見事に記述している。さらにエリクソンは、非現実的な混乱した感情や記憶の脱落、優柔不断さや非能率、落ち着きのなさ、騒音への極端な敏感さ、性的不能、怒りの暴発、理解不能な矛盾やアンビヴァレンスなどについて述べている。

このような診断的指標をまとめるなかで、エリクソンは読者に彼の新しい自我心理学的展望――心理 - 社会的な――を紹介している。それはただ神経症的症状のみでなく、多因子で、すべては中心となる障害の一部であり、人の経験のさまざまな側面の一部である、ということに目を向けている。このような焦点づけは、現実の世

界での個人の交流や内的経験を理解するものであり、単に精神病理を強調するものではない。エリクソンは次のように書いている。「我々の探照灯はこの事例のひとつの面やメカニズムだけをとりあげて、それに焦点を合わせることはしない。むしろそれにからむ多数の要因の周りをあえて無作為に照らすことによって、その障害のおよぶ領域を探り、その範囲を見極めようとするものである」(1950, p. 25)。

エリクソン (1950) は、外傷を受けた自我による自我障害の診断について、さらに詳細に述べており、次のような特徴像を追加している。

- 誤って、また敏感に驚愕反応をした（自我）の選別機構が、どの瞬間においても作動しなくなり、ショックを和らげる能力を失ってしまった状態
- 機能している自我ならば、時間や空間を構造化し、何が本当のことか確かめるというプロセスを有するが、それが頼りにならない
- 個人的なアイデンティティの感覚が喪失し、その人の主観として人生にまとまりが感じられなくなる
- はっきりした自我アイデンティティの障害が見られる。正常な環境では、自我アイデンティティは自分について、持続性と同一性をもったものとして体験しているものである

エリクソンにとって、「治療的な問題は、混ざり合った周囲の環境が、中心になる防衛をどのように弱体化したか、そしてその結果起こった発病はどんな意味をもっているか、を理解することである」(p. 44)。そして、「人間的な生き方を保証する発達に対して精神分析の働きかけが効果的である」ことを強調している (1968, pp. 66-70)。

先に述べたように、エリクソンの臨床的な仕事は精神分析の文献にはあまり引用されない。また精神分析の訓

練研究所でも用いられることはめったにない。ゴーランド（Golland, 2008）は文献レビューを行い、エリクソンは精神分析よりも他の心理学領域の学術雑誌に引用されていることを明らかにしている。そして彼の用語や概念は精神分析の領域よりも、それ以外のところで重視されている、という。ゴーランドによると、エリクソンがやや大げさにフロイトへの忠誠を述べるので、彼の新しいアイデアは精神分析の正統派の装いの下に隠されてしまっている。それにもかかわらず、エリクソンが一九四〇〜五〇年代の頃には、数少ない医師でない精神分析家として、その分野において相当に受け入れられていたことは事実である。それは彼の臨床的な技法によって、医者の仲間から敬意を得ていたためである。明らかに、彼の知性、存在感、そして洞察的かつ直観的な才能は、多くの人に賞賛されていた（Yankelovich & Barrett, 1970）。

エリクソンが亡くなった翌年、親友であり、同僚であったロバート・ウォーラーステインは次のように書いている。

> フロイト以後、エリクソンほど世界の文化や社会に影響を与えた精神分析家はいない。……生前において、彼は疑いなく最もよく知られた精神分析家であったし、社会－歴史的な領域で深く信頼され、またひろく影響を与えた人物であった。（Wallerstein, 1995, p. 173）

同様に、ハワード・レヴァインは、エリクソンの夢の見本についての壮麗な論文で、「こんなに輝かしい位置を占めていたエリクソンの名前や論文が、一転して現代の精神分析的な文献からは消えてしまっている」（Levine, 1998, p. 26）と述べ、「エリクソンの貢献が精神分析の中心に場所を得ていないのはどうしてなのだろう」と、次のような疑問を呈している。

エリクソンの学際的な研究が、興味関心の絞られた臨床家よりも、一般の人にひろく影響を与え、関心を惹いたということだろうか。精神分析の本流からは疎外されてしまうものが、エリクソンの研究の中にはあるのだろうか。それとも、彼の中に、その独創性を支えるような個人史または素質があり、そのために根深いアウトサイダー的な位置をとってしまったのだろうか。

(Levine, 1998, p. 27)

私自身の文献の理解や知識からすると、大部分の参考資料はエリクソンの心理 - 歴史的な側面、ライフサイクルの発達的な側面、青年期危機の研究の側面に関心を寄せており、成人の臨床的な心理療法には関心がきわめて広薄いと思う。それにもかかわらず、エリクソンの研究は子どもの心理療法や精神分析の領域では開拓者として広範に引用されている。彼は、これらの領域に最も影響を与えた一人であり、中心的な貢献者なのである。そのうえ、人間発達やライフサイクルのあらゆる研究でエリクソンが引用されている事実は、疑いもなく、人間の成長発達の領域においては、最も影響力のある権威であることを示している。幼児期発達の研究の領域では、「どこか北欧の海賊ヴァイキングに似た英雄的な雰囲気をもっているエリクソンは、未開の海の海図を描くように、生涯にわたる発達の階梯を描いた。……とくに、子どもたちの成長と発達に影響を与える社会的環境とその強い影響についてのアイデアを導入した」(Call, Galenson, & Tyson, 1983, p. xxii)。青年の成長・発達、青年期の混乱、アイデンティティ危機、そしてアイデンティティ拡散や境界例の問題を引き起こすような、もっと心理的な病理性をもったものについて、エリクソンの見解がアメリカの文化の中で非常に尊敬されているのは、「社会学的なものと、心理学的なものを織り込み、スムーズな概念図を織り上げた」(Esman, 1975, p. 177) ためである。

この好意的な、また目を開かされるような情報にもかかわらず、新しい、何か興味深い意見を見出せるかもしれないと思って、私はさらにたくさんの文献を探すことにした。

アンナ・フロイトの精神分析に対する貢献の再検討をしているリチャード・ダイヤーは、次のように述べている。

エリクソンの本当に独創的な研究は、幼児期の分析にかぎられるものではなく、解決を求めて人間のありようをめぐる心理学的研究に向かう前は、人類学また社会学的なものも視野に入っていた。エリク・エリクソンは紛れもなく「ウィーン子どもセミナー」〔訳注：アンナ・フロイト主催の児童精神分析家の養成プログラム〕出身の最も才能に恵まれ、影響をもたらした児童心理学者である。

(Dyer, 1983, p. 119)

ポール・ローゼンはよく知られた心理－歴史家であるが、次のように記している。

エリクソンはその複雑さにおいて知られるに値する人である。きわめて直観的であり、またヘレーネ・ドイチュ（Deutsch, H.）がかつて述べたように、「突っ張っている」ところのない人である。彼は自分の考えが反体制的であることを目立たせまいと努めていたが、それは新しい空気をたくさん吹き込んでくるものであった。それは気を引きしめられると同時に解放されるようなものだった。

(Roazen, 2000, pp. 437–442)

またローゼンは、エリクソンについて書いた著書のカバーに次のように書いている。

エリク・エリクソンはフロイトの後継者のなかで、最も重要で優秀な一人である。彼は自我心理学の理論やルターやガンディーの心理学的な伝記を著し、また私たちの語彙に、「心理歴史学」「ライフサイクル」「アイデンティティ危機」「心理社会的」「人間のライフサイクル」「内的空間」などのライフサイクルの用語を加えたことで世界的に知られている。人間のライフサイクルに関する彼のヴィジョンは説得力があり魅力的であり、彼の著作には特別に惹かれるような人間味がある。

(Roazen, 1976)

有名な心理歴史学者のロバート・リフトン (Lifton, R.) は、エリクソンはフロイト以後で最も創造的に、精神分析的に心を研究する人であったと言っている。同じく、コールズは、エリクソンがフロイトを現代に移し替え、病気の人のみならず健康な人も含めて理解する方法へと精神分析をつくり替えた人であるとし、次のように述べている。

ヨーロッパでモンテッソーリ教育の訓練を受けた教師として、スー族やユーロク族の観察者として、また戦争で障害を受けた軍人の治療者として、エリクソンの理論家としてのアイデアが、あまりに深く私たちの知識の底に深くしみこんでいるために、それがどこから来たのかわからないほどである。「情緒的成熟」「アイデンティティ」「心理的自伝」などの用語を、あたかも最初から知っていたかのように私たちは使っている。エリクソンは芸術や社会学、歴史学、教育、人類学を、フロイト派の人たちの洞察に置き換えていった。精神分析に十分の臨床的な資料を提出し、自分の最終的な目的が何かを正確にはわからないまま、彼の著書のタイトル〔『幼年期と社会』〕に理論的にぴったりのものを達成したのである。……ハイデガーのことばを用いれば、「世界内存在」ということである。……エリクソンはこれまで沈滞していたものを、もう一度力強い、なくてはならないものに転換したのである。彼は、人生そのものに等しい諸現象を言語化しようと試みたのである。それも、一人一人にとって人生がはっきりとした個性をもつものとなるような言語化である。

(Coles, 1970, pp. 60, 76)

デイヴィッド・ラパポート (Rapaport, 1959) は、精神分析的自我心理学の歴史的な展望を書いて、エリクソンの貢献の価値ある重要性を示している。『アイデンティティとライフサイクル』(1959) の序文で、エリクソンを歴史的に正確に位置づけている。自我心理学的な観点と焦点を次のようにあげている。

- 人の適応という概念
- 自我の理論と、現実と自我の関係についての統一的な解決法
- 現実的関係の理論とことに(心理 - 社会的)対人関係
- 自我のエピジェネティックな展開の展望
- 対象関係の自我の側面と社会的側面
- ライフサイクルの段階をとおして社会的環境に出会う際の個人の社会的特性に焦点づけた研究
- 発達と社会環境の間の調整としての相互性の概念

この流れの中で、一九五〇年に、当時リッグス・センター所長であったロバート・ナイト (Knight, R.) はエリクソンとの個人的な書簡において、『幼年期と社会』が「自我心理学に息吹を与える希少な本のひとつであり、すばらしく英知に富み、そして先見性のある本だと思いました。私はたくさん学ばせてもらい、この本に感服しきりです」と伝え、次のように続けた。

豊富な資料と幅広い洞察をすばらしい形で表現されています。相談室をはるかに超えて、普通の人びとが暮らし、形づくられていく社会の文脈について考えをめぐらせたことが有り余るほどよくわかります。あなたの臨床的な思考に深く感銘させられ、心をかき立てられ、そして少し賢くなったように感じています。

そして、ナイト所長は一九五二年に患者の手紙を添えて、次のように言っている。「エリクソン先生は学位があるから偉いのではなく、その業績が本当に立派なのです」

リッグス・センターのスタッフのM・ジェラルド・フロム（Fromm, 2002a）は次のようにつよく主張した。「エリクソンの研究は、その時期の自我心理学の研究成果の「頂点」を示している。というのは、これが、発達していく自我がつねにかかわりをもつ社会の現実に関する、まさにはじめての精神分析の理論であるからだ」（pp. 10–11）。別のリッグス・センターのニュースレター（Fromm, 1984）には、こうある。「エリクソンの研究は、現代のどの研究者よりも、人間の個人的な心理的発達の理解に貢献した」（p. 3）。

ゴーランドは、エリクソンは精神分析の感性を教育、伝記、社会学、歴史学に押し広げた人であると述べている。

> エリクソンの代表作『幼年期と社会』は、発達心理学の中で、人間の生涯を見通したものをはじめて提案したものである。そして精神分析の理論を、社会的、歴史的な文脈にしっかりと根づかせた。彼は生涯発達の心理学、心理歴史学、心理的伝記の創始者として認められている。……エリクソンの生物 - 心理 - 社会的なアプローチは、人間の条件に関する非医学的な精神分析の理論モデルだった。その理論は還元主義的な病理学用語を、人生における課題と、それに由来しながらもやはり心理社会的な発達段階と結びついている脆弱さ・強さ・人格的活力をめぐる自分の概念へと押し広げたのである。
>
> （Golland, 1997, pp. 325–328）

ウィニコット（Winnicott, D. W.）は、自著の中でエリクソンを引用している。そして児童と青年に関する彼の発達的な貢献について、敬意を込めながら純粋かつ正確な理解を示している。それには子どものプレイ、ことに幼児期の母子関係という文脈での子どものプレイについてのエリクソンの理論も含まれる。ウィニコットは幼児期における「アイデンティティ形成」に関するエリクソンの研究を認め、母親によってつくられる「プレイの場」に触れている。この場では、プレイが母親との可能性の空間の中ではじまるのである（Winnicott, 1971）。それにもかかわらず、ウィニコットは、エリクソンの臨床的‐心理療法的貢献については触れていない。『幼年期と社会』の書評（Winnicott, 1965）に、次のように書いている程度である。「エリクソンは大言壮語をするような人ではない。彼には自然にそなわった謙虚さがあって、精神分析的な諸発見を試みるのに適切な人だと思わせられる」（pp. 493-494）。残念なことに、ウィニコットは『幼年期と社会』の臨床的‐心理療法的な部分については何もコメントしていない。同著では多くの事例研究がなされており、また子どもの治療についての臨床的な断片も示されているのだが。

『促進的環境―ウィニコット理論の臨床的応用』（Fromm & Smith, 1989）は、ウィニコットの業績についての大著である。M・G・フロムはリッグス・センターでのエリクソンの教え子であり、ウィニコットとエリクソンとの間には、多くの領域で重なり合うことを理解している。フロムは次のように述べている。

この二人は自我心理学と対象関係論の統合を提案している。二人の理論の中心に、人の統合的中核を位置づけている。……二人はプレイの概念を展開していく基本的な触媒として、その重要性の新しい水準を引き上げている。（Fromm & Smith, 1989, pp. 13-14）

フロムは次のことも示唆している。「ウィニコットのいうほどよい母親は、エリクソンの基本的信頼に類似している」。さらに、「展開する母‐子関係のマトリックスはウィニコットとエリクソンの両者にとって、中心的な現実的関心である」（Fromm & Smith, 1989, pp. 13-14）。

二〇〇二年一月にエリクソンの生誕一〇〇年祭を記念して開催された、マサチューセッツ精神分析研究所主催の講演会でも，フロム（Fromm, 2002b）は，「身体部位の領域から対人関係的なモードへの，エリクソンの心理性的な理論の劇的な移行は，ひろい意味での関係論的な文脈では，当たり前のことと考えられている」とした。さらにプレイ，創造性，「私という感覚」，早期の発達プロセスなどにおける，エリクソンとウィニコットとの確かなつながりを明らかにしたのである。「エリクソンははっきりと自分の理論をもっており，患者の成育史，その発達の時期，早熟か晩熟か，そして忍耐の閾値，重要な転回点，などを読むことができるのである。――それはあたかも，池の澄んだ水をとおして水底をはっきり見ているようなものである」。

エリクソンの生涯と研究について書かれた心理‐伝記的，心理‐歴史的な名著『エリクソンの人生 *Identity's Architect*』（Friedman, 1999）の前書きにおいて，著者のフリードマンは，次のように書いている。「エリクソンは定義に関する大きな図式を提案するというより，とりあえずの見方を提案した。エリクソンのフォーミュレーションは完結せずに開かれたものであり，思索を促進するようなものであった」（p. 16）。フリードマンの印象によると，他の分析家，例えばエーリッヒ・フロムに，一歩前に出てフロイトからの逸脱を示すべきだという圧力をエリクソンはかけられていた（私信，2013）。

ニューヨーク大学出版部は，逆転移と夢の領域における「基本図書」の叢書に，自我アイデンティティ（1956）と夢見本（1954）に関するエリクソンの論文を収録している。同じように，境界例の病理についての権威ある著書の中で，オットー・カーンバーグ（Kernberg, 1975）は，重症のアイデンティティ混乱および拡散に関するエリクソンの研究が，境界例の病理の理解に貢献したことを強調している。

マーシャル・バーマン（Berman, 1975）は，有名なニューヨーク・タイムズの書評欄で，エリクソンの『個人史と歴史的契機 *Life History and Historical Moment*』（1975）について次のように述べている。

エリクソンは私たちのことばに新しい用語をつけ加えた。それは私たちの生活を解釈し，また直面する新しい方法を示しているものである。精神分析家として、彼は子どものプレイセラピーをしてきており、プレイの中にある、すばらしい、隠された深さと響きとを明らかにしている。……彼は青年の歓びと恐怖心とを、まれに見る鮮やかさと共感をもって明らかにしている。

(Berman, 1975, pp. 1-2)

ロバート・コールズの『エリク・エリクソン読本 *The Erik Erikson Reader*』(Coles, 2000) には、エリクソンの重要な論文がまとめられている。その中には、いくつかの臨床事例が含まれている。しかし、エリクソンの実際の心理療法的なかかわりの論考や分析は載っていない。また、驚いたことに、治療過程の論文やエリクソンが臨床家として、どのように活動していたかという論評はひとつもない。さらに、ウォーラースティンとゴールドバーガーが編集した『アイデアとアイデンティティ *Ideas and Identities*』(Wallerstein & Goldberger, 1998) には、エリクソンの貢献について印象に残る展望的な概説が入っている。そこには「主観性」や「参与的な相互交流」といった、エリクソンの重要な主題について臨床的展望が載せられている。エリクソンの死亡記事では、ウォーラースティン (1995) がエリクソンの業績について次のように書いている。「フロイト以後、精神分析家のなかでエリクソンほど世界の文化や社会に影響を与えた人はいない。……生前、彼は疑いなく最もよく知られた精神分析家であったし、社会－歴史的な領域で深く信頼され、またひろく影響を与えた人であった」(p. 173)。不幸なことに、レヴァイン (Levine, 1998) が述べているように、「そのような論説とは裏腹に、エリクソンの名前や論文類は、現代の論議から完全に消えてしまったという極端な現状が見られる」(p. 25) のである。

同様に、バーグマンとハルトマンの『精神分析技法の発展 *The Evolution of Psychoanalytic Technique*』(Bergman & Hartman, 1976) では、エリクソンの重要な論文である「現実とかかわり関与 Reality and Actuality」が、フェレンツィ、フェーニケル、アブラハム、アレキサンダーらの技法的な論文と並んでとりあげられている。しかし、なぜこの論文がとりあげられたのか、そして精神分析の方法や技法へのエリクソンの貢献は何であったのかについては、ここでもまったく論じられていない。

シェーンウォルフの『分析的治療の転換点 *Turning Points in Analytic Therapy*』(Shoenwolf, 1990) には、ウィニコット、サールズ (Searls)、フェアバーン (Fairbairn)、コフート (Kohut)、フロム＝ライヒマン (Fromm-Reichmann) たちが、実際に治療した事例があげられている。また、エリクソンの二つの事例が『幼年期と社会』の中からとりあげられている。ひとつは、前出の第二次大戦の戦場から帰国した海兵隊の治療と彼の「戦闘神経症」の物語である。もうひとつは、三歳の女の子の心理療法の事例の報告で (「メアリー」という名の事例は第5章に出てくる。そして少し検討がなされている)、エリクソンの解釈のない治療様式に重点を置いている。エリクソンが、「自発的なプレイ spontaneous play」の中にある「プレイの中断 play disruption」と「プレイへの満足 play satiation」について、治療のプロセスとプレイの構成要素を強調したものである。これらの資料から、エリクソンの活動現場と、彼がいかに子どものプレイの回復・治癒的な側面を活用しまた明らかにしていったかを見ることができる。エリクソンの臨床的資料に対するシェーンウォルフの賞賛は、精神分析の文献の中ではきわめてまれなものである。著者は、この非常に型破りな本の中で、エリクソンがこれらのセラピーを実際にどのように行っていたのかを理解しようと試み、かなり深いところまで踏み込んでいるのが印象的である。

セリグマンとシャノク (Seligman & Shanok, 1996) はエリクソンの臨床的・精神分析的な貢献を確信をもって認め、彼が自我心理学の限界を押し広げ、人間関係の文脈の中にその発達的な理論の核心を位置づけたことを高く評価している。エリクソンのいうアイデンティティ形成やアイデンティティ危機による自我の障害について、著者たちは深いところまで理解しており、「個人的経験の次元」や「人になるというのはどんな感じなのか」(p. 537) ということをエリクソンがどのように形にしたかについて、十分把握している。彼らの記述や個人的な経験についてのまとめは、アイデンティティ概念に関するエリクソンの実存的・経験的視点の深さを実証している。彼らは、「セルフが基本的に人間関係の中で創り出され、明確にされ、位置づけられる」(p. 538) ということを正しく評価することができたのであった。この認識はきわめてサリヴァン流の考えであり、またエリクソンという治療関係の強い力についての見方にもつながっている。エリクソンがいかに社会関係の理論を精神分析の枠組みの中に統合し、最も説得力のあることとして、「自我心理学の良質な部分を生き返らせ、人間的に理解してきた」かを理解していた。明らかに著者たちは、一九五〇年代にエリクソンが対人関係を最も重要とする新しいパラダイムを導入し、「経験の次元を活性化」(p. 540) させたことを理解していた。エリクソンは人間関係を関与させることで、人間の成長という次元を強調したのである。彼らのエリクソン理解はユニークであり、実に印象的ではあるが、残念ながら彼らはエリクソンのオリジナルの一次資料を持っていなかった。それがあれば、エリクソンの心理療法の実際の技法や方法をより深く吟味し、またエリクソンが心理療法家・精神分析家としてどのような仕事をしたかについて分析することができただろう。最後に、この著者たちは気づいていたのではないだろうか。エリクソンがのけ者にされたことなどない。なぜなら彼は、(本流から)「追い出されてしまう」ほど「内《うち》」の人では、はじめからなかったのだから。

最近出版された本について語って、この展望の締めくくりとしたい。それは、デボラ・ソロモン (Solomon, 2013) がノーマン・ロックウェルの生涯について書いたものである。その中で、ロックウェルがマサチューセッツ州のストックブリッジに住んでいたエリクソンの治療を受けていたことが明かされている。ロックウェルは、オースティン・リッグス・センターの近くにいるために、ストックブリッジに移り住んだという。著者が言うには、「ロックウェルは、自分の劣等感や依存心を語って、自分の問題を和らげ、そして自分の絵にもっと直接的で、感情をぶつけていけるように助けてくれる人を見出した」(p. 6)。そして、「ロックウェルは男性に寄りかかるような依存的な人であった。そしてエリクソンの中に、信頼できる支えを見出した」(p. 291) のであり、これは「欠くことのできない組み合わせであった」(p. 312)。エリクソンの精神分析家としての訓練が、ロックウェルの痛みのレベルを和らげるのを助けたのである。ソロモンが言うには「ロックウェルはしじめて会ったとき」からエリクソンに好意をもった。エリクソンは当時，「五〇歳代の前半で，印象的な顔つき，体つきをしていた。つまり，ハンサムなヨーロッパからの移民で，青い目をして，血色がよく，輝くような白髪をしていた」（pp. 288–289）。ロックウェルの有名なエリクソンのスケッチ画（本章のはじめに掲載しているもの）について，ソロモンは次のように書いている。「出来上がったポートレートは，北欧的な魅力をもった，広いひたいから櫛でかき上げた白髪のハンサムな男性である。そして完璧な眼」（p. 345）。エリクソンとの治療を開始すると，「ロックウェルの絵は，もっとはっきりと心理的なものになっていった」（p. 291）。

文　献

Bergman, M. S., & Hartman, F. R. (1976). *The evolution of psychoanalytic technique*. New York, NY: Basic Books.

Berman, M. (1975, March 30). Erik Erikson, the man who invented himself. *New York Times*.

Call, J., Galenson, E., & Tyson, R. (1983). *Frontiers of infant psychiatry*. New York, NY: Basic Books.

Coles, R. (1970). *Erik Erikson: The growth of his work*. Boston, MA: Little, Brown, and Co.（鑪幹八郎監訳（1980）『エリク・H・エリクソンの研究　上巻・下巻』ぺりかん社）

Coles, R. (2000). *The Erik Erikson reader*. New York, NY: W.W. Norton.

Dyer, R. (1983). *Her father's daughter: The work of Anna Freud*. New York, NY: Jason Aronson.

Erikson, E. (1935). Psychoanalysis and the future of education. *Psychoanalytic Quarterly*, *4*, 50–68.

Erikson, E. (1945). Plans for the returning veteran with symptoms of instability. In W. Louis, E. Hilgard, & J. Quillen (Eds.), *Community planning for peacetime living* (pp. 116–121). Redwood City, CA: Stanford University Press.

Erikson, E. (1950). *Childhood and society*. New York, NY: W.W. Norton.（草野栄三良訳（1954, 1955, 1956）『幼年期と社会　前篇・中篇・後篇』日本教文社）

Erikson, E. (1954). The dream specimen of psychoanalysis. *Journal of the American Psychoanalytic Association*, *2*, 5–56.

Erikson, E. (1956). The problem of ego identity. *Journal of the American Psychoanalytic Association*, *4*, 56–121.

Erikson, E.（1959）. *Identity and the life cycle: Selected papers.* New York, NY: International Universities Press.（西平直・中島由恵訳（2011）『アイデンティティとライフサイクル』誠信書房）

Erikson, E.（1968）. *Identity: Youth and crisis.* New York, NY: W.W. Norton.（中島由恵訳（2017）『アイデンティティ――青年と危機』新曜社）

Erikson, E.（1975）. *Life history and the historical moment.* New York, NY: W.W. Norton.

Esman, A.（Ed.）（1975）. *The psychology of adolescence.* New York, NY: International Universities Press.

Friedman, L.（1999）. *Identity's architect: A biography of Erik Erikson.* New York, NY: Scribner.（やまだようこ・西平直監訳（2003）『エリクソンの人生――アイデンティティの探求者　上・下』新曜社）

Fromm, M. G.（1984）. Erikson's scholar research fund established. *The Austen Riggs Center News, 4,* 3.

Fromm, M. G.（2002a）. Erikson on dreams. *The Austen Riggs Center Review, 15,* 10–11.

Fromm, M. G.（2002b）. Introductory remarks. Presented at the Massachusetts Institute for Psychoanalysis event honoring the anniversary of Erik Erikson's 100th birthday, Cambridge, MA.

Fromm, M. G., & Smith, B.（Eds.）(1989）. *The facilitating environment: Clinical applications of Winnicott's theory.* New York, NY: International Universities Press.

Golland, J.（1997）. Erik Erikson's clinical implication and applications: A memorial tribute discussion. *Psychoanalytic Review, 84,* 325–328.

Golland, J.（2008）. Whatever happened to Erik Erikson? Paper presented at the Mount Sinai School of Medicine, The Faculty Psychotherapy Conference, New York, NY.

Kernberg, O.（1975）. *Borderline conditions and pathological narcissism.* New York, NY: Jason Aronson.

Levine, H. B.（1998）. Erik Erikson's dream specimen paper: A classic revisited. *Psychoanalytic Study of the Child, 53,* 25–42.

Rapaport, D.（1959）. A historical survey of psychoanalytic ego psychology: Erik Erikson's contributions. In E. Erikson, *Identity and the life cycle: Selected papers*（pp. 5–17）. New York, NY: International Universities Press.

Roazen, P.（1976）. *Limits of a vision.* New York, NY: The Free Press.

Roazen, P.（2000）. Erik Erikson's contributions. *Psychoanalytic Psychology, 17,* 437–442.

Schlein, S.（1987）. *A way of looking at things: The selected papers of Erik Erikson, 1930–1980.* New York, NY: W.W. Norton.

Schoenwolf, G. (1990). *Turning points in analytic therapy*. Northvale, NJ: Jason Aronson.

Seligman, S., & Shanok, R. S. (1996). Erikson our contemporary. *Psychoanalysis and Contemporary Thought, 14*, 339–365.

Solomon, D. (2013). *American mirror: The life and art of Norman Rockwell*. New York, NY: Farrar, Straus and Giroux.

Wallerstein, R. S. (1995). Obituary, Erik Erikson. *International Journal of Psychoanalysis, 76*, 173–175.

Wallerstein, R. S., & Goldberger, L. (1998). *Ideas and identities: The life and work of Erik Erikson*. Madison, CT: International Universities Press.

Winnicott, D.W. (1965). Erik H. Erikson: Review of *Childhood and society*. In C. Winnicott, R. Shepherd, & M. Davis (Eds.), *D. W. Winnicott: Psycho-analytic explorations* (pp. 493–498). Cambridge, MA: Harvard University Press.

Winnicott, D.W. (1971). *Playing and reality*. New York, NY: Basic Books.（橋本雅雄・大矢泰士訳（2015）『改訳 遊ぶことと現実』岩崎学術出版社）

Yankelovich, D., & Barrett, W. (1970). *Ego and instinct: The psychoanalytic view of human nature*. New York, NY: Random House.

エリク・エリクソン（1969年）、マサチューセッツ州コーテュイの自宅にて。
ヤン・エリクソン撮影。

第4章 子どものプレイの心理的布置の構造

CONFIGURATIONS OF CHILDREN'S PLAY: "Toys and Reasons"

——「オモチャとその読み解き」

一九二七年夏に、精神的にも経済的にも苦闘している二五歳の画家が、故郷ドイツのカールスルーエとイタリアのフィレンツェとの間を行ったり来たりしていた。自分の職業的な方向性がつかめず、エリクソンは幼馴染のペーター・ブロスの誘いでウィーンに旅行し、ドロシー・バーリンガムの子どものいる学校で、子どもの肖像画を描いてほしいという依頼を受けたのだった。その学校というのは、バーリンガムの子どもを教育するところだった。ブロスはそこで教師として雇われていた。この実験的な学校はヒーツィング学校といって、エリクソンもそこで雇われたのだった。この学校はアンナ・フロイトとドロシー・バーリンガムが設立したもので、フロイトの分析を受けるために、ウィーンへと家族ぐるみでやってきた人の子どものためのものであった。エリクソンはまだ、これが自分の人生で最も運命的なことになるとは気づいていなかった。エリクソンは、ジークムント・フロイトを囲むサークルに出会い、アンナ・フロイトに見出され、ウィーン精神分析研究所の訓練生になるように勧められたのである。エリクソンはそれまで肖像画家であり、モンテッソーリ教育の教師として訓練を受けているだけの人だった。

この仕事は、エリクソンの視覚的言語 visual language に働きかけ、外的・社会的世界へと注意を向けさせるようになった。――つまり、子どもは自分をとりまく社会的な現実の中でいかに舵とりしていくのか、ということを理解する道筋をつくりあげていくにつれて、エリクソンは外の世界に注意を向けるようになったのである。エリクソンは、自身が受けたモンテッソーリ教育の訓練が、子どもの内的世界についての精神分析的な考えと本質的に対立するものだと見なしていた。それは、子どものプレイの対象についての、そして、いかに人は意味のある活動、のちに彼が「かかわり関与性《アクチュアリティ》」と名づけるものを必要とするかについての、エリクソンの関心を深めた。

(Friedman, 1999, p. 68)

エリクソンは同僚との個人的な書簡に、次のように書いている。

私がモンテッソーリから教わったのは、子どもの単純な手遊びに注意を向けること、それを私自身の手で繰り返すことです。その手遊びに使う素材によって、子どもは形ある世界を把握していき、そしてプレイの中でそれを再構築していきます。しかし、私は子どものプレイに入りこんでしまいました。というのは、かつて絵描きだったので、その視覚的言語に深く共感できたためです。

エリクソンの訓練の早い時期から、「彼は、治療者の中立性を強調する精神分析の正統から外れていた。というのは、クライエントである子どもの家を訪ねたり、その家族と一緒に食事をしたり、逆に自分の家に彼らを招いて家族に紹介したりしていたからである」(Friedman, 1999, p. 113)。このことは、エリクソンの未刊の文章からも歴然としている。そこでエリクソンは、クライエントの子どもの家で食事をしたときのことを観察しているのである。

ガブリエル（一四歳）の家で一緒に食事をしたとき、彼はかなりおとなしかった。実を言うと、彼は少し青白く、他の子に比べて痩せて背の低い印象を受けた。彼は過剰と思えるほどきちっとマナーを守っていること以外は一見健康そうな反面、社会的な礼儀作法に関しては機械的に従っているようであった。あたかも夢うつつの状態のようだった。ときには、彼はうっすらとほほえんで彼方を見つめているのだった。また別のときには、彼の顔はきれいで少年っぽいところがあったが、突然くもってきて、怒りというより恐怖を抱いているようであった。この子が、何が起きているのかを知っていることは明らかであった。また、両親が、この子が自分の背景を知らないだろうと思っているとすれば、それは現実的ではないと思う。また、この家に来る前の養護施設で「できそこない」と見なされていたという事実も、この子は知っていたと思う。

エリクソンが正統派の精神分析のスタイルをとっていなかったさらなる証拠として、彼は成人の患者にカウチを使わないときがあった。フリードマン（1999）は次のように言っている。「エリクソンの実績が、これらの（正統的でない）臨床実践に見かけ上の正当さを与えてきたのであり、またエリクソンのゆったりと落ち着いた態度での発表の仕方は、ボストンで瞬く間に知られていった。また、青年期の人たちについての彼の直観的な洞察は、同僚たちにたえず賞賛されていたのである」（p. 113）。そして、次のようにつけ加えている。

エリクソンは、特別の才能をもっている人であり、子どもの無意識的過程について特別の共感と理解をもっている人と認められていた。加えて、いつでも理論を横において、子どもを取り囲む現実の社会的な環境に焦点をあてた。また、見込みがないと思われている人を立ち直らせるという評判を得ていき、他の治療者ではうまくいかなかった治療を成功させたのである。子どものプレイについての深い理解、外的な社会環境と子どもの情緒状態とを結びつける能力は、人びとに深い感銘を与えた。

（Friedman, 1999, pp. 116, 119）

フリードマンは、エリクソンがいかに「精神分析の正統派から離れながら、一方でウィーンの精神分析の創設者たちの記憶と精神に対する堅固な忠誠心を維持したか」（p. 157）を強調している。

一九三六年、アンナ・フロイトの『教師と親たちのための精神分析』の書評で、エリクソンははっきりと、自分の自我心理学的視点を、これまでの自我の防衛機制を重要視する考えから区別しはじめた。それは人の適応と自我の心理学的成長の環境的・発達的・対人関係的なプロセスを重視する、というものであった。エリクソンは、あらゆるものが病理的なものだとは捉えないことを指向したのである。彼は次のように書いている。

精神分析の伝統的な道筋に従う本書は、子どもの自我を制約したり危険にさらすものについては多くの記述があるが、子どもの自我そのものについてはほとんど書かれていない。……研究が自我のことを明らかにするほど、精神分析による洞察は、教育の最も大事な問題である、自我を強化し豊かにすることを援助できるだろう。

（Erikson, 1936, p. 293）

また、アメリカの精神分析が医学化していることにエリクソンが失望していたことも明らかである。ウィーンで、エリクソンは次のように言ったことがある。「精神分析はヒューマニスティックな仕事であるという実感をもっていた。それは啓発的なものだった。ここアメリカでは、精神分析は医学の一部にすぎない」（Friedman, 1999, p. 115）。このような観点に立って、『幼年期と社会』においてエリクソンは、事例を紹介するにあたり次のような意見を述べることで、より全体論的でヒューマニスティックな自らの立場を示している。

ここで提示する事例の特徴は、生体に内在するいろいろのプロセスから出発する。以下のページで、生体がプロセスであることを示し、「もの」ではないということを示したい。なぜなら、生体の安定をめざす生来的なホメオスタシスの性質があるからである。それは単に病理的な切片にしたり、解剖したりして実証するようなものではない。（Erikson, 1950, p. 34）

ウィニコットと同様に、子どもや青年期の人たちの治療についてのエリクソンの概念は、成人の治療にも適用可能である。こんな風にして、エリクソンは子どもの精神分析家として仕事をはじめた。ボストンでは、彼が最初の子どもの精神分析家だった。フロイトは子どもの精神分析を自分自身では行っていない。フロイトは、心理療法的アプローチが子どもにも役立つと気づいたときに、この領域を他の人、ことに娘のアンナに任せたのである。フロイトたち初期の精神分析家と同様に、エリクソンもまた、海図のない海に漕ぎ出ていき、子どもの絵文字を解読する努力をはじめたのである。これが一九三〇年であった。エリクソンはアンナ・フロイトとメラニー・クラインに並ぶ、この領域のパイオニアであった。エリクソンは、子どもの心の乱れ《ディスオーダー》に対して精神分析的な方法を応用する試みをはじめたのである。エリクソンの初期の著作は、子どもによるプレイのあり方に注目していた。エリクソンのはっきりしている貢献は、子どものプレイを査定する単純だがエレガントな方法を考案し、さらに、これらのプレイの構成から子どものパーソナリティを推測したことである。ここで強調されたのは、オモチャとプレイが理由と個人的な意味をもっているということだった。だから、『幼年期と社会』の中のある章が「オモチャとその読み解き」〔邦題は第六章「玩具と理性」〕となっている。

最初に出版された臨床事例のある説明の中で、子どものプレイがもつ意味と心理学的重要性を強調しようとして、エリクソン（1937）は一二歳の女の子の事例を提示した。この子が五歳のときに、生まれてからずっと面倒を見てきた家政婦が妊娠による退職で家を離れてしまった。それがきっかけで、この子は重度の神経症になっていた。彼女が組み立てた積み木の家についてのエリクソンの分析は、この子の異常な姿勢だけでなく、その姿勢に対する無意識的な決定要因をも示した。それはとくに、この家政婦との同一化と愛着である。例えば、お腹の

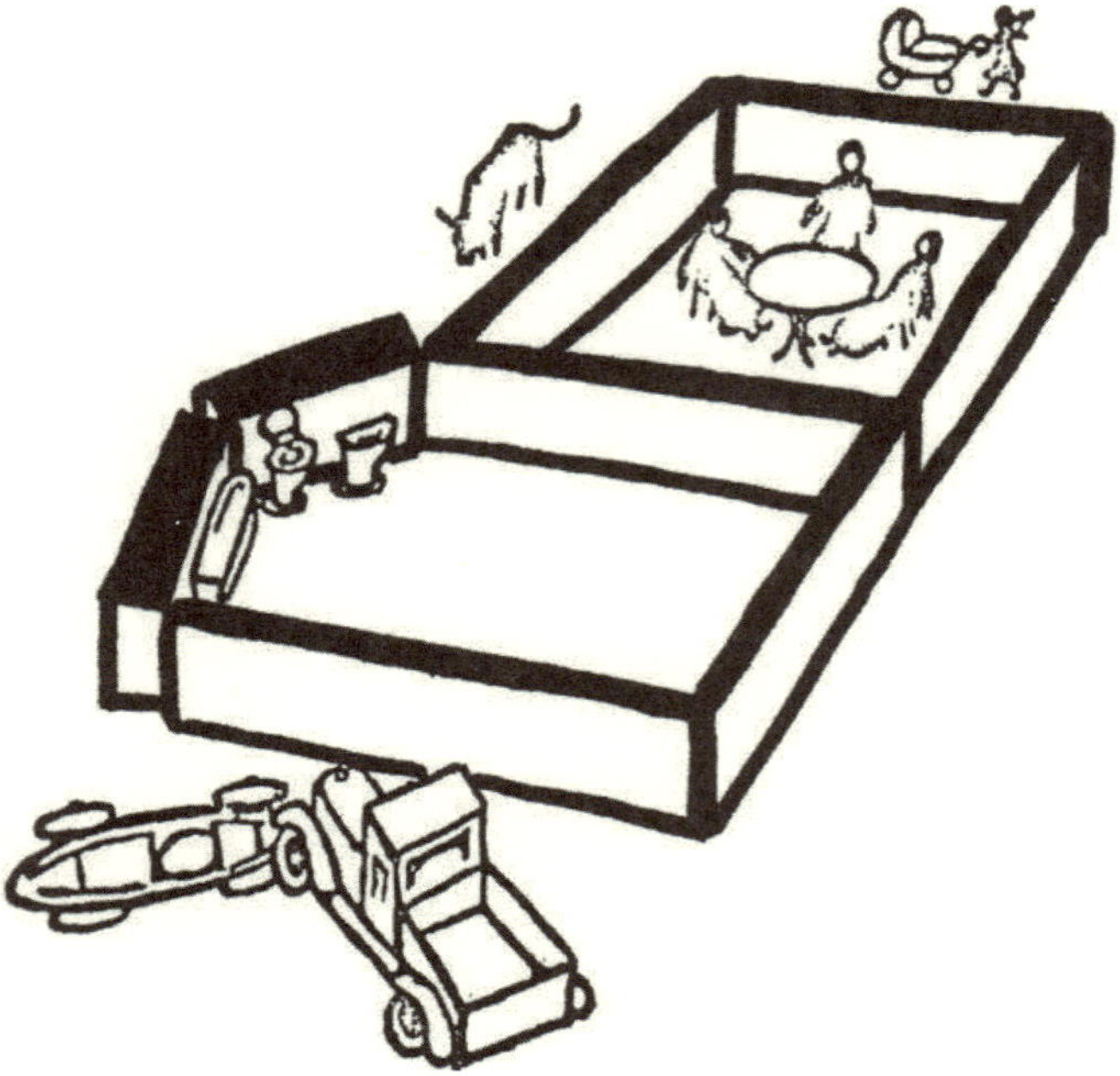

図 4–1　エリクソンが描いた子どものプレイの構成（Erikson, 1937）

膨れた人が、家の突き出ているバスルームの部分に現れた。これをエリクソンは、失った家政婦の身体のお腹を取り入れているのだと考えた。この例では、子どもの自己感と身体自我がプレイに現れ、また実演されているのであった。

エリクソンにとってプレイとは、実際の場における経験を示し、また形や大きさの力動的な関係を示し、エリクソンの言う「空間的な布置《スペーシャル》の構造関係《・コンフィギュレーション》」をも示すものである。彼は子どもの身体、衝動、環境からはじめて、それらに焦点をあてていったのである。彼はプレイをとおして、子どもの身体自我を形づくっている早期の経験を跡づけていくという、直接的なアプローチを開発しようとしていた。図４－１に示した臨床的なイラストは、彼のこのような見方の例である。

エリクソンがウィーンで行った子どもとの臨床は見事なものだったと、フリードマン（1999）は主張している。エリクソンは、「子どもの精神分析家という新しい天職は、彼の強い視覚と芸術的な衝動とのウマが合ったのです。……私は子どもの経験についてのある種の感覚があり、それが役に立ったのです」と述べている。「彼は以前の芸術家としての経験と精神分析の臨床的な訓練を統合することを学んだということがはっきりしている」（Friedman, 1999, p. 60）。エリクソンは「直観的な方法」と「際立った共感」をもっていることで知られており、それらとプレイの自己治癒の機能に身を任せる彼の姿勢とが結びついて、彼はセラピストのことを「治療的仲介者」とよく呼んでいた（Erikson, 1950, p. 38）。彼は、治療的仲介者が用いる「臨床的直観」は（治療者）「特有の個人的な方程式」の結果であると関連づけている（1940a, p. 558）。エリクソンは明らかに、臨床家は自分が観察するものに直接に影響を与えるものだと信じているのである。

　エリクソン（1950）は書いている。「フロイトは夢の研究が大人の無意識への王道であると言った。このアナロジーを用いると、幼児期の自我の理解に対する最もよい手がかりは、子どものプレイである。——それは「現実の対象物をとりまいて紡がれたファンタジー（ウエルダー Waelder のことば）」である」（p. 160）。エリクソンの子どものプレイにおける、いろいろの象徴の利用は、フロイトの成人の夢における象徴の分析と同じ位置を占めている。子どもは大人のように自由連想の規則に従うことができないので、プレイの内容、形、そして空間的な側面についての豊かな相互のかかわりに焦点をあてることから、エリクソンはスタートしたのである。彼は、この領域であまりにも頻繁に見られる、プレイの中の性的な象徴を超えていこうとして、子どもの内的関心が、どのようにプレイに示され、子どもによって創り出された空間的な布置《コンフィギュレーション》の構造の中に表されているかを示そうとしたのである。エリクソン（1963）は次のように主張している。

> 子どものプレイは自分の身体を使い、身体の上で展開する。それは私たちがプレイがはじまったことに気づくより前からはじまっている。はじめに、感覚的知覚を反復しながら筋肉的な感覚を用い、声をともない

ながらの探索がはじまる。少し時間が経つと、子どもはモノや人でプレイをはじめる。……子どもは母親が現われてくるにはどうすればいちばんよいかを、何度もプレイの中で試してみるかもしれない。また、自分の身体や顔の鼻や口を使って何度も繰り返すかもしれない。……これが子どものはじめての居場所の探索であり、基本的な地図は母親とのこのような相互のかかわりの中で獲得され、世界に自分を位置づけるガイドとして残りつづけていくことは間違いない。

(Erikson, 1963, p. 220)

かなり前のことだが、私は、オモチャ会社のブリオ社が出した広告を雑誌で見かけたことがある。私はそのメッセージにとてもびっくりした。というのは、この広告の言わんとするプレイの意味や価値が、エリクソンの考えにぴたりと一致していたためである。自らの生産したオモチャの宣伝に、ブリオ社は心理‐教育的な方法を利用し、子どものプレイに対する本物の理解を示しており、またプレイの経験の重要性やオモチャが子どもに与える潜在的な影響を述べていたのである。この会社は、子どもの自己評価や想像力に触れ、次のような意見を述べていたのである。「オモチャは子どもの成長を助け、自己評価を高めます」「あなたのお子さんは、オモチャで仕事がうまくできると、喜びでにっこりです」「あなたのお子さんは、考えることの魅力を深めます」「このオモチャはあなたのお子さんの想像力が原動力です」(これらの広告は次の二ページに図4‐2として示している)。

精神分析家としてはめずらしい試みとして、エリクソン(1940a)は『医学サイクロペディア(百科事典) Cycropedia of Medicine』という小児科の研究誌に寄稿している。タイトルは「乳児期と幼児期の問題」であった。エリクソンは、子どもの行動の心理学的な意味についての自身の見方を示している。そして、どうして子どもはそのように行動するのかを心理学的に解明し理解することの重要性を説明する努力を続けたのである。彼は、子ども時代に関するいくつかの精神分析的な概念を整理した。そして「人の情動という最も扱いにくいものであっても、生体を調べるのにX線を用いるものに匹敵するようなものが、(心理学的に)決定的な機制を解明するよ

図 4–2　ブリオ社によるオモチャの広告

This toy lifts your child's self-esteem.
Your child lifts the load with a touch of a finger. Your child maneuvers the load with skill and thought. Your child positions the load with an observant eye. Your child smiles with joy as she completes a job well done. The BRIO® fork lift: Safe and fun, played with alone or with BRIO's Wooden Railway System - found at specialty toy stores. A toy that helps children grow. For more information on BRIO Toys and a list of BRIO Stores, please go to www.Schylling.com
Powered by imagination.™
BRIO
BRIO® Wooden Railway is appropriate for children 3 years and up. In Canada, please call 1-800-461-3057.

図 4-2　つづき

うになるだろうという証拠がある」と言っている（Schlein, 1987, p. 548）。この文章の中で、エリクソンは、読者が自分の考えをわかるように工夫している。自我の機能の重要性についての考えである。そのことを次のように書いている。「痛みという用語は身体に用いるように、不安という用語は人格（パーソナリティ）について用いる。何か生起していることで、まとまりや統合が危険にさらされているひとつのサインである。――子どもはまとまりや統合や統制を立て直すために持続的に活動しているのである」（p. 548）。

一九四〇年頃に書かれたこれらのコメントは、新しい展望と新しいものの見方を示していた。コールズ（1970）は次のように言っている。「この論文［Erikson, 1940a］は、ある意味でエリクソンの決定的な進化を示すものであった。新鮮で、融通性のある目で子ども期を見るなかで、彼の発達論は個人と社会の両方を扱うようになった」（p. 64）。「そして自分の新しい視点をつくりあげる試みは、彼がこれから将来にかけて行っていく理論的展開の最初の表れであった。エリクソンは、一連の心理学的な提言をもって現れたのである」（pp. 81-82）。この論文はまた、人間の成長の明るい見方を示しており、また、人間は人と人との接触がもたらす機会の広々とした沃野を利用することができるようになるという確信を述べている。エリクソンの見方は、相互的‐対人関係的‐関係論的な観点のいろいろな要素を示した。ことに、幼児期を次のように捉えていることは注目に値する。つまり、「幼児期は子宮外の行動の最初の社会的問題」であり、「個人の心理学的な位置の社会的な相対性」である、と。この環境的‐相互関係的な焦点づけは、子どもが生き抜いていく発達上の課題をどのように経験し、子どもがこれらの発達的な課題を解決しようとするなかで、表現したり経験したりする対人関係のパターンがどのように示されるか、ということである。そしてエリクソンは意外にも、次のような問いを出して確かめたということである。「これらの早期の出会いの実存的（個人的）価値とは何だろうか？」と。

文　献

Coles, R.（1970）. *Erik Erikson: The growth of his work.* Boston, MA: Little, Brown, and Co.（鑪幹八郎監訳（1980）『エリク・H・エリクソンの研究　上巻・下巻』ぺりかん社）

Erikson, E.（1936）. Book review: Psychoanalysis for teachers and parents（by Anna Freud）. *Psychoanalytic Quarterly, 5,* 291–293.

Erikson, E.（1937）. Configurations in play: Clinical notes. *Psychoanalytic Quarterly, 6,* 139–214.

Erikson, E.（1940a）. Problems of infancy and early childhood. In *Cyclopedia of medicine*（pp. 714–730）. Philadelphia, PA: Davis & Co.

Erikson, E.（1940b）. Studies in the interpretation of play: 1. Clinical observation of play disruption in young children. *Genetic Psychology Monographs, 22,* 557–671.

Erikson, E.（1950）. *Childhood and society.* New York, NY: W.W. Norton.（草野栄三良訳（1954, 1955, 1956）『幼年期と社会　前篇・中篇・後篇』日本教文社）

Erikson, E.（1963）. *Childhood and society*（2nd ed.）. New York, NY: W.W. Norton.（仁科弥生訳（1977, 1980）『幼児期と社会 1・2』みすず書房）

Friedman, L.（1999）. *Identity's architect: A biography of Erik Erikson.* New York, NY: Scribner.（やまだようこ・西平直監訳（2003）『エリクソンの人生――アイデンティティの探求者　上・下』新曜社）

Schlein, S.（1987）. *A way of looking at things: The selected papers of Erik Erikson, 1930–1980.* NY: W.W. Norton.

第5章 子どものプレイの解釈と子どもの精神分析についての究明

EXPLORATION IN THE INTERPRETATION OF CHILDREN'S PLAY AND CHILD PSYCHOANALYSIS:

――「ことばのない精神分析」と「プレイと治癒」

"Psychoanalysis without Words" and "Play and Cure"

エリクソンは一九四〇年代の初めの頃、子どもの治療臨床に専念していた。そして彼が「実例見本 specimen」と呼んでいた、自分の治療経験を発表した。その中には事例が出されていて、「スローモーション」で再生したかのような詳細さで、クライエントとのかかわりが記述されていた。プレイの意味を理解するためには、「大人の場合、口に出して話すということが、最も自然な自己治癒の方法であった。それは認められた聞き手はやや儀式化されているものである。……これに対して、子どもの場合、プレイして吐き出すというのが、最も自然な自己治癒の方法である」(Schlein, 1987, p. 141) とエリクソンは言う。子どもが何時間かかっても、ことばでは表現できないということはよくある。一方、ノンバーバルなコミュニケーションでは、数分で表現できるのである。ある事例の中では、「私は誰にもわからないような、また誰にも言えないようなことを、警戒心をもたないまま、子どもに告白させることができる気質を身につけるようになってきたのである」(Erikson, 1963, p. 49) と言っている。別の箇所で述べた子どものプレイについての感想に、次のようなものがある。「子どもの世界の中に、親切なお客として入り、重要な仕事としてプレイを研究する人は、(ことばの) 世界に自分を無理に当てはめないでよいとき、子どもは何を考えているのかということを学ぶのである」(Schlein, 1987, p. 141)。

エリクソンのプレイについての見方は、かなり変わっている。つまり、プレイを自己治癒的な自我機能として見ている。また、治癒としてのプレイ、うっ積したエネルギーを発散するのに必要なプレイ、またいろいろの対象物を支配《マスター》する力を得る活動をとおして未解決の問題を扱う方法としてのプレイを見ているのである。また、子どものプレイは対象関係の希求や「相互的なかかわり」の希求の中での自己表現の時間として見なされる。エリクソンはときどき、次のようなことを述べている。「子どもにとってのオモチャは、動物の目の届くところに食べ物を置くようなものである」。本書の中でも次第に明らかにしていくが、心理療法に関するエリクソンの見方は、子どもの心理療法における解釈の役割について疑問をもっているウィニコットのそれと、対をなすものである。

エリクソンの初期の研究に見られる自我心理学的な理論化は、彼が次第に子どもの脆弱性と強さとのバランスに注目するようになってからは、自我の単に防衛的な側面を超えて広がっていった。この点で、前にも述べたように、彼はアンナ・フロイトに批判的だったのである。つまり、アンナ・フロイトは「話の半分の防衛的なところを示しており」、これに対して、エリクソンはむしろ、子どもの可能性や回復可能性やリジリエンス、そしてその生き生きとした感覚を見ようとしたのである。彼は治療のことをよく「回復のコース」と呼んでいた(Erikson, 1950, p. 203)。

ある五歳男児の事例の提示(「爆撃手の息子」、『幼児期と社会』の中の事例)が終わりに近づいたところで、エリクソンは次のように言っている。「観察者からすると、本能をむき出しにした、ことさら力強い表現のように見えるものが、ただひとつ残された統合と昇華に対する必死の願いにすぎないことはよくある話だ」(1963, p. 240)。子どもの症状と、セラピストに対するそのインパクトについて、エリクソンは次の点を強調している。「症状によって、子どもを見間違えることがないように」(p. 68)。すべての症状や病理の背後に本物の人間が存在しているのだということが，臨床家に向けたエリクソンのこの警告を浮き彫りにしているのである。

エリクソンの臨床的なサーチライト（探照灯）は，ただ神経症の症状を見ていこうとするのではなく，「中心的な障害」や「多様な要因」にも光をあてようとしている。そして症状を人間的な危機の一部として見ようとしている。それはすべて，人間的経験と人間存在とのかかわりの一部なのである。一九三七年の論文の中で，エリクソンは健康な五歳男児の事例を提出している。この子は患者でなく，「はっきりした対象関係を形成していることが，精神的な拘束のないプレイの中で示されていた。……この子は誰かが定期的にオフィスに連れてきて，一時間ほど遊ばせたのだった。……これは定期的な予防的観察という楽しい処遇の一環だった」（p. 153）。この事例について，エリクソンとセミナーで討論したとき，彼は次のことを強調していた。「このようなことは，手術をしたり，親戚の人の死に直面したりした子どもには，すべて（基本的な心理的チェックとして）定まった処遇をする必要がある」と。

このような子どもの実際のプレイの詳細なものを見るのは意味のあることだ，ということを指摘しておかねばならない。というのは，健康な子どもの文献においても事例が報告されるのは，きわめて異例のことだからだ。子どもたちのプレイがどんなものかを含めて，エリクソンは次のように述べている。

> 私のオフィスで，この子はたっぷり一時間を使って，強迫や不安を示すことなく，満足そうに家をつくって，満足そうにプレイしていた。トラックが裏庭のほうへ進み，トラックに自分が並べていた小さい車を荷下ろしをした。小さな銀色の飛行機と赤い車が子どもの好きなものだった。そしてそれぞれに存在意義があった。飛行機が優雅に家の近くを飛んだとき，前のドアが開いて，飛行機が降下して入っていったのである。赤い車は，たまに屋根の上に飛び上がったりした。そして給油所に停まっている二台のガソリン車の一台がガソリンをあげて，食べさせた。
>
> （Erikson, 1937, pp. 153-154）

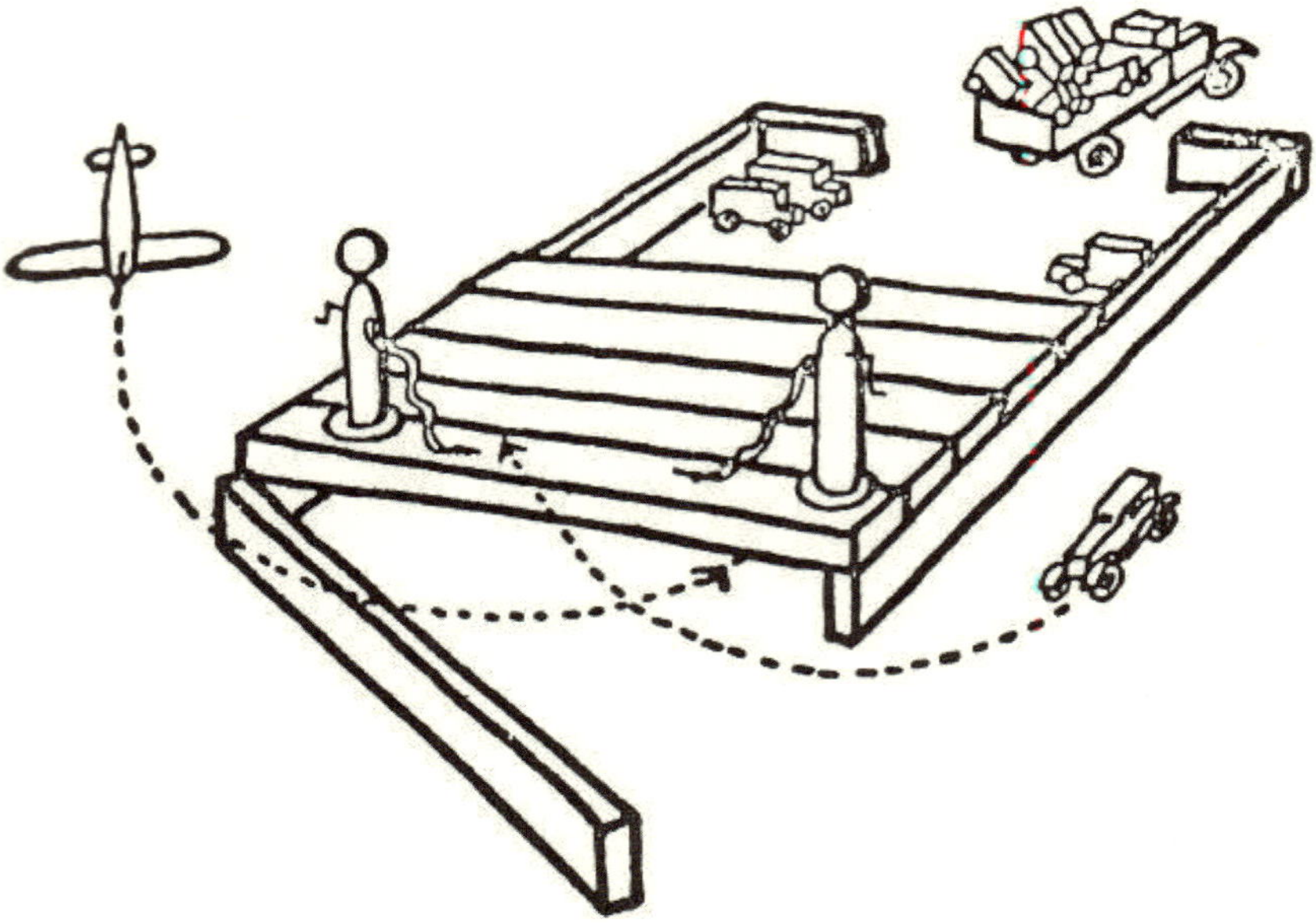

図 5-1　エリクソンによる子どものプレイ構造のスケッチ（Erikson, 1937）

このプレイのシナリオはエリクソンのスケッチに示されている。図5－1を参照のこと。

エリクソンの臨床的断片（ヴィニエット（訳注：患者を描写している短い文章））や事例研究は、彼の初期の研究にはたくさん示されている（例えば『幼児期と社会』第五章の「ジーンの症例――早期自我の失敗」を参照のこと）。エリクソンは、幼児期の子どもの悲劇的な失敗と、まとまりのある子どもになるための自我の苦闘を記述している。そして、他の子どもたちがいかに一時的に失敗しながらも、やがてつらい不安を永続的に克服していくのかを調べている。読者はこの記述の中に、エリクソンが臨床家として現実に仕事をしているところを、細やかな説明と自分の治療的な方法を述べている個人的な記録とともに、見ることができる。不安の強い未就学児についての事例の説明には、エリクソンの治療的な賢明さが示されている。彼は、それを次のように述べている。

この子は、私がこの子から何も引き出さないことをはっきりと示していた。しかし、彼女の驚きと安心を大きくするために、私は何も尋ねなかった。私は君の友達で、私を信用してもいいんだよ、ということも言わなかった。そうしないで、私は床に、簡単な積み木の家をつくりはじめた。……［エリクソンはこれを暗示的プレイと呼んでいる］。……この子は、ことばを使わない問題の表現に次第に惹きつけられていき、そして突然、行動に移したのである。

（Erikson, 1963, pp. 49–50）

もうひとつの事例サムの場合には、治療の進行プロセスを説明しようとして、次のように言っている。

精神分析的な観察が子どもの情緒的な閾値の中の弱点を見つけ、それを安定させる洞察ができてくるようになると、鎮静剤の量を少しずつ減らしていったのである。……私たちの探索のやり方は、知識を増やし、患者に対する洞察も増やしていった。……何歳であろうと、私たちは確かめて、理解して、計画を立てるために、患者の能力に自分自身を重ねていった。このようにして、私たちは治癒に影響を与え、また自然治癒を促進させるのである。

（Erikson, 1963, pp. 31–33）

エリクソンの著書（1963）から抜粋した以下のリストは、子どものプレイの一連の定義を含んでいる。エリクソンが長年にわたって、プレイの意味や意義について定義し、用いてきたものである。これらの彼の意見から、プレイについてのユニークで深い理解を見ることができるだろう。

1．「子どものプレイとは、モデルの状況をつくって—実験と計画によって—、現実を支配《マスター》する経験を扱う人間的能力の幼児版なのである」（p. 222）

2.「自我の機能としてのプレイは、自己の身体的、社会的なプロセスを統合する試みである」(p. 211)

3.「プレイは人の潜在能力の無限の源泉である」(p. 217)

4.「プレイすることと、学習することは子どもの仕事である。そして子どもがプレイするとき、大人はまったくハッピーであり、また完璧に人間的である」(p. 214)

5.「手で操れるオモチャの小さな世界は港のようなものである。子どもは自分の自我を精査・修復する必要が出てきたときは、そこに帰って来る」(p. 221)

6.「プレイの目的は、自我の支配力《マスタリー》を妄想することである。しかも、空想とかかわり関与《アクチュアリティ》との中間領域である現実において、それを実践するのである」(p. 212)

7.「プレイはほとんど存在の危ういものにすぎないものを、はっきりと支配《マスター》する」(p. 212)

8.「プレイは子どもの自我が空間と時間、そして社会的な現実に閉じ込められているところから解放されて、自分がその上にいるのだと感じることのできる場である」(p. 214)

9.「プレイの中でのみ、人は自分の自我と一体だと感じることができる」(p. 214)

10.「プレイは自我に一時的な勝利を与える」(p. 211)

11.「プレイは子どもに、人生の苦難を支配する人だと感じることを許し、その場で受け身的な姿勢から主動的なものに変化し、現実に自分にされていることをプレイすることができる。……これをプレイの外傷理論と呼んでいる」(p. 217)

12.「カタルシス理論は、うっ積した情動の解放と過剰なエネルギーを解放するものだとプレイを見ている」(p. 215)

13.「ひとりでするプレイは、社会的な海で荒波の時期を過ごしたあと、粉々になった情動を精査・修復するために、なくてはならない港でありつづける」(p. 221)

14.「子どもは最も動揺させられた自分の自我の一部を何であれ，プレイの中にもちこんでくる」（p. 214）

15.「プレイに関する多くの理論のなかから最も単純明快なものを，プラトンの『国家』に見出すことができる。プラトンは，動物も人間も幼い個体のすべてがもつ，跳び上がりたいという欲求に，真の遊び心 playfulness の原型を認めた。しっかり跳び上がるためには，自分が大地をスプリングボードとして，どのように利用するかを学ぶ。そしてどのように弾力をもって安全に着地するかを学ばねばならない。そのことは，一定の制限の中で，重力に勝ったり逃れたりするゆとりがどれほどあるかテストすることを意味している。このように，どこでもプレイの雰囲気が満ちているところでは，驚くような要素がいつも存在しているのである」（p. 213）

一九三七年に発表した論文「プレイにおける心理的布置の構造《コンフィギュレーション》」はひろく受け入れられたので，エリクソン（1940）はプレイの意味をさらに深く掘り下げていった。とくに，現実的かつ実行可能な技法であり，子どもにとって治療的となる方法としてのプレイの有用性と関連づけることを重視した。そして，子どものプレイ中に観察していたものは何だったのかを，意味のあるものとしてわかるように，自分の観察を組織化・体系化しようと試みた。このような努力をしながら，彼は観察データを次のようなカテゴリーに分けたのだった。

- **記述すること**：「観察者の目の前で生起したことを常識的に記述したもの」（p. 587）を用意する
- **形態分析**：何が起こっているかについて，もっと詳細で，客観性をめざした記述。次の四つの領域に示される心理的布置《コンフィギュレーション》の構造に注目する。①感情領域（オモチャの中に示されている情動的な関心），②観念的な領域（ことばの内容と行動で示している主題），③空間的な領域，④言語的な領域（表現の仕方，話し方，声の出し方）（p. 588）

- **主観的な印象**：臨床家の主観的な印象、考察、そして連想。とくに印象的なのは、次のようなエリクソンのコメントである。つまり、「臨床家は年齢に応じて、主観的な要因によって導かれる権利と義務がある」（p. 587）
- **精神分析的な解釈**：ここで、臨床家の「観察と内省的反応が、次のようなものを含むいろいろの解釈的ヒントに導かれる。発達的な流れ、……力動的な心理的布置《コンフィギュレーション》の構造、……患者の内的・外的成育史に結びついたもの、など」（pp. 588-589）

プレイについてのエリクソンの記述の中で同じくらい重要なものは、治療の場に現れてくるような、プレイのプロセスに内在しているいくつかの本質的要素を見極める試みである――これは子どもの精神分析の文献でもユニークでめずらしい焦点のあて方である。エリクソンによれば、プレイセラピーが基盤とする観察とは、不安定になってしまった子どもが、理解のある大人の保護的な支持を得て、プレイの穏やかさ peace をふたたび獲得するような観察である。そして、「また、一人離れてのプレイや同情的な大人のいるところでのプレイで得られる心の穏やかさは、多くの場合（子どもの内部で）エネルギーを放出しつづけることになる。そして環境の中にある資源の中で、承認される経験や愛情を受けた経験の放出するエネルギーに、十分に長く照射されるのである。これはすべての心理学的治癒に欠くことのできない要因である」（1940, p. 563）。ここでの焦点とは、エリクソンのいう「プレイの穏やかさ」という情緒的な状態を、子どもにふたたび獲得あるいは達成させることである。ここに見られる、コフートの自己心理学の見方との類似性に注意を払うことは重要である。つまり、分析家の共感的な存在によって子どもに対し共鳴的‐治癒的な働きかけをすることについての見方である。精神分析の歴史からいうと、エリクソンのアイデアは一九四〇年の論文に発表されていた。それは、コフートの論文が公式に現れるかなり前のことであった。

しかし、うまくいかないこともある。プレイがその自助的な治療的機能を失ったときには――つまり、子どもが「心穏やかに」プレイを続けられないような場合であるが――、エリクソンは読者に次のように述べている。「これは、夜の不安夢の、覚醒状態における対応物なのである。……これらの不安のために、子どもは生産的にプレイできなくなる。ちょうど夜驚のために、睡眠が回復機能を損なうように」（1940, p. 563）。だから、「プレイの穏やかさ」が機能しないと、「強く抑圧されたものがプレイの中でオモチャの上に直接排出させられる。それは子どもがとらわれている「内的な迷路」のおおよその様子を示しているのである。……その衝動は心の境界のほうに駆り立ててゆく。そして、子どもは自分のやっていることが安全でないと感じ……極度の不快感に達してしまう」。これをエリクソンは「プレイの中断 play disruption」（p. 575）と呼ぶ。抑圧されたそのような強い情動は、プレイの中に急激に排出されることがある。このようなときに、プレイの雰囲気が子どもに不安を引き起こすような危険な主題を、無防備に表出するようにかき立てるのである。

プレイの中断の対極にあるものを、「プレイの満足 play satiation」とエリクソンは呼んでいる。または、「プレイの穏やかさ」や「穏やかなプレイ」と言うこともある。エリクソンは次のように言う。「プレイがうまくいくと、ちょうど必要な数時間のよい眠りと匹敵するものであり、……その後、気分が爽快になってくる」（1940, p. 578）。これらのコメントは自我心理学の観点からは新鮮で、希望がわくようなものであった。エリクソンはさらにまた、「プレイの勝利 play triumph」という概念を提出して、次のように述べている。「不安に満たされている自我は、プレイに参加することによって、統合的な力を回復することができる」（p. 562）。

ウィニコットと同じく、エリクソンはこれらのプレイの出来事を、本質において回復的なものと見て、個人的な経験やプレイの活動から「自己治癒」を見出すことができると期待している。エリクソンは臨床家に、セラピーの確かな本質が欠けていることを忠告し、子どもに対して「直観的な関心 intuitive regard」をもって行動することの重要性を述べている。エリクソンは次のように要約している。

プレイに集中している子どもは、そのまま妨害しないでおくべきである。……子どもに、プレイそのものが何かを意味しているという事実を意識させようとは我々は思わない。——そのため、子どものプレイの中のひとつの要素が、その生活の中のある要因を意味しているなどと、その子に示すことはほとんどない。

(Erikson, 1940, p. 667)

エリクソンにとって、プレイのもつ力を信じて、(ウィニコットのように) 解釈をしない見方をもっていると、治療の目標は、子どもにプレイをさせておき、プレイにおける表現物にその子が意識的になることを避ける、というものになる。

私が資料を探しているときに、日付のない次のような論文を見つけた。それにエリクソンは「患者の転移」という題をつけていた。この論文には次のような、子どもの心理療法についての適切な文章がいくつか含まれていた。

訓練時代をへて私は、子どもには自由連想ができないとか、転移関係が築けないといった見方は、大人たちの身びいきではないかと考えるようになった。子どもたちは今このときを経験し、多様な機能をもち遊び心に富んだ自己表現へとその経験を翻訳することに没頭するのだが、そのような没頭は、自由連想や転移においてどのようになされうるのか？　そして、なぜなされるべきか？　子どもの患者は急なプレイの中断を経験しやすい人たちであり、その中断は自分たちの情動生活を抑制している内的・外的な支配者の存在を指し示すだろう。精神分析的な治療における転移に関して言えば、子どもとの関係で、また実際のところ親たちに対する関係でも、治療者の逆転移というものを私たちはほとんど考察してこなかったのではないだろうか。

プレイの中での不安という問題に関係して（子どもたちのプレイの全過程について可能なかぎりの理解を継続的に進めるなかで）、エリクソンは塔をつくったり壊したりする子どもの活動を次のように考察している。

多くの母親は、うちのかわいい息子は「破壊的な段階」にあるとか、または「破壊的なパーソナリティ」にさえなっていると思っている。というのは、息子は大きなビルを建てたあと、お父さんが帰ってきて見てくれるまでそのままにしてねと言っても、言うことを聞かず、蹴飛ばして壊してしまうに違いない。子どもが蹴飛ばして、塔が壊れるのを見て、大喜びをしているのは……多くの人を不安にさせる。とくに子どもは、偶然ビルが壊れたり、おじさんが壊したりしても、ちっとも喜ばないのだから尚更である。子どもは自分でつくったものを、自分で壊さねばならないのである。私の考えでは、不安定な直立歩行によって新奇で魅力的な視界を手に入れた、その瞬間に転んでしまったという子どもの経験から、このゲームはそれほどかけ離れてはいない。子どもはこのようにして塔を「立てる」ことを学ぶ――そして、その塔を揺らしたり壊したりすることを楽しむのである。つまり、それまで受け身的な事柄だったものを、主動的に支配《マスター》することに加えて、誰か自分より弱い者がいることを知って、自分のほうが強いと感じることが可能となるのである。

(Erikson, 1963, p. 220)

一九四〇年に執筆した児童分析の論文では、自分の治療的な見方とプレイの実際的かつ技法的な側面に関する、いくつかの基本的で警告的な事柄についてエリクソンは同意している。それはプレイのプロセスと、その自己治癒的で回復的な側面についてであった。一方、解釈はあまり重視しないという姿勢であった。この論文は、三つの結論のことばで締めくくられている。

1．「ここに示した「短編小説」は、子どもの精神分析は強い緊張と矢継ぎ早の劇的な洞察によって特徴づけられるという印象を、読者に与えてしまったかもしれない。しかし、そうではない。私たちの解釈がコミュニケーションを促し、改善が起こりそうになってから、変化のない静かで穏やかな、単調でもある長い時間がやってくるのである。子どもはプレイをし、積み木を組み立てたり、絵を描いたり、字を書いたりする。罪意識や不安があると、それが続いている間、好きなものの話を続けたりする。このような時期は、子どもにとっては回復を意味するが、治療者にとっては、もっと子どもと親しくなり、ゆっくりと洞察を得ていくときなのである。しかし、治療者が、子どもの行動を追いかけて解釈的なコメントを与えることはまったくない。子どもに対する解釈はめったに行われず、次のような全般的な指導原理に則ったものである。子ども患者の生活をとおしてみられる問題症状を見て、最近の観察をもとにそれらの背後にある問題をまとめておく。しかし、それらの考えを、プレイらしくできている行動の解釈に使うことはない。プレイの活動につながっている言語的な自己意識は求められていない」

2．「書くという単調な時間のなかで、私は臨床的な推論の細かいところに強迫的に注意を払ってきた。分析的な手法は実証されてきた。……これらをはっきり示すのは、訓練のためにはよいことである。セラピーのためには、直観的な関心をもって行動する必要がある。……科学の世界では、どうして私たちには自分が正しい道を歩いているという自信があるのかを知りたがっている。患者はただ単に、私たちにその自信があることを知っている。私たちの解釈が科学的に真実であるかどうか知りたがっている患者は少ししかいない。大部分の患者たちは、自分たちがそれを真実だと感じており、自分の苦しみの意味がわかったということで満足している」

3．「誰も見ていないとしても、また、そのことに誰も何もしないとしても、子どもたちはプレイ中の隠喩的な言語のなかに、重要な問題を表現しつづけるのである。——彼らはことばで表現できる、または表現しようと思うとき以上の一貫性をもちながら、より少ない自己意識で、そうするのである」(Erikson, 1940, p. 668)

一九八二年に、エリクソンはウィーンでの自分の経験を振り返っている。ウィーンは、彼が一九二七年に子どもの分析家としてスタートした土地である。

子どもたちは、精神分析の病理に関する仮説を見事に証明してくれた。それは彼らのプレイのやり方やコミュニケーションにおいて見せる直截さが、あらゆる大人の予想を飛び越えていたからである。このように子どもは、自分たちの激しい葛藤に加えて、経験と統合のための工夫に満ちた目新しい努力を示すのである。(Schlein, 1987, pp. 20–21)

エリクソンにとってのウィーンは、子どもに深くかかわりうち込めるような生き生きとした雰囲気が際立っていた。そこには、「自分自身の成長の潜在能力を表現し発展させるのと同じくらい、若い人びとの成長可能性に働きかけることができるという、めったにない深い歓び」(Schlein, 1987, p. 13)があった。エリクソンは、フロイトが「輝かしい知性」と呼んだ、「ときに、自由に機能する子どもが表現するもの」(p. 13)を観察していたのである。そのフロイトの表現は、人間の潜在能力に対する彼の関心を本質的に示すことばであった。エリクソンは自分の子どもの患者について、『幼年期と社会』のなかで次のように述べている。「これらの子どもたちは私にはっきりとした行動の見本を提供してくれたのだった。それは長い年月をへても私の記憶に残っており、しかも広がりと重要性を増してきている。この研究に対する彼らの協力への感謝の気持ちが、私の報告から読者に伝わることを願っている」(Erikson, 1950, p. 14)。

事例の提示

以下に掲げる二つの短い事例の断片は、エリクソンの未公刊ノートからとったものである。一九五〇年代における子どもとの彼の臨床の雰囲気を示し、伝えるために本書に収録した。エリクソンの卓越した記述力も味わっていただきたい。彼は私たちを相談室に導き入れて、何が実際に行われているかを見せてくれるのである。

1．メリッサ

この子は、私のこれまで面接してきたなかで最も困難な相手のひとりであった。毎回、面接の四分の三は、子どもが何か言うように気を配り、言うときには声を大きくしてもらうことに苦労した。けれども、次のこともつけ加えておきたい。面接の最後になると、すばらしいラポールができて、完全に普通の会話ができていたのである。最初の一時間、この子はぶかぶかのオーバーコートを着せられて、ふくれっ面をしていた。それはまるで怒っているブタとしか言いようのない表情で、顔の下半分は怒りを表すために変な形になっており、目は本当に小さくなっていた。しかし、面接の後半では、いくぶんか疑いの気持ちを込めてではあるが、まっすぐに面接者を見つめて、少し緊張を解いて笑い、オーバーコートを脱いだ。すると、ごく普通の子どものようになった。怒りと強情さのはじめの一時間では、彼女は暴力的な動きをしていた。例えば、手でイスの腕かけを手でこすり、また自分の靴で叩いたりこすったりしたのである。

2．リンダ

彼女は従順で、色のないような子どもであった。しかし、一二歳の愛想のいい少女だった。この子は絶望的な行き詰まりの状態にあるようだった。この子は目がチカチカすると言いながら、同時に激しいチックを示した。喉から何かを吐き出すような音を出し、またくしゃみを抑えたような音を出していた。また同時に、左手に息を吹きかけ、目を閉じたり、開いたり、また頭をキュッと後ろに反らしたり、そして右の手のひらを開けたり、閉じたりした。

次に出てくる文章は、エリクソンが子どもの心理療法家、精神分析家として、さらに深い記述をして、読者に一連の詳細な臨床事例を示したものである。ここで私のやるべき仕事は、実際のところエリクソンが子どもたちとどのようにかかわっていたかを提示すること、そして、利用可能な事例の資料を用いて最大限にうまく、彼の心理療法的な見方と治療方法・技法とを説明することである。

3．ジーン

ここに示すのは、ジーンという幼児の治療についてのエリクソンのいくつかの所見である。これは『幼児期と社会』（1963〔改訂版〕, pp. 195–208）からのものである。この事例では、エリクソンは慎重に診断名をつけないようにしている。というのは、一九四〇年代のどのような伝統的な精神医学的な診断も、この子の問題をきちっと捉えることができなかったからである。その代わりに、自我心理学的な見方を応用して、ジーンを「早期の自我障害」「スクリーニング・システムの欠陥」「実質的な自我欠陥」という名称で記述している。そして、よりはっきりと、「本質的な自我の弱さ」をもった統合失調症と呼んでいる。この子が二一世紀に診断されるとすれば、おそらく「自閉的」となっていただろう。この治療は一九四〇年代になされたものであり、その頃の診断としては分裂病（統合失調症）が一般的だった。

ここでは第一回の面接で、この子の行動についてのエリクソンの観察やジーンの身体的な様子についての、明確かつ詳細な記述に注目してもらいたい。当時の初期の自我心理学の、機械的で人間味に欠け、関係的でもない傾向をエリクソンは示さず、子どもとの出会いの適応的で相互関係的なものを記述し、保存しようと試みているのである。私たちは、この子の表情や行動の生き生きとした記述から、この子について多くのものを捉えているエリクソンの能力を見ることができる。

「統合失調症」の子どもと向かい合うことは、心理療法家が経験しうる最も大きな畏怖の念が引き起こされるような経験である。子どもの行動のビザールな（一風変わった）ところだけが、彼らとの対面を難しくしているのではない。それよりも、この子どもたちの幾人かがもつ魅力と、風変わりな行動との対照性が、これを難しくしているのである。彼らの顔のつくりはごく普通で、感じがよい。目は「霊的 soulful」で、何か深いしかも絶望的な経験を示している。それには、子どもにあってはならないような諦めがともなっている。最初に受ける全体の印象は、まっすぐ心に訴えかけてきて、すぐさまある確信を臨床的な観察者に抱かせるのである。その確信は、過去の経験が示す、より妥当な知識に反するものだ。つまり、適切な人と治療の場があれば、この子どもをまとまりのある進歩の軌道に乗せることができるという確信である。このような確信は、多かれ少なかれ次のような推論をともなっている。つまり、この子どもはこれまで間違った養育を受けてきたのであり、「拒否的な」両親に不信感を抱くべきはっきりした理由があるのだ、という推論を。

私がジーンに出会ったのは、この子が六歳になる手前の頃であった。そのときは、ジーンのベストの状態ではなかった。汽車に乗ってきたばかりだった。また，私のオフィスのある家は，彼女にとっては奇妙な形をしていた。（落ち着きなく，庭と家の中とを行ったり来たりしていた）彼女からかろうじて得られた私の第一印象によると，身体的には立派な体つきをしているが，しかし動きには緊張が見られ，まとまりがなかった。きれいな黒い目をしていて，ときどき不安そうにしかめ顔をするが，平穏な島のようであった。彼女は部屋を全部見てまわり，ベッドのカバーを剥いでいった。それはあたかも，何かを探しているようだった。探しものは枕だった。それを抱いて，かすれた声で囁くように話し，から笑いをした。

ここでエリクソンは，ジーンの対人関係について，もう少し語る。

なるほど，ジーンは「統合失調症的」だった。彼女の人間関係は遠心的で，人から距離があった。たいていこれは単なる接触の欠如として解釈されるものである。もっと前に出会った幼い少女の場合には，「誰にも関心を示さない」と言われることもあった。ジーンが階段を下りて私のほうへ来るとき，視線は空虚な様子で，ぐるりと物を見てゆき，私の周りに何度も円を描いたのである。彼女はいわば，私を見ないことで私に焦点をあてたのである。

ジーンの治療が進むにしたがって，エリクソンは「回復のコース」に言及し，プレイセラピーのいろいろの技術を適用した。それらの中には指遊びもあった。それはジーンが「時間というもの，そして，いろいろの場面における自己の連続性を築いていく」手助けをしたのである。

これまで示してきたように，ジーンに対するエリクソンの治療は，一九四〇年代に行われたものである。ためらいながら，慎重な繊細さをもって，この少女の病いの病因に取り組もうとしていた。ロバート・コールズ

（Coles, 1970）は次のように書いている。「精神医学は「拒否的な」母親や「統合失調症的な」母親に怒りを示して、問題のひろい範囲で原因となっていると主張していた」（p. 124）。しかし、エリクソンは診断名のレッテル貼りや、母親をなじったりすることはしなかった。エリクソンは次のように言っている。「ジーンの母親は子どもに対する愛情に欠けているわけではない。しかし彼女は、ジーンが最もほしがっているときに、最もほしがっているもの、つまりゆったりとした愛情をジーンに与えられなかったと感じていた」（p. 197）。このプロセスをエリクソンがどのように分析しようとしたかは、興味深い。母親がジーンをしっかり世話したとしても、最も大事な時期に共感の失敗があったことは事実である。そして子どもが最も必要としているときに、「ゆったりとした愛情」を与えるべきだった、と記しているのは興味深いことである。この表現を通じてエリクソンは、母親からの穏やかで滑らかで緩やかな、それにもちろん的確な反応の重要性を訴えている。

エリクソンは分析を次のように続けている。

論議することが残っているとすれば、比較的留守がちであった母親の行動が……子どもの行動にそのような極度の障害を与えたのか、それとも子どもはある種の内的な、おそらく器質的な理由によって、専門家の援助なしにはどんな母親も理解できないような、その子なりのニーズをもっていたのか……十分に計画された母親の愛を特別に注げば、その子を救うことができた頃には、まだ幼すぎて、母親はそうしたニーズがあることに気づくことさえできなかったのか。

印象深い勇気をもって、エリクソンはこの事例の討論の締めくくりで、次のように述べている。

「母親の拒絶」や、育児放棄という特殊な環境がジーンのような事例に作用しているかどうかは、まだ議論の余地がある。母親のまなざしやほほえみ、接触などに対して、これらの子どもたちはかなり早い段階から微妙な応じ返しができなかったという可能性を考えてみなければならない。そうした最初期のよそよそしい反応を受けて、意図的ではないが、今度は母親がかかわりを控えてしまったのかもしれないのだ。原因となる問題は母子関係の中に見出されるはずだという理屈は、この関係の情緒的な両極性を認めたときにのみ成り立つものである。つまり、その関係は親子双方の幸福感を増大させることができるが、しかしコミュニケーションが停滞したり弱体化したときには二人を危機に追いやるだろう、というのである。私が経験してきた……事例において、子どもに「力を送る」という考えには明らかな欠点があった。

この議論の終わりにエリクソンは、ジーンの事例提示における自分の強調点は「単独の根本的な原因や治療的な効果を見出すことではなく、自我の厳しい取り組みを含む新しい概念領域の輪郭を描くことにある」と、はっきりと主張している（1963, p. 207）。自分の生来の志向に従った人間がたどる社会的な運命について警告したフロイトとは対照的に、エリクソンはもっと楽観的な見方を示そうと試みた。エリクソンにとって、すべての個人的な危機は、成長への機会でもあるからだ。ジーンの示した症状や「自我の脆弱さ」、この子の悲劇的な欠損に、エリクソンは十分な注意を払っていた。それと同時に、彼の目は、この子の一個人としての活力と創意工夫に、また、まとまりをもとうとする自我のもがきに向けられたのだった。

調査を進めるなかで私は、ジーンの母親が書いた日付のない手紙を、エリクソンの個人的な収集箱の中に見つけた。彼女が長い年月エリクソンとの接触を続け、彼に深い尊敬の念をもっていたことは明らかである。この手紙を本書に載せて（図５‐２）、この非常に難しい子どもの両親とエリクソンがどんな関係を築いていたのか、その関係の質を実際に示したい。さらに、一九五〇～六〇年代の精神分析家に対する印象論に反駁したいところもある。それによると、重症の子どもの治療にあたっていた精神分析家は、しばしば子どもの病気の因《もと》をつくっ

エリク（エリクソン）先生へ

あなたの本は、ひと晩かけて、またいく晩かかけたとしても、パラパラと目を通すようなものでもないですし、形式ばかりの感謝状で済まされるようなものでもありませんでした。ですから、この本が十分に私の身に染みたと感じられるようになるまで、これについて先生にお手紙を差し上げるのは控えようと思っていました。そのために何度も繰り返し読まなければなりませんでした。また繰り返し読みつづけます。

ですから、中間報告です。

しかし、少なくともこの本を私がなぜ好きなのか、わかりました。この本がとても好きで、誰にも渡したくないと思えるくらい、持っているのが誇りなのです（この本については、小包を開く前から好きになりたいと思っていました。しかし、もし期待したようなものを書いてもらえてなかったら、どうなっていたでしょうか…）。

それでどうなのかと申しますと、私は嬉しい！　あなたはご自分の力に十分に見合うお仕事をやり遂げることができましたね、とお伝えできることは素晴らしいことです。ご自分のお気持ちを十分に込めて、丁寧に勇気をもって書いていますね。本当によい仕事をなさいましたね。

あなたは実際、こちらでたくさんの本をお書きになっていますね。1冊1冊の長さについては、もしかするとどの本も、より詳しく長く書き下ろされるべきものだったのかもしれません。しかし、それらの高さに関しては目を見張るものがあります。私をその高さに導いてくれたあなたに感謝しています。

その高みから見下ろすと、私にもわかりました。あなたは視野をものすごくお広げになったのですね。あなたは単に一人や数人を観察し治療されていたわけでなく、私たち全員、その他大勢をも気にかけてくださっていたのですね。

無論先生は最初からそのおつもりだったのでしょうね。スケールは違いますが、あなたが私の家族に対してお感じになり、してくださったことは、まさにその通りのことでした。まず「ジーン」一人からはじめて、そして家族全員も一緒にみてくださいましたね。

私はこのような場の大きな広がりに、関心がありそして満たされるのです。あなたには何か新しいもの、創造的なものを、自分の言葉で語るものをもっていますね。それはあなたの眼に映る真実なのですね。たとえその真実が受け継がれたもので、あなたはそれを繰り返しているだけだとしても、それはあなたの、紛れもなくあなた個人の心と頭脳と芸術のフィルターをとおして出てきたものですので、その過程をとおして出てきた真実には新たな活力が込められているのです。

あなたの洗練されたウィット、見事な文章、そして無限の優しさをもって、これらを実現したのですね。

学問的なところは、他の人に評価していただかなければなりません。私には無理ですから。今度こそ、学者ぶっている連中も、しっかり感じてくれることを願っています。その人たちに感じてほしいのは、物事の重大さなのです。

エリク先生、私はとても幸福です！

［ジーン］の母より、慈しみを込めて

ところで、［ジーン］のことですが、今は帰宅して一緒に住んでいます。私たちがもう大丈夫と感じられるくらいに強くなっているからです。あの子が私たちを助けてくれれば、私たちもあの子を助けることができると思います。

図 5-2　ジーンの母親からエリクソンへの手紙（日付がない。おそらく 1950、1960 年代だろう）

た親に責任をおわせ、非難していたのであった。エリクソンには、このようなことはいっさい見られなかった。ジーンの母親は、手紙の終わりに次のように書いている。「ところで、ジーンのことですが、今は帰宅して一緒に住んでいます。私たちがもう大丈夫と感じられるくらいに強くなっているからです。あの子が私たちを助けてくれれば、私たちもあの子を助けることができると思います」。エリクソンは『幼児期と社会』（1963）の中で次のように述べ、提出したこの事例を結んでいる。「ジーンの母親は、治癒的な特別の努力ができる人であった。このような治癒的な努力は、人間的な信頼の最前線でなされるすべての試みの前提条件なのである」（p. 208）。

4．グレタ

この事例は、きわめて重症の子どもの第二の事例である。この子は現実の世界との葛藤があった。この事例は、「プレイにおける心理的布置の構造――臨床的ノート」（pp. 154-160）と題された一九三七年の論文にはじめて登場した。この論文の見出しは「ことばのない精神分析」となっていて興味深い。エリクソンは、題目の重要性についてどこにも説明していないが、言うまでもなく、臨床家の言語の利用がかぎられていても治療は可能であるということを意味している。読んでいただくとおわかりのように、プレイおよび治療関係における子どもの経験に焦点があてられている。そして、治療者の伝統的な解釈的なことばのない、明らかにかかわり的・対人関係的な視点を活用しているのである。この少女の名前はグレタという。彼女は二歳半で、エリクソンは一九三四年からこの子の治療を開始し、それは一年半続いた。私が調べたエリクソンの個人的な記録によると、この少女は夏の間、エリクソンの家の近くに住んでいた。だからエリクソンは、この子と毎日治療をすることができた。そのうえ、記録資料によると、治療のある時点では、エリクソンの家に住んでいたかもしれなかった。

記録では、この重症の子どもと接触するなかでエリクソンが治療者としてどう振る舞っていたかを見ることができるだろう。そしてエリクソンがこの子とかかわっていく見事な能力を見るだろう。エリクソンは子どもの行動を記述するにあたって、驚くようなやり方でこの子を生き生きと描いていく能力を示していく。それはあたかも、彼が適切なときに、ぴったりと描く心のカメラを持っているかのようだった。この子の発達段階では、診断というものはあまり大きな意味をもっていない。問題としたいことは、次のようなことだった。「この子とちゃんとコンタクトができるだろうか？」「この子をこの世界に蘇らせることができただろうか？」。このような問いは、治療になくてはならない人間の活性化《アクティヴェーション》と人間のかかわり関与《アクチュアリティ》に関するものである。これらは治療の中の対人関係的－相互交流的な要素のエッセンスとして存在しているものである。エリクソンは、子どもの注意をひく方法として「暗示的プレイ」を適用しようとしていることを読者に喚起している。観察をはじめてから、エリクソンはやがて、この子の過去に何かが起こった、はっきりとしたトラウマが幼児期にあったという考えを抱くようになった。グレタが何を経験したのか知るために彼女が生まれた病院を訪問するという、まったく正統派的でない彼の振る舞いに注目してもらいたい。それも当時はまだ一九三〇年代だったのだ。母親との会話の中で、エリクソンは子どもの過去におけるトラウマがもっと多くあったことを知っていく。エリクソンの治療的な努力は、対象世界との「新しい」関係の中で得ていったものを強調している。

> 二歳半の小さい女の子、グレタは周囲の人を見て、笑い顔をするのをやめた。そしてプレイの中で展開するのをストップさせたのである。彼女はものを言うこと、また他の子どもとのことばをつうじた交流を学ぶことをやめたのである。彼女の顔から無表情でうつ的な表情が消えるのは、ほんのときどきのことだった。そのようなときには、彼女の興奮した声が奇妙に喉の奥から出てきて、また音を立てて吸い込むときに出てくるものだった。
>
> 彼女の家に訪問した。ある事実が私にこの訪問をさせることになったのである。彼女がゆっくりと私のほうに階段を下りてやってきたときに、私を直接には見なかったが、私の周りをぐるりと何回もまわった。だ

から、彼女がいつもしているように、私を見ていないということはないのだが、はっきりと私を見ることは避けているのであった。

続けた観察からわかったのは、この子の興奮の発作は、喜びと不安の混ざったものを示している、ということである。このことにはじめて気づいたのは、この子がドアを叩いているときに起こった発作のときであった。このドアは、開閉のときに電灯からぶら下がっている小さな鎖に当たる。しかし、その「発作」は、彼女が静かにしているときにも起こった。彼女は突然、目の端っこのほうから、たいていは最も明るいところを見つめた。それから、彼女はまるで発作が起こったように手を曲げて、まるで半ば泣いているように、半ば笑っているように喉の音を鳴らした。

どのようにしてエリクソンは、この子が部屋を動く様子を全体像として捉えようとしていたのか、読者は見ることができるだろう。この記述は、エリクソンが接触をはじめ、彼女にかかわり、彼女の世界の中に入ろうとするときの、彼女特有の存在の仕方を示している。彼の努力はこの子を元気づけ、活性化する道筋を見出すことに焦点を置いている。エリクソンの柔軟性、感受性、反応性、オープンさは、彼がこの子に近づこうとするときに、印象的に示されている。エリクソンはまた、この子のもつ問題の深刻さの原因は何かを理解したいと注意を集中している。

この空間でのプレイとプレイのような動きに影響を与えるために、私は軽い示唆を与えてみた。彼女は外の世界に対して自分の姿勢を固く守るために、周囲の人を見ない、聞かない、目新しい食べ物は食べない、おしっこやウンコを出さない、という態度をとった。しかし全体としては、彼女が空間で自分の体を動かすことを、何ものかがはっきりと禁止しているようであった。彼女の脚《あし》や腕は緊張して固くなっており、何らかの神経学的な障害を疑わせるほどであった。自分の前に十分なスペースがあっても、彼女は限界や境界線を想像して突然とまるのだった。あたかも、壁か崖にぶつかってしまったかのように。そして、少し離れたところから聞こえてくる想像上の雑音に、不安と喜びが相半ばする表情を浮かべながら集中するのだった。身体の比較的自由な動きが、現実の不安でストップさせられたり、上述のような明白な興奮に終わってしまうのは、どのような限界のもとでだろうか。これを理解したいと私は思った。彼女が物を投げるとき、もっと遠くまで投げるようにしてみた。私は彼女の手をとって、一緒に走ったり、階段を上下したりした——かならず、彼女が一人でするときよりも、いくぶん素早く、あるいは多くなるようにしてみたのである。

　彼女が突然発したはじめてのことばは——はっきりした発音だったが、早期のトラウマがあるに相違ないと思わせるものだった。彼女は、ドアをバンバンと叩きながら、遠くの空を見つめて、そして大声で（明らかに、不安がる大人の誰かを真似ているようで、しかもまるでオームが声を出すようなやり方で）「あらまあ、あらまあ、あらまあ」と叫んだ。他の場面では、数回にわたって、はっきりと「ああ、びっくり」と言った。数日後、幼児用のオマルからたくさんの石ころや積み木を取り出した。ペンキのにおいがしたが、彼女はそれらを食べてしまった。私が小さな声で、「あらまあ、あらまあ」というと、彼女は荒っぽくオマルを投げた。あたかも禁止を思い出したかのようであった。

　他方、彼女を最も興奮させたのは、キラキラした風車《かざぐるま》を手にもって彼女の顔に素早く近づけることであった。ここでは、彼女のプレイの細かいことをすべて伝えることができないが、結論を言えば、彼女の過去のトラウマ的状況を示している要素を指し示していた。それは次のようなシーンであった。彼女は柵越しに見ている（ベビーベッドの柵のような？）、顔のほうに光が素早く動いていく、ある角度から光を見つめている、光が遠くに離れる、舐める行為、そしてトラウマ的な行為に関係した妨害および何か排便に関係したプレイが見られた。これらのことは、彼女がときどきはっきりと示してきた二つの恐怖につながっていた。ひとつはトイレの光、もうひとつは彼女の家から三〇メートル程度離れた交通信号の点滅であった。また、彼女は両親のベッドカバーのふさ飾りのことも怖がっていた。その恐怖は、これと関連しているように見えなかった。しかし、やがて彼女を惹きつけながら怖がらせてもいる、あの電灯にぶら下がった鎖が重要な役割を果たしていることがわかり、その関連が見えてきたのである。

それで私は彼女が生まれた病院を訪ねてみた。彼女の人生の中で、最も危機的な時期は、生後数週間であった。この時期、母親は病状がひどくて数日は授乳することもできなかった。赤ん坊はあやうく生命を落としかねないほどの下痢になってしまった。この時期については、それ以上の情報は得られなかった。彼女をケアしたかかりつけの看護師は国を離れていた。

別の看護師が病院の電灯について教えてくれたのだが、突然次のように言ったのである。「それで私たちは、もうひとつのランプを使ったのです。これは重症の下痢の赤ん坊にのみ使うことになっているものです」。そして看護師はやり方を、次のように実演してくれた。それは、あの子のプレイとまったく同じ手順であった。赤ん坊は横向きに寝かせられていた。そのランプは赤ん坊の痛むお腹のできるだけ近くに置かれ、直接お腹を照射した。そのとき赤ん坊はランプを見ざるを得なかったのだが、その角度は、あの子がいつもの白昼夢に心を奪われているときとほぼ同じだったのである。ランプには曲げることのできるホールダーがついていた。そしてランプの位置を調節するときに、短い時間であるが、赤ん坊の顔を強く照らした可能性があった。これが終わると、ランプは覆われてベッドに置かれたのである。だから、赤ん坊にとっては、**光があるところは痛みがあるところだ**、という状況だったのである。

生後二週間目にこの外傷的な出来事があったことがわかって、次のような状況を理解する助けになった。私の治療オフィスで、この子がランプに突然びっくりして、家でミルクを飲まなくなったのである。そして、どこにいてもベッドの中でプレイをはじめた。この子は、オフィスの長椅子のカバーを丸めて洞窟をつくった。そしてその洞窟に入りこんで、怖そうにしているが、また惹きつけられてもいた。そして危険なランプを見るのだった。私たちはランプで遊びはじめた。この子はクルクルと素早く回転するものなら何でも好きだったので、私は電灯をカバーの下に置いた。そこはだいたい病院のランプが置かれていた場所と想像できた。そして、その電灯をクルクルと回した。これまで恐れていた光を見て、この子ははじめて笑って、「まーまーまーま」と言った。また同時に、運動神経の調整も非常によくなった。あるとき、あまりに長いことランプで遊んでいるので、この子のベッドの上からそれを取り外さないといけなくなった。すると彼女は、別のランプのコードを引っ張り出すために、暗闇の中でベッドを部屋の反対側に動かしてみせたのだ。

治療中のこの時点で、母親は子どもの最早期に起きたもうひとつの重要なことを思い出した。子どもが生まれて三カ月のとき、母親は子どもを家において旅行をしなければならなかった。母親は赤ん坊のおむつを替えるときには、電気ヒーターをつけておくようにと言い残していた。母親が帰宅してみると、このひと月の間、近郊で岩を砕くためにダイナマイトが使われていて、周辺全体が恐怖に包まれていたということだった。大人たちが神経質になっていただけでも赤ん坊は調子を狂わせていたのに、そのうえ、ある日電気ヒーターが突然破裂してしまい、恐怖のどん底に陥ったのであった。こうして、**痛みのライトと騒音のライト**が結びついたのである。この子が恐怖を感じている、遠くに見えるピカピカしている交通信号と近くで破裂した光とおそろしい音とは、明らかに重なり合った「凝縮《コンデンセーション》」だったのである。

この子が恐怖なくライトでプレイできるようになったあとで、この子の活動範囲をもっと広げることを試みた。そして噛んでみるようにと、硬めに焼いたトーストを彼女に与えてみた。彼女は、これを拒否した。――そして母親のドレスからぶら下がっている飾りの房を見て恐怖を示した。同じ頃、いろいろの木製ものに噛みつくようになった。二人の小さな男の子が裸でいるのをはじめて見たすぐあとに、この子はランプの鎖に対するのと同じ恐怖を示した。そこで私は、お父さんとお母さんの裸を見たことがあるかどうか、またそれは何回あるかを聞いてみた。この子の恐怖の対象は、飾り紐やぶら下がったもの、あるいは毛皮や髪の毛のようなものすべてに拡大していったのである。母親のベルトで遊ぶように差し出すと、それを親指と人差し指でつまみ、あたかも何か生き物か不快なもののように扱った。そして、それを投げ出した（あたかも蛇の夢を見たことを報告する女性がときどき見せるような表情で）。ふさふさした飾りで繰り返し遊ぶときには、母親のナイトガウンの首のところに垂れ下げて、母親の乳房に惹きつけられたように集中するのだった。

生まれて間もなくから、刺激が一定以上の強さになると、それを克服できない（耐えられない）ところがこの子にあったことは明らかである。他方で、一緒に遊んだプレイの影響と、今や理解できるものとなった環境下での雰囲気の同時的な変化の中で、彼女の奇異な行動がもっていた、いくつかの意味を見つけることができた。この子の発声は、普通の子の発語の前のものに似ていた。この子は両親と一緒に楽しく遊ぶようになり、他の子どもがいても楽しめるようになった。不安は少なくなり、いろいろのことができるようになった。客観的な世界との関係を新しく獲得していくことは、あらゆる再方向づけの前提条件であるが、まだはじまったばかりである。

5. ピーター

四歳のピーターの事例は、『幼児期と社会』（1963, pp. 53–58）に提示されている。この臨床的なエピソードは「子どもの大腸との闘いでの奇妙な膠着状態」にあった男の子の治療を記述したものである。そして、この男の子の症状の「社会的含意」（p. 48）を理解しようとする、エリクソンの努力を明らかにしている。驚くべきことに、エリクソンは治療がはじまるとピーターの家を訪問して彼の家族と食事をしている。食事が終わると、ピーターの部屋に行き、第一回のプレイのセッションをしている。なんということだ！　治療者はこのようなことはまずしないものだ。この男の子とコミュニケートする道を探るにつれ、現状の危機的で深刻な力動をエリクソンは認識していき、いわば「外科的な処置」を施す努力のもとでいくつかの解釈的な手順を適用した。エリクソンの解釈的な発言は、子どもとつながり、コミュニケーションを成り立たせるために用いられているということが、この事例からわかるだろう。このことを裏づけるのは、エリクソンがピーターとの個人的な相互作用を重視していたことである。それは、ピーターの内的な心理力動を理解することを助け、ピーターと、そして意味のある変化を引き起こすように彼を活性化し励ますことを助けたのである。

ピーターは、はじめの頃はときどき数日の便秘があった。しかし、最近は一週間にもなることがあった。これは緊急の事態で、一週間の便秘に加えて、四歳の小さな身体に大量の便を取り込み、そしてため込んでいるのだった。彼は惨めそうであった。誰も見ていないと思うと、大きく膨れたお腹を壁に押しつけて身体を支えているのであった。

ピーターの小児科医がいたった結論によると、ピーターの快癒は強力な情緒的サポートがなければ達成できないとのことであった。しかし、のちに正しいと判明した疑念があった。それは、少年がそれまでに拡張した大腸をもっていたということだ。大腸が拡張する傾向ははじめ症状の形成に寄与しただろうが、今やこの子は明らかに、ことばでは表現できない葛藤に苦しんでいたのである。まずは、できるだけ早くその葛藤を理解し、コミュニケーションを築くことが必要であった。そうすることによって、この子の協力を得ることができるかもしれないのである。

家族の問題が何であるかを理解するにあたっては、その前に先方の家で彼らと食事をとることが私のやり方であった。私は両親の知り合いとして遊びに行き、家族の皆に会いたがっている人として、将来の患者となるこの子に紹介された。隠しもっている知恵を尋ねてみたくなるような子どもであった。私たちがランチのテーブルにつくと，明らかにぎこちない様子で，私に向かって「夢っておもしろいよね」と言った。ピーターの兄たちはおいしそうに平らげて，すぐ家の裏の林に行ってしまったが，ピーターは一連のプレイ的なお話を熱心に話しかけてきた。この内容は，今にしてわかることだが，自分を支配し苦しめる空想を表していた。それは肛門括約筋の諸問題のアンビバレントな特徴を示していた。クライエントたちは，腸の中にとても熱心に保持している大事な秘密を，しかしほとんど強迫的に開示してしまうのである。

エリクソンは，ピーターの「夢的な文章」のいくつかをリストにしている。それに対するエリクソンの無言の解釈と考えを書いている。

「僕の家のここに小さな象がほしいんだけど，象はだんだん大きくなって，家が壊れちゃうんだ」。この子はそのとき，食事をしていた。腸がだんだん大きくなって爆発点に近づいている。

「あのハチを見て！　僕の胃の中にあるお砂糖をほしがっているんだ」。砂糖というのは，遠回しな表現に聞こえる。自分のお腹に何か大事なものをもっていて，それを誰かがとりあげようとしているという考えを，私に伝えようとしている。

「嫌な夢を見たんだ。何匹かのサルが家をよじ登ったり下りたりしている。そして家に入りこんで，僕を捕まえようとしている」。ハチはピーターのお腹の中の砂糖を盗ろうとしている。今度はサルたちが家に入りこんで，彼を捕まえようとしている。お腹の中の食べ物が増えていき，――家の中で赤ん坊の象が大きくなり，――ハチがお腹の砂糖を盗ろうとし，――家の中でサルが彼を追ってくる。

昼食後，庭でコーヒーが出された。ピーターは庭のテーブルの下に座って，あたかもバリケードを築くかのように，イスを引き寄せた。そして次のように言った。「僕はテントの中にいるから，ハチはボクを捕まえられないんだ」。ここでもまた，ピーターは囲いの中に入っていて，侵入する動物たちに危険な目にあわされる。

しばらくして，そこから出てきたピーターは，立ち上がって，私に自分の部屋を見せてくれた。私は，ピーターの本をほめながら尋ねた。「君のもっている本の中で，いちばん好きな絵はどれかな。見せてよ」。ピーターはいっさい迷うことなく，ジンジャーブレッド・マン〔訳注："*Gingerbread Man*" Usborne. 2011. 人をかたどった生姜入りのパンで，子どもに人気がある〕が水に浮かびながら，大口を開けて泳いでいる狼に近づいていく絵を描いた。そして，興奮気味に言った。「狼がジンジャーブレッド・マンを食べるんだ。だけど，ジンジャーブレッド・マンは痛くないんだよ。だって，（大声で）この人は生きていないもん。食べ物は，食べられても感じないもん！」。私はピーターに大いに賛成した。そしてしばらくの間，次のようなことを考えた。この少年のことばは，次のようなアイデアと重なり合っている。つまり，この子がお腹にため込んだものは何でも生きている。そして彼を「破裂させてしまう」か，あるいは傷つけてしまう危険がある。そこで私は，二番目に好きな絵本を見せてと頼んだ。すぐにピーターは，『ちびっこきかんしゃくん *The Little Engine That Could*』〔訳注：ワッティ・パイパー著，大日本絵画社，一九九〇年〕を持ってきて，あるページを探した。そのページには，煙を吐き出している列車がトンネルに入ろうとしているところが描かれていた。次のページは，列車が出てくるところだった——その煙突から煙は出ていなかった。彼は言った。「見て見て！　列車がトンネルに入っていった。暗いトンネルの中で列車は死んだんだ」。何か生きたものが暗いトンネルに入り，死んで出てくる。これはもう疑う余地はない。この子はファンタジーをもっていて，彼は何か大事なもの，生きたものでお腹が満たされている。もし，これを入れたままにしておくと，破裂してしまいかもしれない。要するに，彼は身ごもっているのだ。

この子は早急な援助を求めている。それも解釈という援助を。次の点を明らかにしておきたい。信頼のおける関係が築かれる前に，問題のない子どもたちに性的な啓発を押しつけることには同意できない。しかし，このとき私は「外科的な」処置が求められていると感じていた。ピーターが子象が好きという話題になったとき，二人で象を描こうと言ってみた。たくさん描いて，お母さん象や赤ちゃん象の特徴，周囲の様子などをある程度うまく描けるようになってから，私は象の赤ちゃんはどこから出てくるか知っているかいとピーターに聞いてみた。ピーターは少し緊張しながら知らないと言った。しかし，ピーターはただ私に話をさせたがっているように見えた。そこで雌の象の断面図を描いて，内部の仕切りの部分，つまり排泄の出口と赤ん坊の出口の二つをはっきりと示してみせた。このことを知らない子どももいると，私は言った。排泄物と赤ん坊は同じところから出てくると彼らは思っているのだ，と。

このような間違った理解から想像される危険について説明しようとする前に，ピーターはとても興奮して次のようなことを私に語った。母親がピーターを身ごもっている間，トイレに座るとき彼が生まれ落ちないようにベルトを装着しなければならなかったという。そしてピーターがあまりに大きいので，母親の胃を切り開いて彼を取り出さなければならなかった，と彼は話してくれた。そのとき私はピーターが帝王切開で生まれたことを知らなかったが，彼に女性の断面図を描いてみせて，母親に聞かされた説明を彼がどのように覚えているかをはっきりさせようとした。また，次のことを彼に補足した。ピーターも子どもをもつことができると考えているようだ。それは本当は不可能だが，そうした空想を自分が抱く理由を理解するのは大事なことだ，ということを。また，ピーターもすでに聞いているかもしれないが，子どもの考えを理解できるようになるのが私の仕事だ，ということを。そして，ピーターが望むなら，明日も来て話を続けても構わない，ということを。彼はそうしてほしいと言った。その日，私が帰ったあと，ピーターは人のものと思えないくらい膨大な排便をしたそうである。

ピーターのお腹が溜まった便で肥大したとき，彼は自分が妊娠したと考えて，自分と赤ん坊が傷つかないようにしたかったことは間違いない。しかし、そもそも、便をため込もうとしたのはなぜだろうか。このとき彼に情緒的葛藤を引き起こし、便秘、そして妊娠空想という表現をとらせたものは何だったのだろうか。

この行き詰まりの直接の「原因」を解くカギを、父親が私に与えてくれたのである。父親は、次のように言った。「この子はまるでマートルのようになってきました」「マートルというのはどなたですか？」「彼女は二年間、この子の乳母でした。三カ月前に辞めたのです」「この症状がひどくなるちょっと前ですね？」「そうです」

こうしてピーターは、自分の人生から大事な人を失くしたのだった。つまり彼の乳母を。その少し前、彼はこの乳母に非常に荒っぽくあたっていた。母親は、ピーターが突然男っぽく豹変することや、それが表現される仕方に、何か根本的におかしいものを感じずにいられなかったという。乳母が去ったのは、この子に芽生えつつあった挑発的な男らしさが受け入れがたいためであった。彼女が自発的にやめたのか、やめさせられたのかは、彼には関係なかった。

ピーターの事例では、乳母からの手紙がもうひとつの外傷を与えることになった。乳母はピーターの状況を聞いて、自分なりに、どうしてピーターのところを離れなければならなかったかをしっかり説明しようと考えたのである。はじめ、彼女は結婚して自分も子どもを産むからだと、ピーターに話したのだった。この話でも、彼女に対するこの子の気持ちに照らすと、かなり厳しいことだった。すると今度は、別の仕事をするからと言ったのである。乳母はこう説明した。「子どもが大きくなると、私はいつも他の家族のところに移るようにしていたのよ。私は小さな赤ん坊が大好きなの」。まさにこのとき、この子に何かが起きたのだ。ピーターの男らしい振る舞いは、乳母によって引き起こされ、また彼女はそれに目をつむってきたのだが、許容しがたいものだったと、母親は述べた。乳母は、赤ん坊たちのほうが彼よりも好きだった。だから、ピーターは退行したのだ。

エリクソンが全体的な見通しをもっており、明らかな精神病理や症状だけでなく、トータルに個人を見ていることに注目してもらいたい。エリクソンはよりいっそう力動的・経験的で、深い説明を行い、状況に対するピーターの反応を伝えている。また、ピーターの存在とパーソナリティ全体が、一連の出来事によっていかに傷つけられたかを伝えている。

ピーターはまた赤ん坊のように甘えはじめた。そして必死にがんばって、自分を維持しようとしていた。そして現在は、腸にしがみついていた――そしてまだ他にもあった。彼は唇を強く閉じ、無表情で、固くなり、などなど……。もちろん、これらは全部、いろいろに関係した意味をもったひとつの症状であった。最も単純化すれば、次のようになるだろう。「僕は、これまで得たものにしっかりとしがみついて、前にも後ろにも動かない！」。しかし、彼のプレイからは、彼が保持しようとしている対象は、いろいろな解釈ができる。明らかに、まず、乳母が妊娠したといまだに信じているので、自分が乳母や妊婦のふりをすることで、彼女にしがみつこうと試みているのである。それと同時に、彼の全般的な退行は、彼もまた小さな赤ん坊だから乳母が面倒を見にきてくれるかもしれない、ということを実演しているのである。

この子は、失くした関係の両方の相手と同一化している。つまり彼は、子どもと一緒にいる乳母であり、また、この乳母が面倒を見ている赤ん坊でもある。喪失の結果生まれたいくつかの同一化は、そのようなものだった。喪の中で、私たちは失った人物になり、またふたたび、関係が最も良好だった頃の人物になった。このことは、表面的には矛盾している多くの症状を生み出す。

ここで便秘は、取り戻し、しがみつき、抱え込むことを演じるために使われた様式であったということが理解される。しかし、ひとたび自分の体内に赤ん坊の等価物が存在するような外見になり、またピーター自身そのように感じるようになると、彼は母親のことばを思い出した。彼女は出産のときに母子ともに危険があったということをピーターに話していたのだった。だから、この子はお腹の中にあるものを出すことができなかったのである。

こうした恐怖についてピーターに解釈してやると、劇的な改善が起こった。緊急の不快かつ危険な状態から解放されて、抑制されていた自律性を取り戻し、また少年らしい主動性を彼は発揮するようになった。とはいえ、その後の母子面接はもちろん、食事と運動の組み合わせがあればこそ、何度もあった軽い症状のぶりかえしが最終的に克服されたのである。

6. メアリー

この最後の事例の説明は、これまでより長くなる。これは一九四〇年の論文（pp. 597-615）であり、「三歳女児における神経症的なエピソード」というタイトルで発表された。また、この論文は、別の形式で、また文章も少し追加されながら、一九五〇年に出版された『幼年期と社会』の中に「プレイと治癒」という題で収録されている（pp. 222-234）。この論文でのエリクソンの努力は、子どものプレイの価値と有効性、つまり、それが自然な自己治癒の潜在能力をもっていることを実証することであった。子どもは機会さえあれば「プレイして表現する」のである――それは大人が「語って表現できる」ことと対比されうるだろう。治療者の役割とは言うまでもなく、このプロセスの、また子どものプレイ経験のファシリテーター（促進者）である。エリクソンは「プレイの中断」からはじまり、「プレイの満足」を経て、そして「プレイの勝利」にいたるサイクルを明らかにしている。見事なまでに劇的に、エリクソンは「恐怖に圧倒された自我が、プレイに没頭し、解放されることをとおして、統合の力を回復していける道筋の感動的な実例」（1950, p. 224）を示している。最も印象的なところは、「自発的なプレイ」の中にある自己治癒の潜在的な力についての解説と実例である。そして、子どもにとっての最終的な目標は「プレイの穏やかさ」を取り戻すことである。エリクソンは次のように記している。「プレイで表現することは、幼児期でできる最も自然な自己治癒の方法である」（p. 222）。

エリクソンはメアリーの物語を次のようにはじめている。

　ここで提示する患者はメアリーという。この子は三歳。彼女の髪は薄いブルーネット（茶色）の髪をしており、知的で、かわいく、とても女の子らしいところがある（そしてつけ加えると、チャーミングだが、非常にびくびくしている子である）。しかし、調子が悪いときには、頑固で、赤ん坊みたいで、ぎゅっと閉じこもっている。最近、夜泣きと夜驚が加わり、またプレイグループの中で強い不安発作を起こす（これに歯止めのきかない泣き叫びがついてくる）。加えて、プレイグループの先生が言うには、メアリーは変な姿勢で物を持ち上げる。姿勢が硬く、休憩時間やトイレに行くタイミングで緊張が増大する。これらの情報を得て、私はメアリーを治療室に招いたのである。

エリクソンは次のように述べている。メアリーは、心身のホメオスタシスのバランスが乱れている。この子には「病的な原因の悪循環を断ち切るために……代表的な治療方法」（1940, p. 609）が求められた。

　このきわめて困難な状況について、もう一言つけ加えておくべきだろう。ある母親が自分の子どもを観察のために連れてくるときのことである。その子が行きたいと言ったのではなかった。その子は自分に症状があるという意味では、別に病気とは感じていない。その反対に、特定の物事や人びとが自分を不快にさせているのだ。その子としては、この周囲の物事や人びとを何とかしてほしいのである――自分ではなく。

　この事例の場合、私の治療室は病院の中にあった。メアリーは次のように言い聞かされていた。自分の夜驚症のことを話すために行くのだと――ただの一度も会ったことのない男性（私）に。メアリーの母親は、夜驚などについて小児科医に相談していた。そしてメアリーは、母親と医師が自分には扁桃腺摘出の手術の可能性があるという話をしたことを聞かされていた。そのため私としては、私との面接の時間はまったく医学的なものではないことを、メアリーにわかってもらいたかった。仲良しになるために一緒にプレイをしようと思っていると伝えたかったのである。このようなことを説明したところで、子どもの疑いが晴れるわけではない。しかし、そのおかげで、メアリーの目はオモチャのほうに向かい、何かしようとしはじめた。メアリーの当初の反応は用心深く、慎重だった。この場が非常におそろしい場所に見えているようであった。

私の治療室に入るとき、この子は母親にぴったりとくっついていた。この子が私と握手をするときも、硬く、そして手は冷たかった。彼女は少しだけ私に笑いかけ、すぐ母親のほうを向き、両腕で母親に抱きついた。そして、まだ開いたままのドアの近くにいた。彼女は母親のスカートに頭を突っ込み、まるで身を隠そうとしているかのようだった。そして私の誘いに、頭をこちらに回して反応した――しかし、そのときにはしっかり目を閉じていた。それなのに、一瞬私を見て笑った。それは、私への関心を示すもののようだった――それはあたかも、この新しい大人は楽しいことがわかる人かしら、と確かめたいかのようだった。このことで彼女がお母さんに飛びついていったことが、やや芝居がかって見えた。母親はオモチャを見るようにとメアリーに声をかけたが、メアリーはまた母親のスカートに隠れて、やや誇張した赤ん坊ことばで、「ママ、ママ、ママー」と声をあげた。この演技派のレディは、その背後に好意の笑顔を隠しているのかどうか、私には確信がもてなかった。少し待つことにした。

メアリーは決心をした。母親をつかんでいる手は離さなかったが、（女の子の）人形を指さして、早口で、赤ん坊ことばで繰り返し言った。「あれ何、あれ何？」。母親が辛抱強く、あれは人形よ、と説明すると、メアリーは「人形ちゃん，人形ちゃん，人形ちゃん」と繰り返した。そして私には聞き取れなかったが，人形の靴を脱がせるようにと，母親に言った。母親はメアリーに自分でするように促したが，メアリーは「やって！」と自分の命令を繰り返したのだった。メアリーの声はすっかり不安げになった。一瞬，こちらがもらい泣きしそうになった。

ここで母親が，メアリーがいいならお母さんはここを離れて外で待っているけど，と尋ねた。私もメアリーに，お母さんが外に出てもよいか尋ねた。すると，予想外のことに，寄りかかる相手が突如いなくなるにもかかわらず，メアリーは反対しなかった。私は人形の名前を聞くことから，会話をはじめようとした。メアリーの手には，母親が残していた人形があったからである。メアリーは人形の足のあたりをしっかりとつかんで，突然いたずらっぽく笑いながら，人形の頭で，部屋の中のいろいろのものを触りはじめた。あるオモチャが棚から落ちたときに，彼女は私を見て，自分がやりすぎたかどうか確かめようとした。私を見て少しつられるように笑顔を見せると，他のオモチャたちのことも，落ちそうなやり方で押しやりはじめた。彼女の興奮が高まった。とても嬉しそうに，人形の首を汽車で切り落とそうとしたのである。これは部屋の中央のフロアで展開した。彼女は興奮のあまり全部の車をひっくり返した。機関車がひっくり返ると，彼女は突然プレイをとめて，真っ青になった。彼女はソファに座って，人形を下腹部のあたりに縦向きに置いて，床に落とした。彼女はそれをもう一度とりあげて，同じお腹の場所に置いて，また落とした。これを数回繰り返している間に，はじめて彼女はひぃひぃと泣きはじめ，そして「マミー（お母ちゃん），マミー，マミー」と叫んだ。

母親がふたたび入ってきて，話し合いが途切れたのだとはっきり気づいた。そしてメアリーに帰りたいか尋ねた。私はメアリーに，帰りたいなら帰ってもいいけれど，数日したらまた来てほしいと伝えた。すぐに彼女は穏やかな様子になり，外に出ていた秘書にグッバイと言って母親と帰っていった。それは，楽しい訪問をしたという感じを伝えていた。

奇妙な感じもあるが，私もまたこの子はうまくやったと感じていた。途切れ途切れのコミュニケーションではあったが。小さな子どもの場合，面接のはじめでは，ことばは必須ではない。プレイが会話にまで導いていくのだと感じている。ともかく，子どもは私に，自分の問題に対する対抗恐怖的な行動を伝えているのである。母親の不安による中断という事実も，もちろん子どものプレイの中断と同じくらい意味あるものである。この二つはともに，子どもの乳児的な不安を説明しているのであろう。しかし，メアリーがこの情緒的な逆転，つまり突然はしゃぐ様子と興奮気味の攻撃性から，禁止状態と青ざめた不安への逆転によって伝えたいことは何なのだろうか。

確認できる動きは，いろいろの物を押しやっていたことである。それは自分の手ではなくて，手の延長としての人形であった。そして，その同じ人形を自分の性器があるあたりから下に落としたのである［脚《あし》のつけ根の高さから人形を落とす行為が，子どもの誕生を示唆しているると，エリクソンは述べているのである］。人形を落としたときに，この子がとっていた半分座ったような姿勢は，［また］トイレの状況を示唆している。誕生とトイレは，大事なものを落とすという共通点をもっている。

手の延長としての人形は，いわば物を押す道具であった。このことは，彼女が自分の手で触ったり，押したりしたくないことを示唆している。幼稚園の教諭が観察していた，この子が独特の仕方で物に触ったり持ち上げたりすることを思い出させた。このことは，彼女の手足の先が見せる全般的な硬さと結びついており，メアリーが自分の手を心配していること，それはその手が攻撃の道具になるためであることを示唆している。

私はこの子の母親がドアを叩いたとき，この母親のことを考えていた。母親は子どもから離れたことですっかり落ち着いていて，戻ってくると，メアリーの生育史のことについてあることを補足した。メアリーが生まれたとき、手の指が六本あった。生後半年頃に取り除かれた。左手のところに手術の傷が残っている。彼女の不安発作が出る直前、メアリーは繰り返し、せき込んだ様子で「これ何、これ何？」と傷のことを聞いていた。その答えは決まって、蚊が血を吸った跡だ、というはぐらかしであった。この子がもう少し幼い頃、性器の異常について医師に話されたとき、彼女もそこに居たかもしれないと母親は言った。母親はさらに、メアリーが最近、性的な関心も同様にもっていることをつけたした。

ここでのエリクソンは、この子が自分の指がなくなったことについて理解する努力の中で、以下のように訓練初期のフロイディアンの影響を示している。

私は、次のような事実をよりいっそう理解することができる。メアリーは自分の手を荒々しく使うことに、落ち着かない気持ちを抱いていた。この子は、手の傷跡と自分の性器の「傷跡」、つまり失われた指と失われたペニスを、同じものと感じているかもしれない。このような連想は、プレイスクールでの性的差異の観察と手術の恐怖をめぐる直接的な疑問に重なってくる。

メアリーが二回目に来室する前に、母親が次のような情報をくれた。メアリーは最近、自分の性的な関心に特別な一撃を食らったのだった。解雇が地域で増えていることに父親がイライラしていて、いつものようにメアリーが風呂場に自分の様子を見にきたときに、彼女にそのイライラを示したことが、直接の打撃となったのである。父親は彼女を風呂場から追い出した。父親がのちに私に言ったことであるが、彼は怒りながら「出て行きなさい」と繰り返した。メアリーは父親が髭を剃るのを見るのが好きであり、また最近、（彼にとっては少し不愉快であったが）父親の性器について尋ねたのであった。繰り返し同じことを尋ねるのは、自分の内的な安全感を維持するのに必要な条件であった。父親がメアリーを拒絶したことは、彼女の心を傷つけたのである。

　私たちはまた、次のような事実を話し合った（これはすでに述べているが）。メアリーの睡眠障害と息の悪臭は、小児科医によると、扁桃腺の悪化に影響しているということであった。母親と医師はメアリーの目の前で、すぐに手術が必要かどうかを話していたのである。


エリクソンは仕事にとりかかり、このパズルのピースを置きはじめる。


　手術や分離は、次のような共通点をもっている。つまり、指についての過去の手術、扁桃腺の手術の予定、神秘的な手術によって男の子が女の子になること。プレイスクールの時間は母親から一時的に離れること、また父親から突き放されたこと。これが、プレイの観察の一回目の終わりに、すべてのプレイの要素と生育史の資料とが重なり合ってもたらす意味の最も近くにたどり着くことのできた内容である。

　プレイの中断の反対のものが、満足なプレイである。プレイから子どもは、「うまく機能している」夢から眠っていた人が目覚めるように、子どもは生気を取り戻して現れてくる。プレイの中断と満足がはっきりと示されることはめったにない。多くは曖昧であり、詳細な考察によってのみ知ることができる。しかし、メアリーの事例では、それほどの困難はなかった。二回目のとき、プレイの状況で、プレイの中断と同じくらいドラマチックに、プレイの満足の見本を示してくれたのである。

　はじめに、メアリーは第一回と同じように、少し顔を赤らめながら、私に笑顔を見せた。そしてまた、第一回と同じように、顔を背けて母親の手をとり、一緒に部屋に入るように言い張った。しかし、部屋に入ると母親の手を放して、もう母親や私の存在は眼中になかった。そしてやりたいことをはっきりと示し、生き生きとしてきた。私は急いでドアを閉め、母親に座るように合図をした。というのは、子どものプレイを妨

図 5-3　メアリーのプレイの構成をエリクソンがスケッチしたもの（Erikson, 1950）

害したくなかったからである。

メアリーは部屋の隅に行った。そこには床に積み木が置いてあった。彼女は二つの積み木を選んで、そのうえに自分が立てるように並べ直した。このようにして、プレイは体の先端を延長することからはじまった。今回は足だった。やがて彼女は部屋の中ほどに積み木を集めた。隅に持っていったり、また戻したりした。何の躊躇もなかった。それから床に膝をついて、オモチャの牛のための小さな家をつくった。一五分くらいの間、家をあれこれ動かしながら、プレイに完全に集中していた。それで家は正確に長方形となり、同時にオモチャの牛にぴったりと合う形になった。それから、彼女は五つの積み木を家の長い側にくっつけ、六つ目の積み木が満足のいくところに収まるまで、あちこちに動かしていた［図５－３にメアリーのプレイの構成を示す］。

今回は、全般的に情緒的な調子は穏やかなプレイであった。それは世話とか秩序といった母性的な性質をもつものに集中していた。興奮の絶頂といったものが訪れることなく、満足な調子でプレイが終わった。つまり、彼女は何かを組み立て、それを気に入り、そのままプレイを終えたのである。彼女は嬉しそうな顔をして立ち上がった——ところが突然、それがいたずらっぽい笑顔に変わった。私は気づかずに危険を冒すところだった。というのは、厩舎《きゅうしゃ》に取りつけられたものが、指に見えて——つまり六番目の指に見えたものに惹きつけられてしまったのである。それと同時に、積み木の構成物は内包的な様態を表現しており、女性的な保護的な心理的布置《コンフィギュレーション》の構造を表現していた。それは女の子たちが、小さい子であれ大きい子であれ、小さな物に慰めを得るように、かご類や箱類、揺りかご類に一致しているのである。このようにして、一つの中に二つの修復ができたのだなあ、としんみり思ったのである。プレイの心理的布置《コンフィギュレーション》の構造はあの切り取られた指を手に返し、そして女性性のパターンのモードは、前回のセッションで劇的に表現されていた性器の部位からの切除された喪失が偽りであると満足そうに表現しているのである。このように、第二セッションのプレイは、回復と安全についての表現が成し遂げられたのである。——この同じ身体の部分（手と性器の部位）は、第一セッションでは危機にさらされているものとして表現されていたのであるが。

しかし、前に言ったように、メアリーはからかうような態度で私を見るようになった。今は笑って、母親の手をとって部屋から出るように連れていき、はっきりした態度で「ママは出てって」と言った。私は少し待って、それから待合室の中を眺めた。大声で勝ち誇ったように、「そこに居てね」と私に言った。「居てね」のイが少し訛っていた。私は、治療的な意味で、少し引き下がっていた。そうしたらメアリーはドアを強くバタンと閉めた。もう二回部屋から出ようと試みたが、先ほどと同じように「そこに居てね」と言われた。メアリーは私を部屋に閉じこめたのだ。

もうここでは、このゲームの気分に入りこむほかなかった。私はドアを少し開けて、隙間にすばやくオモチャの牛を押し出しキーキーと音を立てて、そして引き込ませた。メアリーは我を忘れて嬉々として、ゲームを数回繰り返してと要求した。彼女の願いをかなえると、帰宅の時間になった。さよならを言うとき、得意そうであった。同時に私を親しみ深そうに見て、また来るからねと約束した。私には、何が起こったのかを考える仕事が残された。

一九四〇年のこの事例の中で、エリクソンはメアリーの次のような点を観察していた。つまり「はじめに浮かれた気分、そしてややはにかんだような攻撃性、そして次第に興奮状態になる」。エリクソンは、これが緊張した禁止状態と麻痺的な不安に変化する様子を記録している。それは、メアリーが母親とつながりをもたねばならないときに起きた。またエリクソンは、どのようにメアリーが攻撃性と退行的な行動を示したか、そして「コケティッシュな笑いから、興奮した笑いへ、そして無言の沈黙へ、そして不安の混じった喜びへ、そして必死な叫びへ」(p. 602)の突然の変化をどのように示すかを記録した。

　メアリーは第一回のセッションの自己世界の中の不安から卒業して、ミクロの世界《ミクロ・スフェア》の中のプレイの満足へ——マクロの世界《マクロ・スフェア》での勝利へと進んだのである〔訳注：エリクソン自身の述語。自己世界はクライエントの内的世界。ミクロの世界とは、治療状況でセラピストとの関係の中で展開する、劇的・相互的な世界。マクロの世界とは、セラピスト、家族を含めて、患者さんを支配している世界〕。この子は母親を私の世界から追い出し、私を閉じ込めた。このゲームには、一人の男性をからかいながら男性自身の部屋に閉じ込めるという内容があった。この遊戯的な優越性の中だけで、メアリーは私と話をすることにしたのであった。訛りながらも「あなたはそこに居なさい」と言ったのが、彼女がはじめて私に発したことばだった。はっきりとして、大きな声だった。まるで彼女は、言いたいことを自由に言えるようになる瞬間を待っていたかのようだった。その意味は何だろうか？

　私は次のように考えた。ここにあるのは、「父親転移」によって出来上がったプレイのエピソードの極端な例である。次のようなエピソードを思い出す。第一回のセッションのはじまりに、部屋に入ってきたメアリーは、私に対して媚びるようなコケティッシュで、はにかんだような態度を示した。そして彼女は目を固く閉じて、すぐに否定したのである。それは、父親とのいつもの楽しい関係を妨害している葛藤を、私（オモチャを持った男性）に転移しようとしたと思われるから、かなりの確信をもって次のように言うことができる。このゲームの中では、彼女は主動的な統制力（「そこに居なさい」）をもって、また力の方向および排除されていた状況を反転させながら（出る－入る）（「ここから入っちゃだめ」）、私への転移を繰り返していたのである。排除されていた状況というのは、家では受け身的な犠牲者であったことを指す。

人によっては、このような小さい女の子に対して、きわめて複雑で回りくどい推理をしているように見えるかもしれない。しかし、これらは、合理的・理性的な思考にとってのみ困難なことだといえよう。このような一連のプレイのからくりに思いをめぐらすことは確かに難しいだろう。認識し、また分析することはさらに難しいだろう。しかし、もちろん、これは無意識的に、また自動的に起こることなのである。ここで大事なことは、自我の力を過小評価しないことである——たとえ、こんな小さな女の子でも。

エリクソンはこのプレイのエピソードを、自発的プレイの中にある自己治癒的な過程を系統的に用いる方法を説明するために提示した。プレイセラピーおよびプレイでの診断は、この過程を体系的に活用しなくてはならない。それらは、子どもが自分自身を助けるうえで役に立つだろう——そして、治療者が親にアドバイスするのを助けてくれるだろう。エリクソンは以下のように続けている。

もう少し年齢が上になれば、プレイではなく長い会話をできるようになるだろう。しかし、ここでは、プレイする数時間が、ことばでは決して言えないような事柄の情報を、私たちに伝えてくれるということを実証するのが、私の目的であった。訓練を受けた観察者は多くのデータをもっているが、プレイを数回やってみると、これらのデータがその子にとって有効であることや、またその理由も理解できるのである。メアリーの事例では、判明している状況全体の中に、この子のプレイの中断やプレイの満足を位置づけてみると、それらが次のようなことを強く示唆していることがわかった。つまり、過去や未来の、現実や想像上のさまざまな出来事が、互いにかき立て合って、不安の体系の中に取り込まれてしまっていたのである。二回目のプレイで彼女は、自分の指を取り戻し、自分自身を再確認し、自分の女性性を再承認した――そして、大きな男に命令したのだった。しかし、このようなプレイの穏やかさは、親の側に対する新しい洞察によって支持されねばならない。

メアリーの両親は、次の提案を受け入れた（部分的には自分たちで提案した）。メアリーの外傷、性器、手術についての彼女の関心については、本当のことを伝える姿勢が大事であること。彼女には、他のお友達、とくに男の子たちを家に招いて一緒に遊ぶ必要があること。扁桃腺については、専門医の診断を待ち、そのことは素直に子どもに伝えること。子どもの夜驚症の症状の最中に起こしたり、動けなくすることはよくないだろう。おそらく、彼女は自分の夢と戦い、勝つことが大事である。そしてひとりでに目覚めたら、軽く抱いて慰めてやるとよいだろう。この子は、もっと体を動かす必要がある。つまり、リズムのある動きで、遊びのようなやり方が、彼女の四肢の固さをほぐすかもしれない。四肢の固さの原因が何であっても、自分の指のわけのわからない切除手術のことをはじめて聞いて以来、恐怖の予感によってそれが増幅されてきたことは考えられるだろう。

数週間後にメアリーがちょっと立ち寄ったときのことだが、彼女は完全に安定していて、よく聞こえる大きな声で、私が休暇のときに乗った列車は何色だったかと尋ねたのだった。彼女がはじめて私のところを訪問したとき、オモチャの機関車をひっくり返したことが思い出された。扁桃腺の摘出手術は必要のないことがわかった。夜驚症はなくなっていた。メアリーは家の中や近くで、新しい遊び仲間と自由かつ元気に遊んでいた。自分の父親とも楽しく遊べる関係を取り戻していた。父親は直観的に、メアリーが有頂天になって喜ぶような、光る列車をつくった。父親は彼女を連れて、駅に散歩するのが習慣になっていた。そこで二人は、大きな力強い機関車を眺めるのだった。

このように、子どもとの治療的出会いの終わりには必ず、成人患者が自分の治癒のために得なければならないものを、子どもの親は保っていなければならない。つまり、自分の文化的発達を支配していた諸イメージや諸力をまとめ直し、そこから強化されたアイデンティティ感覚を保証していかなければならない。

エリクソン（1940）はこの論文のまとめで、次のような意見を述べている。「明らかに、メアリーは劇的で、愛くるしく、のびのびとして、外向的で、コケティッシュで、頑固で、赤ん坊みたいなところがあり、調子が悪いと自分に閉じこもるところがある。いろいろの変化に対して調子を狂わせてしまうという意味では、柔軟さに欠ける面もある。彼女はまた、遊び心に満ちたいたずらっ子であり、心理性的には少女らしい子である」（p. 609）。

文献

Coles, R. (1970). *Erik Erikson: The growth of his work*. Boston, MA: Little, Brown, and Co.（鑪幹八郎訳（1980）『エリク・H・エリクソンの研究　上巻・下巻』ぺりかん社）

Erikson, E. (1937). Configurations in play: Clinical notes. *Psychoanalytic Quarterly, 6*, 139-214.

Erikson, E. (1940). Studies in the interpretation of play: I. Clinical observation of play disruption in young children. *Genetic Psychology Monographs, 22*, 557-671.

Erikson, E. (1950). *Childhood and society*. New York, NY: W.W. Norton.（草野栄三良訳（1954, 1955, 1956）『幼年期と社会　前篇・中篇・後篇』日本教文社）

Erikson, E. (1963). *Childhood and society* (2nd ed.). New York, NY: W.W. Norton.（仁科弥生訳（1977, 1980）『幼児期と社会1・2』みすず書房）

Schlein, S. (1987). *A way of looking at things: The selected papers of Erik Erikson, 1930-1980*. New York, NY: W.W. Norton.

マーガレット・ブレンマン＝ギブソンとエリクソン（1978 年）、
バーモント州ベニントンにて。ジョーン・エリクソン撮影。

第6章 リッグス・センターでの臨床事例検討会

ERIKSON AND THE CLINICAL CASE CONFERENCES AT THE AUSTEN RIGGS CENTER:

——視覚的観察と治療について思うこと

Visual observations and reflections about treatment

一九五〇年に、デイヴィッド・ラパポートは、エリクソンに、マサチューセッツ州ストックブリッジにあるオースティン・リッグス・センターの臨床スタッフの一員として加わることを勧めた。フリードマン（Friedman, 1999）の報告によると、ラパポートはエリクソンに「私が何よりも望むのは、秩序立ってはいるが貧困な私の思想と、混沌としているが直感的なあなたの理解を融合させる機会だ」（p. 287）と伝えたとされる。リッグス・センターの病院長であったロバート・ナイトは、交渉の最中でエリクソンに次のように綴った。

> エリク、あなたは、私たちが欲し必要とするところをたくさん与えてくれることができます。あなたに来ていただけることをとても誇りに思っています。デイヴィッド・ラパポートは落胆することから自分を守っていて、あなたの手紙に期待することすらまだ拒否しています。しかし数多くの会話から、あなたが参加してくれる可能性に彼が弾けんばかりでいることを私は知っています。
>
> （私信 1950）

ナイトからのさらなる励ましを受け，エリクソンは常勤の上級スタッフの職を次の年に受け入れた。そして数年後，『青年ルター』（1958）で「ナイトの構想による意図的な規模の小ささが，患者の生活のすべての領域において，共同的で組織的な気づきを与えてくれる」（p. 8）ことの重要性を述べている。エリクソンはリッグス・センターの所員の職を一九五一〜六〇年まで続け，その後も一九七三年まで非常勤のコンサルタントとして務めた。

特筆に値するのは，カール・メニンガーが数年間，カンザス州トピーカにあるメニンガー財団の要職に就いてほしいと希望し，エリクソンを勧誘していたことである。彼は，とくに国内で随一の児童精神分析家の一人であるエリクソンを，新たなスタッフの候補者として魅力的な存在だと見ていた。一九五〇年にメニンガーは，エリクソンに宛てたある手紙に次のように記している。「私たちは最高のヴィジョンと人望をもった人を必要としています。私たちはこの要職にあなたがどうしても必要なのです」。リッグス・センターの大きな魅力である，スタッフ対患者の比率と同時に，デイヴィッド・ラパポートという貴重な存在をエリクソンは慎重に検討した。エリクソンがリッグス・センターのオファーを受け入れたという知らせがメニンガーの耳に届くと，彼は一九五一年にふたたび，この敬愛する親友にして同業者であるエリクソンに，次のように書き送った。

さて，今あなたは，ストックブリッジにいるボブ・ナイト氏と，彼の率いるすばらしい人たちのもとへ行かれるのですね。少なくともそれが私の理解です。それを一方では残念に思いますが，他方ではとても嬉しく思っています。ボブ，そしてあの人たち全員があなたを必要としているのだと思います。もちろん私たちもあなたを必要としています。たぶん彼らよりも私たちのほうが必要としているでしょう。しかしストックブリッジは美しいところですし，イェール大学に近いことは好ましく，東部でできるさまざまなことが魅力的であるのはよくわかります。それは私たちにはご用意できません……ボブ・ナイト氏と彼のところにいる皆様に多大な喜びと満足をもたらすことができることは、いかなるものであってもあなたにとっても喜びとなるでしょうし、したがってそれは私にとっても満足なことになります。なぜなら、あなた方のことを私は愛しているからです。ですからエリク、あなたに力を贈ります。

エリクソンは、リッグス・センターの臨床ケースカンファレンスのとても積極的な参加者であり、この二二年間をとおして約二五〇〜三〇〇回参加している。リッグス・センターで彼は本領を発揮し、一人一人の患者についての心理診断的データの分析と治療の必要性についての彼の省察は、感銘を与えるものであった。彼は対人関係的、生物学的、社会的、そして文化的な要因が個人の人生をどのように形づくるのかについて、正しく評価する能力に長けており、それを具体的に示した。毎回ケースカンファレンスの終了時には、彼は一人一人について鮮やかで力強い心理的および人間的な姿《ポートレート》を捉え、描くのであった。加えて、リッグス・センターの伝統ならびにこのカンファレンスの価値と力強さを理解するには、この当時、カンファレンスに参加していた他の著名な精神分析家たちの存在も欠かせない。その中には、ロバート・ナイト（Robert Knight）、マーガレット・ブレンマン＝ギブソン（Margaret Brenman-Gibson）、デイヴィッド・ラパポート（David Rapaport）、ジョセフ・チャセル（Joseph Chassell）、ロイ・シェイファー（Roy Schafer）、レズリー・ファーバー（Leslie Farber）、アレン・ウィーリス（Allen Wheelis）、マートン・ギル（Merton Gill）、そしてオットー・ウィル（Otto Will）などがいた。一九五〇年代初頭からリッグス・センターのスタッフであったロイ・シェイファーは、一九九一年のインタビューで、これらのカンファレンスが「驚愕の体験」だったと言っている。エリクソンはしばしばオースティン・リッグス・センターのことを「稀有な治療的かつ理論的センター」と呼んだ。

オースティン・リッグス・センターは一九一九年以降、精神疾患の研究と治療のための重要な国内の、そして国際的な拠点となってきた。スタッフ全員が一人一人の患者を総合的に調べることと、集中的な臨床に重点を置くことが、この病院の診断と心理療法の仕事における特有で傑出した点である。活力、力強さ、そして独自性をもつリッグス・センターは、国内の他の施設から一歩抜きん出た存在でありつづけている。とくに目を見張るのは、良質で深い力動的対人関係的ケアの施行を誠実に守りつづけていることである。

この稀有な心理療法センターにおいて大きな重点が置かれているのは、その臨床ケースカンファレンスの役割である。受け付けた患者の一人一人について、三週か四週の評価期間のあとで、その締めくくりとしてスタッフ全員が参加する二時間のケースカンファレンスが開かれるのである。成育史のデータと心理検査所見の発表のあとに、担当セラピストが事例資料の分析内容と入院以降の経過について発表する。加えて、新しい患者は全員、スタッフ全員の前で院長が面接をした。最も劇的だったのは、この面接のあとに集中して、全員参加の一時間におよぶ議論が行われ、治療計画を立てるための発達的かつ治療的課題の分析がなされることである。一年の治療のあと、二回目のケースカンファレンスが開かれ、そこでは心理療法の最初の一年をより掘り下げることに焦点があてられる。週二回開催されるこの臨床カンファレンスは、エリクソンの任期中に録音され、のちに逐語録として起こされた。

一九五〇～六〇年代の間、リッグス・センターにおける患者人口年齢の中央値は二一歳だった。患者の診断は幅広く、重度神経症から人格障害、そして統合失調症におよんだ。ロバート・ナイトの存在に影響を受け、数多くの患者たちは「ボーダーライン（境界例）」の診断を下された。これらの人たちは、「重度神経症」の診断よりも障害が重く、しかし「統合失調症」と名づけられた人たちのようには病理的でも悪性でもなかった。また当時は、大学で困難を体験した青年たちのアイデンティティ危機にエリクソンが力点を置いていた時期であったことから、しばしば患者たちは「アイデンティティ拡散」や「役割の混乱」を含めた「アイデンティティ危機」に苦しんでいるという特徴をつけられた。またこの時期は、エリクソンが伝統的な呼称である「ボーダーライン」や「精神病」といった悪性の病理を彷彿とさせる名称を放棄しはじめた時期であった。その代わりに彼は、「悪化した人生の危機」という考えにもとづいた、彼独自の新たな発達論的視点を強調するようになり、それは共感と理解があれば時間とともに収まるとした。

このような歴史的な時期に、創造性豊かなイノベーターとして、ケースカンファレンスにおけるエリクソンの発言はわくわくするものであるとともに、分析についての重要で詳細な記述に満ちていて、それらはとても個人に迫るものであると同時に深く掘り下げる内容であった。彼はつねにテクニシャンで、リッグス・センターのスタッフは彼の専門家としての意見と貴重な洞察を期待して質問した。というのは、彼は患者が何を必要としているのかを洞察できる独特の才能をもっているようであったからである。ラリー・フリードマン（1999）が言うように、彼は患者がどうして以前の治療に失敗したのかを説明することがとりわけうまく、洞察豊かであった。そして彼は患者がリッグス・センターにおいて、そしてリッグス・センターでの体験において何を必要としているのかを照らし出してくれるのであった。

一九九四年五月一三日付のニューヨーク・タイムズに掲載された、エリクソンの訃報記事によると、

> 彼のアイデアの進化は、彼の人生経験、自分の芸術的な眼を信じてきた長年の習慣、直感のもつ力への信頼から、生まれ育ってきたものである……優秀な芸術家に違わず、彼のアイデアの豊かさは、質感と詳細さをもつ数多くの生き生きとした例に支えられていた。
>
> (*New York Times*, May 13, 1994, p. B9)

洞察、繊細さ、そして共感的な観察において優れた能力をもつ彼は、観察した内容をとてもよく理解しているようであり、そのため単にカンファレンスルームに出たり入ったりしただけの患者たちのことをとても詳細に記述できた。視覚芸術家のように、彼は自分の思考やアイデアを用いて彼自身のものの見方を提示し、そして「それは絵の形と質感や具体的な生き生きとした実例が添えられている内容とが一体になっているものを示したので

ある。それは例えば患者の顔の輪郭、外見的魅力、エネルギーのレベルと全般的な健康などだった」(Yankelovich & Barrett, 1970, p. 120)。

患者の外見とカンファレンスルームでの行動のみから、エリクソンがどれほど多くのことを見てとることができたか、そして患者たちの内的力動に対する臨床的かつ個人的な感覚をつくりあげることができたかを、次に紹介する臨床素材から窺い知ることができる。彼はこのような奥深く、そして並はずれて鋭い才能を発揮しながら、観察して内容を把握するために、すべての点を線でつなぎ、とても正確な所見を提示する方法を知っているようだった。

エリクソンは理論に縛られているわけではなかった。彼は新鮮な視点に立って患者の治療的ニーズを誂えて個々に合ったものにすることができ、そして患者が経験していることを理解し味わうために、彼らの世界に実存的に身を浸すことができるという類まれな才能を見せた。「彼の臨床へのアプローチは定式的なものではなかったが、物事に対する見事な臨床的センスを頻繁に見せ、その才能は紛れもなく彼の芸術的ヴィジョンと洞察にもとづくものであった」(Friedman, 1999, p. 622)。彼の物事へ開かれている姿勢や受容性のために、彼には患者の存在がとても個人的で主観的・逆転移的に感じられていたのである。患者とともにあるというこのような独特のスタイルによって、彼はより鮮明に「見る」ことをとおして臨床的印象を抱き、一人一人の視覚的かつ具体的な人物像をつくり出すことができたのである。リッグス・センターのスタッフは「彼の理解と洞察そして性格を把握する特別な能力にうたれた」(p. 171)のである。一九五七年のあるとき、エリクソンは旅行中に、ロバート・ナイトから次のメッセージをしたためた手紙を受け取った。「あなたの特別な洞察と思いやりに満ちた導きがなくて寂しく思います。疑わしい事例を扱うときはとくにそう感じます」。

以下に続く臨床事例の素材を理解するお膳立てを整えるために、彼の経歴について補足することが役に立つだろう。エリクソンが子どもの肖像画家として活動した芸術の領域を経て、精神分析の世界に入ったことを思い起こすことは読者にとって重要であろう。配置・構成の観点をもちこむことによって，物事がどのように「一緒にいて」そして「まとまる」のかについて，彼は説明することができたようである。芸術と精神分析を橋渡しするなかで，子どものプレイを構成的な観点から理解する見方をつくりあげたのであり，それはフロイトが夢をきわめて重要なものとして強調したことに影響されてのことであった。このような文脈を超えた親和性にもとづいて考えると，視覚的な構成がことばに先立つこと，子どものプレイ，夢，自由連想が視覚的なデータであること，そしてそれはイメージの連続からまず派生し，その後でことばに置き換えられるものだということが，理解されるのである。このような視点によって，彼は，複数のプロセスや反復するパターンの相互作用やまとまりを分析できたのである。

ここでは，エリクソンが実際に参加した臨床カンファレンスにおいてどのような発言をしたのかに注目し，彼が残したコメントについて具体的な発言を含めて紹介する。私の知るかぎり，これらの並はずれた臨床ケースカンファレンスから得られる信じられないほど豊かなデータを活用した唯一の著作は，スチュアート・ミラーによる『臨床家と治療者——ロバート・ナイト論文選集 *Clinician and Therapist: The Selected Papers of Robert Knight*』（Miller, 1972）のみである。

ケースカンファレンスにおけるエリクソンの発言は幅広い話題に触れている。その中から抽出した主要なテーマを以下に記すこととする。

● **歴史的・成育史上の問題について**：エリクソンは幼少期の体験からくる不可欠で決定的な力動のことを痛切に認識していた。そして例えば容姿・生育史に関する心配ごと，養子縁組みについて，そして母子関係への洞察などを含む，あらゆる個人的要素について，それらを選りすぐり，そして分析するという人並はずれた能力を発揮した。

● **診断に関する問題について**：エリクソンは、患者の示す精神病理について驚くほど聞き分けることができた。そして彼は作業・操作的仮説にいたるために、関連するこみ入った事柄や複雑な問題を統合しまとめることができた。それは夢についての報告から得られるデータも含んでいた。患者の人生をもとに、人間のパズルを構成するすべてのピースをつなぎ合わせるなかで、彼はとくに統合失調症、境界性人格障害、そして重篤な同一性危機の鑑別といった、よりデリケートな診断的問題を理解する達人だった。

● **行動化について**：エリクソンは、退行的な精神病的行動化および、彼が「半意図的」と呼んだ心的機制とそうした行動化との関係について、非常に多くの発言をしている。

● **有名人の両親をもつことについて**：リッグス・センターでは、著名な一族出身の患者を頻繁に治療するために、エリクソンはそのような家族がもつ心理力動について独自の洞察をつねにもっていた。

● **アイデンティティについての問題**：一九五一年五月にエリクソンが参加したはじめてのリッグス・センターでのカンファレンスで、彼は「慢性」ということばの意味について、そしてアイデンティティの問題に苦しむ青年に、そのようなレッテルを貼ることの危険性について論じた。彼は期待どおりに、アイデンティティにまつわる検討点についての深い理解を提供してくれた。この一九五〇年代初頭は、彼が自身の考えを練り上げ明確にすることを試みている最中であり、何よりもまずこのことを考えていた。

● **自殺について**：彼はよく患者の家族史上の出来事、例えば親の自殺が患者の人生に与える影響の可能性についてコメントした。そのような出来事が発達上の問題にどのような影響をもたらし、どのような心理療法が役に立つかが彼には本能的にわかるようであった。あるときには、エリクソンは自殺行動と負のアイデンティティの関連性について、時間をとって話した。

人によっては、もう「人生を降りるという考え方」にいたってしまうだろう。他のアイデンティティが可能でなかった場合には希死念慮が支配的になる。それは部分的にはアイデンティティの問題である……「私は自殺することでしか成功できない人だ」という観念……これは負のアイデンティティの極端な形態である。ありえたことが不可能にされたとき「自分になれる唯一の方法は自分を殺すことだ」となる。他にどんなポジティブなものになれるのかについて、そして彼らの生きないというネガティブな選択が唯一の望みではまったくないということについて、患者がもう少し先を見通せるように援助することが必要である。「併せて見なければならないのは」彼らの両親との同一化である……「ある人たちにとっては計画できるものであり、」完全に衝動的な行動化ではない……なぜならそれ以外の道はないように見えるからだ。とくに家族史から、その選択肢が与えられている場合は。ときには希死念慮がふたたび強迫的思考の境界線にあり……それは「いつでも死ぬことで［せめて］この私を打ちのめすひどい災難から救われる」「いつでもやめられる……いつでも逃げ道がある」。これは意図というよりも強迫観念である。ここで重要な問いは「これがこのような人が治療を受けるべき状況だろうか。この環境の構造のなさにはたして［耐える］ことができるのだろうか」。そしてこのような状況下にある人にもたらされること……それにはたして耐えられるのか。分析的治療から発せられる退行への誘いはどうか。死にたいというよくある欲求が、本当の希死念慮になるまれな事例は、「自殺者になる」ことそれ自体が逃れられないアイデンティティの選択になった場合なのである。

(Erikson, 1968, p. 170)

臨床ケースカンファレンスの実例

本書の目的にそって、リッグス・センターの逐語録からエリクソンの臨床的センスと心理療法的・技法的才能に光をあてる実際の事例をいくつか抜粋した。それはとくに以下の二つの領域に焦点をあてたものである。

● ケースカンファレンスの面接で，彼が観察した患者の存在感，外見，そして身体言語
● リッグス・センターでの心理療法的ニーズについて，彼が抱いた印象や発言した内容。彼は治療関係の中でセラピストがする活動に力点を置いた

以下の事例は，リッグス・センターの逐語録から直接抜き出したものである。それは一九五一～七三年において，エリクソンが従事した精神分析の仕事の週ごとの足跡を代表するものであり，今回はじめて出版される内容である。それは生活史のデータの詳細な分析であり，また理論的発見と苦しみや不安を経験する一瞬一瞬とを組み合わせたものである。これらの臨床ヴィニエットは多くの精神分析的技法にかかわる問題を明るみに出すものであり，したがってこの時期の彼の考えについて洞察を与えてくれる。この内容提示によって，臨床家としてのエリクソンの類まれな姿に光があたることを私は望んでいる。このようなカンファレンスにおける発言の集積は最も重要な直接情報であり，それは彼の卓越した臨床の仕事を伝える文書となり，彼の治療的視点や精神分析的方法の諸側面を明らかにするものである。彼は洞察に富み，直感力に優れた，鋭い観察者であり，心理力動に特別に深い理解を示し，説得力とオリジナリティがあり，患者が必要とすることを驚くほどよくわかる優れた能力をもっていた。

以下のケースカンファレンスにおける発言は，これまで耳にすることのなかった声に光をあてるものであり，エリクソンの週に一度の精神分析的な思考を振り返り，明らかにし，記録するものである。それはあたかも個人の日誌に記録された，彼自身が行った一連の臨床観察の一部を抜粋しているようである。確信をもって言えるのは，一九五〇年代にエリクソンは，ケースカンファレンスでの自分の発言が出版されるとは想像すらできなかったろうということである。当初このような出版に対して，彼はとてもためらいがちであったが，私の具体的な提案を目の前にして，彼はそのアイデアに感心し，このユニークな臨床カンファレンスの豊かなデータを記載す

るという可能性に興奮したのだった。

守秘義務に関しては、個人のプライバシーを守るために、実際の特定の人物に結びつく可能性のある情報はすべて取り除いている。併せて留意すべきは、下記の内容がケースカンファレンスでエリクソン自身が発したことばだという点である。私の校閲は最小限にとどめている。それは彼のことばが解説を必要とせず、それ自体で十分な真価を発揮することを望んでのことである。

1．視覚による観察

1．「彼女はとてもしっかりしているように思われますね。彼女ほどはっきりとした障害を抱えている人はたいてい何がしかの乱れを示すものですが。説明された病理の程度からすると、彼女はむしろしっかりしているようです」

2．「質問に答えたとき、彼は不安なだけではなかったと思います。なぜなら、彼は顔をゆがめていたけれど敵意を示す様子ではなく、まるで幼い男の子が両親に「僕をこんな目に遭わせたんだから当然の報いだ」と言っているようです。彼が部屋を出たとき、彼は自分を抑えきれず、打ちのめされているようだったので、泣き出すに違いないと思いました。だから「凍りついた人」にしては、彼はこの数分の間は随分と流動性を示しましたね」

3．「彼女を見ていて感じたのは、彼女の不安定さがとてもはっきりとわかることです。そして次の瞬間には、彼女の顔が青ざめて血色がなくなりました。そして彼女の目は据わり、目玉がひっこんだようでした。これは彼女がかなりおびえていることからすると、はっきりと対照的なことでした。彼女を見ていると、生き生きとうまくやっていける面もたくさんあるように思われます。それは、彼女や周りにとって楽しいかもしれないと思わずにはいられません。しかし、彼女の自我はひどく弱く、それは何かが欠けているからで、それを何と呼んでいいかわかりません、「自我の音色」とでも言うような……まるで外見を整える何がしかの能力を欠いているようですし、それは十分に自信があるとは言えませんが……それにしても彼女は物事の筋を通そうと懸命に努力しています……彼女は自分を保とうとしています」

4.「彼女が抱えるのは情緒的抑制ですね。なぜなら彼女の情緒的な構造はとても原始的だからです。他者から奪う、他者にしがみつく、そして他者を遠ざけることがそうですね。ここでみなさんは気づかれましたか、彼女の口や手の癖を……彼女は手と、もちろん口と性生活にも、ものすごい緊張を抱えています。いちばん重要視しているのは誰かから何かを奪うことであって、奪ったものをもちつづけることではなく、ただ単に奪うという行為だけです。彼女がそのときにかならず浮かべるほほえみがある。彼女は何か卑下するようなことを言うときにはほほえみを浮かべます。あたかも満足したかのように」

5.「彼女の目はなんと冷たかったか、そして誰も気づかないようにがんばっていたことか。私たちのことを彼女は「国連」と名づけました。はじめはあざけるために言っていましたが、その後、彼女は実際に私たちの誰一人も見なくなりました。検査でも示されたあの被害妄想の問題を、彼女の表情に感じました」

6.「彼はとても知的で用心深いようですが、敏感に反応してくれます。しかし、彼の目つきは悪いように思います……彼が歩いて出ていったときの様子は——彼は油断して、かなり荒々しい表情をしていました……この種の妄想的な不信感は、むしろ典型的なものでしょう」

7.「患者の印象は美人といってもよい若い女性で、一見とても落ち着いてしっかりしているようですが、すぐに外見的特徴の矛盾点が目につき、そして押しの強い自己表現の仕方の背後にある潜在的な戸惑いと不安に気づくでしょう。彼女の外見で言うと、骨張った体格と大きな手と対照的な、柔らかく女性的な目がそうです」

8.「そうですね、彼女を見ているのはとても興味深いですね。彼女は緊張して斜視になってしまうほど両目が近くに寄ってしまったが、徐々に落ち着いて陽気な感じでほほえみさえしました」

9.「患者の最も病的な行為にも、独特の遊び心とある種の強い訴えがあります。それはいずれも彼の精神病的症状に演技的な性質を与えています。彼が現実との接点を完全に失うことはないようです。遊び心と狂気の訴えから、彼の混乱の本質について考えさせられます。彼はとても典型的な精神病を患っていて、精神病の教科書を実際に読んだことがあるかのようです。しかし、いつも精神病状態にあるわけではないようです。そして彼は若い。彼には不思議と健康な領域があり、より能動的な意味で言えば、症状を「うまく操縦すること」が、たびたびできているようです。それには彼の声も含まれているようです」

2. 治療についての考え

最初の四つの事例でエリクソンは治療に何が必要かについて、セラピストの活動と支持的な能力の水準に焦点を合わせて、正確に特定している。

1.「私はこの男性には年上の男性セラピストが必要だと感じます。能動的なアプローチをとる、サディスティックでない人、静かで安心感のある人。精神分析にはまったく向いていません」

2.「いかなる精神医学も、彼女には必要ないと思います。必要なのは精神医学的洞察のある教育者です」

3.「治療の頻度を大幅に減らすことには同意しません。そうではなく彼にはある一定の態度で接する必要があると思います——それは幻想という問題そのものに対峙することを積極的に試みるというものです。彼には定期的にもっと短い時間で頻回に会うことが必要だと思います」

4. 以下のヴィニエットでは、メンター（指導助言者）の役割の重要性が強調された。それは、青年の歩みにそってセラピストが教え導くガイド役を果たすことで、その青年との間に確立されるものである。

「治療にかぎって言えば、解釈と支持に加えて強調されなければならないと思う三つ目のことは、ある種の啓発です。それはとくに年齢相応の問題に、特定の神経症的な形で苦しんでいる人に必要なことだと思います。ここで言いたいのは、この人は、単に示唆を与えて支えることや彼の幼児期の背景について解釈する人ではなく、啓発し、進むべき道を示してくれる人を必要としているということです」

5．以下のヴィニエットでは、表面的にはエリクソンが性差別的に見受けられるが、彼は、この女性のセラピーに対するニーズにとても率直であり、逆転移的感情が影響をもたらすことを明確にし、そしてより堅実で支持的で、とくに精神分析的でないセラピストが望ましいことを示唆している。

「もちろん彼女はどんな正統派精神分析でも分析可能ではありません。というのは、彼女は本質的にそれを受け止められない、受け止めるために必要なメカニズムをもっていないからです。しかし、可能なかぎり慎重にかつ実質的にするためには、彼女が女性セラピストのところに行くことには賛成です。それも年上の女性でなければなりません。見た目の［よい］女性に敵意をもたない人、そして恵まれた外見を最大限に生かしている女性に敵意をもって反応しない人、それと女性らしい洞察を扱える人。彼女は知性的な男性をまったく理解できませんが、あまり理論を用いずに、彼女に物事を明確にしてあげられる女性のことなら理解できるかもしれないと思います。その物事というのは、おそらく彼女の「アイデンティティの問題」と呼ばれるものです」

6．以下のヴィニエットでは、エリクソンの治療的な視点からセラピストの姿勢について注意を促している。治療関係の中で起きるセラピスト自身の動きを鋭く自覚し、そして行動に現れる重要な力動をよく理解することを強調している。

「私が一言つけ加えたいのは、セラピストが患者よりもセラピーのほうに関心があると言ったことが興味深かったことです。彼を取り巻く根本的な困難は、彼がいつも自分よりやる気のある人たちに囲まれてきたということです。彼のためにやる気になっている他者がいると感じた瞬間に、彼はやる気をなくします。というのは、彼はまだそれを意味のあることとは受け入れられないからです。そして興味深い点は、彼にとって意味のあること、スポーツに対し、彼はとてもやる気をもっていることです。おもしろいことに、意見を表明せずに話を聴くだけの看護師たち、つまりセラピストほど彼がよくなることにかかわりのない人たちに対しては、彼は反応を示すようです。そしてあなたは、交互に変化すると言いました。つまり、よいセッションが一回あると、たとえその内容が彼のネガティブさについてであっても、次の三回は、彼はセラピーから遠ざかるのですね。それは、セラピストがやる気満々で、彼のネガティブさを大げさに扱うことに彼はすぐに気づくからです。そうなると彼はセラピーには来なくなります」

7. ふたたびエリクソンは、破壊的なパターンの発展を避けて治療を守るために、セラピストが注意すべき要点を強調している。そして洞察は、この女性の未来にどのような影響があるのかに関心を示している。

「彼女はこの愛情深い母子関係を探し求め、手に入るときもあるようですね。しかし、手に入れたときもそれが気に食わないと思いますね。どんなセラピーにもある危険性は、親密さを探し求めてセラピーを弄ぶことです。そこで彼女は相手にねだって愛情関係にもちこみ、最初は喜ぶけれど、次第にその気分はなくなってしまいます。彼女がセラピストにしたことは、彼女が恋人たちにしてきたことと同じだと感じられます。どのような条件で、そのパターンを断ち切ることができるのか、そして洞察がそれを断ち切れるものなのかどうかについては、よく計画して考えなければなりません。この女性が本当に将来の対人関係のあり方を変える要《かなめ》となることを、さらに学習できるのかどうかです」

8. エリクソンは臨床家を賞賛し、対人関係論的アプローチを評価する。「見事な描写でした。セラピーの対人関係的側面がとても鮮明に強調されていましたね」

9. ここでエリクソンは、逆転移感情に細やかな注意を払う力を十分にもっていると思われるセラピストのスキルと自信に焦点をあてている。
「ここで大切だと思うのは、セラピストが失敗して物笑いの種になる覚悟をもつことです。そして、もしもセラピストの方針が、全体的にこの男性にバカにされないようにすることであれば、結局この男性にバカにされることになるでしょう」
10. エリクソンは患者の力を強調し、予後に希望を見出す。
「彼女は私がここで聴いた患者の誰よりもよく話し、しかも本当に熱意を込めて話していました。彼女はここが安全に感じていると思うので、少し支持的に、そしてほんのわずかに分析的な作業をいくらかすることで、彼女にどのくらいの回復力があるのかがわかるでしょう。彼女への質問の中で、私にとって興味深かったのは、彼女が何をするのが好きなのか、得意なことは何か、そして彼女の書き物についてです。そのような多少の励ましがあることで、彼女のような人にとってリッグス・センターはとてもよい所でしょう」
11. ふたたびエリクソンは、患者の挑戦を許容するセラピストの能力の重要性を強調しつつ、治療を危険にさらす強力な力動について、セラピストたちに注意を喚起している。
「私は、彼女はもう精神分析以外の何も受け入れないのではないかと思います。私が恐れるのは彼女がそれを仕切ろうとすることです。彼女は分析家に精神分析とは何かを教えたがるでしょうし、分析家が古典から逸れた技法をひとつでも使うと、彼女の学校で講義してくれた精神分析家たちが言っていたことと違う、と言うでしょう。私には、彼女は自分が責任を負う用意が十分あるという感じがします」
12. 患者の明らかな精神病理にもかかわらず、エリクソンはその人がセラピストによる率直なフィードバックに耐えうると確信している。

「このような患者はカタトニーになる可能性があります。その可能性が本当にあると信じています。でも、だから慎重に治療するべきだというなら、私は反対します。なぜなら私が感じているのは、このような患者に対しては、彼女の自我を守るために、治療者はつねに考えていることを言わないようにしているだろうということです。患者もそれをわかっていて、自分に受け止める能力があるとは誰も信じてくれないのだと結論づけるでしょう。言い換えると、私なら、彼女を弱めてしまうことへの恐れのために差し控えることはしないでしょう。自我を支えるとはどういうことでしょうか。自我を支えるとは彼女にすべてを物語り、「あなたにはそれを受け止めることができます。私にはわかります」と言うことです」

13. エリクソンは再度セラピストの逆転移感情の重要性と、それが治療に対して悪影響を与える可能性について強調している。

「これは彼女の子どもの頃の姿です。ある意味永遠の子どもの部分です。彼女はそのように見えるし、そのように振る舞います。それには奇妙で不快な感じを受けます。ここには大人の女性がいるにもかかわらず、彼女は困惑した幼い少女のように見えるし、彼女の応答もそうであり、そんな彼女に対しては怒りを覚えそうになります。「しっかりして、大人の女性のようにきちんと話しなさい」と言いたくなりますね。しかしこの時点では彼女は面倒を見てほしいのです」

14. ここで強調されるのは、この男性患者の過去の治療が不適切で有害であったことをエリクソンが確信している点である。

「彼は自分の分析家をあざ笑います。彼は分析家が何に関心をもっているのかに気づき、自分の場合にはまったく無意味だとわかったうえで、幼児性愛的な内容の情報を与えます。そしてもちろん、ご指摘のとおり、それが起きてしまったのは不運でした。つまり、そのような受身的な男性が、一年半もの間カウチに横たわって、他の人と同じように解釈を与えられ続けました。その間に彼が本当に必要としていたのは、とても厳密な性格分析であったにもかかわらず。それに関しては，現時点では手遅れかもしれません」

15．エリクソンがセラピストに，彼女が最近とった休暇の影響について，直接話題にしている。

「あなたの並はずれて集中的な支えがなくなることによって，少年の破壊的な傾向が全面に浮上し，彼の自己像を一時的に破壊した恐れがあります。あなたがいないと彼は虫けらのように感じた。これについては討議を続けて，修復の希望がはたして得られるのか，そしていつ得られるのかについて，さらに検討しましょう」

16．この男性の過去の経験がどれほど強力で，それが現在にどのように行動化されるのかについて。

「この男性の治療については，彼が「まあ私は治療というのは，誰かが何かをしてくれることだと思っていた」と，自分自身がすることではないと言ったときに，彼の中心的な問題をとてもわかりやすく告白してくれたと思いました。それはまさに彼がかなり強力な防衛的な位置に立っているということです。誰が何をしようと，何を言おうと，彼は間違いなく誰かにレイプされたかのように振る舞うでしょう」

17．リッグス・センターにおけるこの若い男性の治療に対するエリクソンの驚きと喜びがうかがわれる。

「私が言いたいのは一言だけです……ここへやってきたときには道化のアイデンティティしかもちえなかった少年が，演劇部での活動に根気よく取り組んだことは，本当に目を見張るようなことだったと思います。彼が舞台に少しずつ慣れていったこと，舞台を学んでいったこと，他のみなも学んでいったこと，これらすべてに本物の勇気をもって取り組んだこと。いずれも本当にすばらしいことでした」

18．とても複雑で病理的な事例経過があるこの男性を，どのように活性化するのかについて。破滅的な過去から回復する可能性があるという信念とともに，エリクソンの希望に満ちた将来像が浮上する様子がうかがわれる。

「私は，この人には治療的なことが行われていないと非常に強く，はっきりと感じます。前に言いましたように、何が起こったのか私には明らかではありません。彼とかかわるとすれば、私がするだろうと思うのは……単純に診断を破棄して、これまでの歴史をすべて破棄して、最初からやりなおします。つまり、この青年がまず学ばなければならないのは、私たちが少なくともときには病歴が運命を決定しないこともあるという信念をもっているということです。彼がすべてにわたって受け身でいることを利用しているのは事実であり、治療的課題は、彼がそれに直面化することだけでなく、それはある意味で彼をもっと受動的にさせてしまうので、そうではなく、何とか彼を、どのような方法かはわかりませんが、何らかの残存する主動的な視点を起動させるように勇気づけることです。過去の経過を見ると、実際には彼が人生の一年目をずっと繰り返していることがわかり、それがどうなってきたのかということです。それは、日常的に浣腸を行っていたこと……それはつまり受動的で助けを借りないでは排便できないことを意味します……それと、食べ物を詰め込むこと……つまり、彼は何らかの手口で口を開けさせられ、そして物を喉に突っ込まれなければ食べることさえできなかった……という組み合わせだったのです。

その成育史の何かが、治療的に活用されていないという感じを私は抱いています。つまり、彼はセラピーを、このかかわりを、そして彼自身の病歴の事実を、このような受動的行動を続けるために利用しているのです。誰かがもし「私はこの世話する側のどれにでもなりうる」と言ったら、そこで彼が実際に言いたいのは、次のようなことです。私が口を開いているところを誰かが見つけると、いろいろなものを喉に詰め込まれて、それで私は満足だ、ということです。多分そうでしょう」

3．ケースカンファレンスにおける発言の追加

エリクソンがケースカンファレンスで発言したコメントで、上記のカテゴリーやトピックのどれにも当てはまらないが、興味深いものをもうひとつ共有したい。それは演奏者や作曲家の両親をもつ子どもに対して、音楽が

もたらす影響に関連する内容である。

音楽の才能をもつ子どもが，演奏あるいは指揮された，もしくは作曲された音楽を耳にすることには何かがあり，興奮させられる……それはいくぶんか嗜癖という形態をとっているみたいで，……スッと入っていくという以外に表現しようがありません。……彼らは誘惑され，音楽によるこの影響にほとんど中毒になり，それ以降は人生で何一つする価値がなくなる，……あるいは受け取る価値がなくなるかのようです。まるで薬物を与えられてその影響下にあり，それにある種酔っ払っている［かのような］状況に病みつきになっていて，人生で同じくらい大切なものが他に何一つなくなってしまうかのようです。これには親が神であるという観念がかかわっていると考えています。なぜなら，親の演奏，指揮，作曲などを見ることは，不思議な神の仕業のような性質をもっているからだと思います。いくつかの事例でこの［現象］を目にしました。

文　献

Erikson, E. (1958). *Young man Luther: A study in psychoanalysis and history*. New York, NY: W.W. Norton & Co.（西平直訳（2002, 2003）『青年ルター1・2』みすず書房）

Erikson, E. (1968). *Identity: Youth and crisis*. New York, NY: W.W. Norton.（中島由恵訳（2017）『アイデンティティ――青年と危機』新曜社）

Friedman, L. (1999). *Identity's architect: A biography of Erik Erikson*. New York, NY: Scribner.（やまだようこ・西平直監訳（2003）『エリクソンの人生――アイデンティティの探求者　上・下』新曜社）

Miller, S. (1972). *Clinician and therapist: The selected papers of Robert Knight*. New York, NY: Basic Books.

Yankelovich, D. & Barrett, W. (1970). *Ego and instinct: The psychoanalytic view of human nature*. New York, NY: Random House.

エリク・エリクソン（1969 年）、マサチューセッツ州コートウィットにて。
ヤン・エリクソン撮影。 ©Jon Erikson

第7章 成人の精神分析（1） エリクソンの心理療法的仕事への入門

——臨床事例資料を活用して

ADULT PSYCHOANALYSIS, PART I: An introduction to Erikson's psychotherapeutic work

utilizing clinical case material

まず留意していただきたいのは、本章の焦点と奥行きについて、私が発見した臨床事例資料に制約があるということである。このことを弁解がましく述べているのは、このプロジェクトのためにもっと多くの臨床データが存在することを期待していたからである。それでもやはり私の発見した臨床素材をとおして、エリクソンの臨床的洞察とセラピーのスキルが明らかにされることを望んでいる。私が明らかにしたいのは、彼がセラピー関係の重要性を強調していた点であり、彼の出会いのあり方がいかに個人的で心の通ったものであったかについてである。彼は「観察しながらの参加者」として、患者の世界に協働者として身を浸しながらも、その出会いが自分自身にどのような影響をもたらすのかについて完全に自覚することができた。逆転移的な問題についても、治療が展開するプロセスの中で徐々に芽生えてくる相互性の感覚についても、それができたのである。すでに述べたとおり、エリクソンはするどく、直感力のある、そして共感的な観察者として、内的および外的な力動に関する不可欠な理解を発展させる能力に優れ、その理解にもとづいて彼の治療的方法論と技法を築き上げたのである。これついてフリードマン（Friedman, 1999）は「エリクソンの、患者の危機や混乱の感覚を理解する能力は卓越していた」（p. 477）と述べている。

このように個人的なオリエンテーションと治療手法を用いるエリクソンは、読者に部屋の中で一緒にいる実在の人であるかのような感覚を与えるだろう。患者の精神病理や欠損、あるいは臨床的な発見に焦点をあてるのみならず、これは一人の人間と人間の出会いなのだという観点をエリクソンはもっている。この取り合わせはとても相互作用的であり、彼に対してとても個人的な影響を与えるものである。彼は目の前の人に対して診断や先入観、あるいは想定をもってセッションをはじめることはない。そうではなく、彼は人とともにいる経験と治療の進化するプロセスへの臨床・直感的感覚でもってはじめるのである。これには紛れもなく「実存は本質に先立つ」というサルトルの実存主義的なことばが当てはまる。

エリクソンが何十人もの患者たちと継続的に文通していたことは特筆に値する。多くの場合、それは治療終結後何年にもわたっていた。とくにカリフォルニア州とマサチューセッツ州ストックブリッジで会っていた者たちとはそうだった。関連する書類を見直して明らかになったのは、治療終結して何年も経過したあとの、とてもあたたかく、私的で心のこもった、誠実なコミュニケーションである。彼は心からつながりに関心をもっていたようで、この先も文通を続けるように促していた。そして最も印象的なのは、彼が何年もあとになっても関係者について詳しく覚えていたことである。全国から患者が手紙を送ってきた。その中には助けを求める者もいれば、最後に連絡をとって以来の生活の様子を伝える者もいた。ある人がエリクソンに送った手紙では、彼女が養子をもらうべきかどうか意見を求めていた。また、ある人がおそるべき癌の診断について手紙を書いてきたが、エリクソンが返事を書く間もなく、彼女がすでに亡くなったことを知らせる手紙が夫から送られてきたこともあった。

私は、事例をとおしてエリクソンの心理療法的 - 精神分析的仕事の経験的な感覚を伝えたい。いくつかのヴィニエットは簡潔であり、治療の特定の瞬間を捉えようとしたもので、そのとき彼が患者と経験した個人的感覚とそこで観察した内容を記述したものである。その他のものはより詳細に記述した事例であり、進行する臨床プロセスを強調しているものである。ジェームズの事例については、その内容が臨床的に詳細かつ深いために独自の章に割り当てることとした。事例を紹介したあとに、より詳細な理論的分析を行う。関係者のプライバシーを保護するために、個人を特定しうる情報はすべて変更または削除している。

臨床事例の素材

1．グロリア

エリクソンがオースティン・リッグス・センターで、大学生の娘の心理テストの結果を要求する母親に書いた手紙からはじめる。彼の応対は、患者のプライバシーを保護しようと試みるものであり、単刀直入で毅然としている。また心理検査は重要であり、人体のX線検査と同等の役割を果たせるような多大な能力をもつという彼の発言は、注目に値する。

私どもには、検査を受けた方との面談を除いて検査結果を「報告する」ことはできません。これらの検査について、X線と同等のものだと、お話をしたことを覚えていらっしゃるかもしれません！　多くの医師は、X線検査の結果を、それが意味することを患者さんに対面で詳しく説明することなく渡すことには躊躇するでしょう。検査を受けた人の親戚に検査結果を報告することは、それ以上に許されません。若者はとくに、長期的に見ると、個人的な問題を守ろうとします。したがって、私からお伝えできるのは、ごく一般的なことのみではありますが、検査からは心配なことや即時の処置を必要とする病理は発見されなかったということです。しかし、グロリアは心配と恐怖を長いこと抱えており、それほど遠くない未来において、間違いなく助けを必要とする程度に強いものだといえるでしょう。彼女はこの問題と、自分ひとりだけで長期間にわたり戦うべきではありません。それはとくに、彼女がこの作業をすることで安心感と利益を得られるほどに知的であり、実際に十分に心理的な関心をもっているからです。私のアドバイスは、過度の圧力をかけることなく、このような治療の可能性を支援していただくことです。これが現在私から申し上げられることのすべてです。

2. ロジャー

これは、エリクソンと治療をはじめたばかりの若い大学生の外来通院についてのヴィニエットである。この男性の行動のつじつまが合わない点と不思議で奇妙な性質に気づくエリクソンの観察スキルに注目すること、そして重度の精神病理がかなりの程度存在することを瞬時に感じとる能力を理解することが肝要である。

患者は大きな笑顔で元気よく、また冗談を交えた態度で私に挨拶したが、同時に不思議とよそよそしい様子だった。彼は私のことを知りたいと表明することなく、X医師の代理として私を受け入れ、まるでかかりつけ医が彼について知っていることを、私もすべて知っているかのように自由に話しつづけた。この行動はあまりにも奇妙なものだったので、私は、この男性がいつでも精神病的状態にひきこもるかもしれないのに、まだ笑顔を浮かべているかのような不気味な感覚になった。しかし、この印象は時間が進むにつれて消え去った。次の来談で彼は二倍の握手と二倍の笑顔でふたたび私に挨拶した。彼は非常に緊張していて、席に座るとすぐにトランス状態であるかのように窓の外を見つめながら、家族と一緒に生活することについて話しつづけた。彼が家族の話をしていると、顔にチックのような緊張が走ったことに私は気づいた。

3. エリザベス

これは大学生くらいの年齢の女性の事例ヴィニエットである。この臨床材料は、患者の行動化がオースティン・リッグス・センターのようなオープンな環境では抱えきれなくなったのを受けて〔訳注：リッグス・センターは開放病棟のみの精神病院〕、別の施設へのリファーの可能性を踏まえて、エリクソンが友人である同僚に書いた手紙から抜粋したものである（この患者は臨床事例としてエリクソンの本の中〈1968〉でも発表されている）。患者の臨床像と全体的な機能に関する懸念をとても鮮明に力説したあと、エリクソンは彼女の治療と治療的関係について短い要約を述べた。この事例を生き生きとさせるエリクソンの能力を読者は評価するだろう。この非常に興味深い人とワークをつづけられなくなった患者の「セラピーへのネガティブな反応」を、彼がどこにも説明していないことは残念である。

エリザベスは多才であり、短い期間は熱心でいられるが、気性が激しく、定期的に抑うつになり、あらゆる面で思慮に欠け、自己中心的である。彼女が強く同一化しているのは後者（自己中心性）である。華麗に振る舞うという幻想の中でしか慰めを見出すことができないのだが、アルコールに酔って、若い女性に夢中になったときだけ「自由に」（つまり破壊的に）振る舞うことができるのである。彼女は、私が受けもってきた患者のなかで最も「精神病質」に近い。長年にわたって彼女は衝動的な行動パターンを身につけてきた。その内容はというと、彼女は急に立ち去り、完全にしがみつくことのできる相手を探すのだが、すると反対に破壊的になり、しがみつくことのできない相手を破壊しようとするのである。

エリザベスはずる休みと非行の派手な経歴をもっており、大学進学を前にして精神科的な根本治療のためにこちらにリファーされてきた。とくにきちんとした服装だと、彼女はすてきな若い女性に見える。しかし、だいたい彼女はジーンズをはき、若々しい陽気さから、嫌悪感を催すほどの酔っ払ったいやらしい目つきにいたるまで、スラム街の若者に典型的な表現のすべてを呈した。この病院にきてから、彼女の外見と行動は著しく崩れてきており、もっと肥満体になったようである。臨床的に最も注目に値するのは、突然落ち着きがなくなることであり、彼女はじっと座ったまま会話することがまったくできなくなってしまう。彼女は極端で、話の一つ一つは誠実で納得のいくものではあったが、周囲は息をつくこともできない。彼女は熱を帯びて活動的になることもあった。洗車、部屋掃除、自伝の執筆、そして睡眠中でさえありえないような劇的な夢を見た。あまりに猛烈なために、どの活動も長続きしなかった。彼女は落ち込んで、青ざめてむくみ、眠気でボーッとなることもあった。彼女は一度に大食するかと思えば、それ以外のときは絶食し、また目と皮膚を痛めるほど日光浴をした。彼女は匿名で人の役に立つことに情熱をもつこともあった。彼女はあてもなく大忙しで、行ったり来たり、運転したり、しゃべったりしていた。最後に、彼女は酔っ払うことがあった。そのような行為は、彼女の世話を任されていた人たちに、面倒を見きれなくなるところまで負担を強いた。

　私たちの間には終始あたたかい信頼関係があった。これは祖父転移にもとづくものであった。そのことは私の仕事の有効性を支えたが、同時に制限もした。彼女はいつも一生懸命に、実際にカウチを使って面接したがった。彼女は私に、本に書いてあるような人間味のない分析家になることを望んだ。彼女は私を操作するために、このような「古典的技法」を使っていることが明らかになった。セッションの時間は彼女の独演会でなければならなかった。彼女はきわめて鋭い解釈をする一方で、私が知っていることを示そうとすると途端にあくびしはじめるのだった。しかし、私の気分が優れないときや落ち込んだ様子を見せた途端に、彼女は腹を立てながらも心配するのだった。カウチはまれにしか使われなかったが、その場合、彼女は下腹部を枕で覆い、とてもうまく自由連想するのだが、その後かならず病院を飛び出して問題行動を起こすのだった。このような治療での大々的なネガティブ反応の原因の一端は、このセラピーとセラピストが「痛いところをつく」ため、彼女が思い描いたシナリオを台無しにされる恐れを感じていたことにあるのは、疑いの余地がない。彼女が意図したのは、完璧な分析の患者になるために意識し完全に計画するということだと思われる。私は今年中、彼女と一緒に仕事をしようとしてきた。それはうまくいっているかのように見えていた。しかし、彼女は看護師や他の患者を大混乱させたのだった。先週、彼女は別の患者と酔って運転し、自分の車を大破させたが、奇跡的に怪我はしなかった。

4．スーザン

この事例では、治療関係におけるエリクソンの動きと活動、そしてスーザンとのやりとりの中でより効果をあげるために、彼自身と彼の感情をどのように用いたのかを明確に観察することができる。

私はこの女性の現実感を強化しようとした。彼女の突然の抑うつ反応は、誰かが彼女から離れようとする恐れを感じたり、またはただ彼女から目を背けているという状況とつねに連動していた。彼女が突然激怒し、リッグス・センターを離れる決意をして、荷物を車に載せて面接予約を拒否したのは、彼女の家族が旅行に行く直前だった。私は彼女に電話して、もし彼女が去るというのであれば止めはしないが、私のところにきて別れの挨拶をするべきではないのかと伝えた。彼女はやってきて、泣き、笑い、そして病院に戻って、治療を継続するために荷物を解いた。翌日彼女は、とどまったのは、彼女が自暴自棄なことや自殺するかもしれないということを、私が決して恐れなかったからだと認めた。しかしこのような判断を下すことは難しい。患者の家族は、彼女の自殺の可能性をひどく恐れたために事態を悪化させていたように思われる。このエピソード以降、この女性を圧倒していた不思議な、突然で全面的な気分の変動を、しばしば明らかにすることが可能となった。

5. パメラ

短い内容であるが、次もエリクソンの関係志向的な方法論と技法、つまり患者のニーズに合わせるための柔軟性、適応力、そしてセラピーを仕立てる努力を示す好例である。この二〇代前半の女性に対し、エリクソンはカウチを利用することで患者の不安、退屈、抑うつを最小限に抑え、その結果、より生産的で有益な出会いが活性化された。以前の彼女のかかわり方は、不安をセクシャライズすることでセラピストを誤認させ、そこで提供されたセクシャルな解釈は、彼女の行動の真の意味を見逃すことにつながっていた。ある話題が彼女にとって「あまりにも危険」であったとき、彼女は例によって、よりセクシャルな姿勢でカウチの上に横たわった。退屈に関してエリクソンは、「彼女が私の対面に座るときの彼女の繰り返しの多さが、彼女にとっても私にとってもあまりにも退屈なので、私は彼女に、カウチに横になって自由連想をしてほしいと何度も要請した」と述べていた。

6. アリスン

ここでエリクソンが紹介するのは、入院当初には統合失調症と診断された大学生である（この事例もエリクソン〈1968〉に臨床事例として発表された）。治療が進むにつれ、エリクソンは二つの異なる人格を呈するようになった彼女の内的力動にとくに興味をもつようになる。これはエリクソンにとってユニークな体験だった。この患者の治療は大変な忍耐を要し、アイデンティティの混乱や拡散をともなう患者が抱える、重度のアイデンティティ危機と境界性人格障害についての理解を深める要となった。その結果、患者の疾病の幅や深さ、そして複雑さに対する新しい見方を手に入れたのである。

アリスンは二つの極端な態度を特徴としている。一人は近視でいくぶん斜視の入っている、猫背の人間であり、自ら立つのが不安であり行き先を失っているという哀れな存在。もう一人は、素早くしばしば抜け目のない返事をする、醜くはない田舎娘である。いくぶん誇張した、陽気で自信に満ちあふれた態度を漂わせ、語学、演技性、そして人間的なあたたかさの才に恵まれ、活気にあふれていた。これら二つの基本役割は服装や髪型のさまざまな組み合わせに練り上げられており、彼女の格好には毎日驚かされる。面接の中での患者は、全体的に訛の強い東欧の女性の役割をとっていたが、庶民的なユーモアも忘れてはいなかった。患者が最も平穏で守られていたのがこの役割のようである。

彼女はとりわけ創意に富んだ女の子だった。……東欧移民を探し求めて付き合いながら、慎重に観察して彼らの方言や社会習慣を簡単に吸収した。……彼女は実在する町の環境の下で自分の幼少期を再構築し、そこでの自分の幼少期について、驚くほど詳細に説明した。

私は物語に付き合って、それは現実よりも内的な真実をもっていると伝えた。そして確かに内的な真実は記憶、かつての出来事であることがわかった。それはすなわち、彼女が望んだある種の愛情を両親が与えてくれる、あるいは与えてあげられる以上に、与えてくれた東欧出身の隣人のカップルに対して、女の子がかつて抱いていた愛着だったのだ。発明された「真実」の妄想によく似た力の背後にある推進力は、両親の死への願望の裏返しであり、それはすべての重篤なアイデンティティ危機に潜在するものである。その妄想の半意図的なありようが表面化したのは、私がついに、彼女がどのように東欧での生活に関する詳細をかき集めることに成功したのかについて尋ねたときだった。彼女は許しを乞うような声で、「エリクソンさんありがとう。私には過去が必要だったの」と言った。言うまでもなく、語学、演技性、そして人間的なあたたかさの才に恵まれた「妄想」は、本当の精神病的状態とはその性質や予後が大きく異なるものである。

エリクソンは患者の精神病理を認識していたが、それ以上に、この人の個人力動を理解しようとしていた点が重要である。エリクソンが彼女の妄想状態の個人的な意味と、それがそもそもどのように発展したのかを理解しようと試みるにつれて、アリソンを精神病、あるいは単に狂っていると呼ぶこと以上に、彼女について知り得ることがはるかにたくさんあることが判明していったのである。この女性の治療について、これ以上の詳細を見つけられなかったことが残念である。

7．ジョナサン

以下は、一年間の中断ののちに病院に戻り、やっと治療に真剣に取り組む覚悟をもった男子大学生についての最初の短い報告文である。エリクソンの観察は簡潔である。彼は写真でスナップショットを撮るように、ほぼ瞬時に、そして正確に、去年との比較を含めた患者の外見、そして彼が人生の駒を進めるために何が必要であるのかを捉えている。

ジョナサンはダークスーツを着て、ダークなネクタイをつけてきた。私は一年ほど会っていなかった彼を見て、彼の女性的な振る舞いに当惑し、最初に浮かんだのが、彼にとってここリッグス・センターでの滞在は楽ではないのかもしれないということだった。また彼は、私の記憶よりずっと小さく虚弱で色白に見えた。さらに、その顔には明確にシゾイドの無表情さが認められた。一方で、彼は前回よりもはるかに意志が強く、求めているものがはっきりしているようだった。彼は治療しなければ、残りの人生をベッドの上で過ごすことになるということに気づいている。ジョナサンは一カ月間、自分の部屋にこもって、家族とコミュニケーションをとっていなかったと報告されていたが、私には反応を示し、しっかり話ができた。いくつかの問題について一緒に笑うことさえあった。

8. デボラ

デボラは女子大学生で、彼女のセラピストが休暇中の短期間、エリクソンとの治療に取り組んだ。エリクソンの観察の奥深さと細やかさは印象的であり、この人の面前にいるのはどんな感じがするのか、このような非常に混乱した、精神病の、自殺願望のある、動揺した、要求の多い若い女性に感じたプレッシャーと逆転移感情が、エリクソンにとってどのようなものであったかを間近で感じられるようである。この女性との接触において、エリクソンが経験した難しさを思うと、彼の率直さと開放性は爽快である。

私がデボラとのセッションをはじめたとき、去年の夏の解放的な姿のあとで彼女に起こった変化はほとんど信じられないほどだった。当時の彼女の過度な活動を特徴づける大げさな表現と攻撃的な要求は、現在は彼女の中で猛威を振るっているようであり、まとまりのあるあらゆる活動からは程遠いようであった。彼女は張りつめたようにイスの上というより端に座り、大きく前にかがみ、カミソリのように細い目で私を見つめた。彼女の口端は下に引っ張られ、白くなるほど両手を握りしめ、両膝を押しつけて、自分が苦痛を被っており、私にどうにかしてほしいという苦情を雪崩のように一気に述べ立てた。

残念ながら、患者の中で何が起こったかを感じるのはかなり困難であり、彼女の要求に共感することはさらに困難であった。彼女は、空っぽに感じること、価値のない人間であること、演じることのできる役割をすべて試してみたこと、それがうまくいかなかったこと、すべてが失われたこと、自殺以外に何も考えられないこと、すぐに何か抜本的な手段を講じないといけないことを、何度も繰り返した。デボラの疾患による暴力の影響は、最初の数回は本当に私を圧倒した。それはノートもとらず、話の内容を覚えることも諦め、敏感に反応する心の状態になるよう自分を追い込まなければならなかったほどである。私は何を言ったか定かではないが、彼女は「私の覚えているかぎり、これがはじめての心安らかなセッションだった」と言って、最初のセッションをあとにした。しかし、一瞬でも何らかの進展があったと自画自賛しようものなら、次のセッションは上記とまったく同じ状態に戻るのであった。

二回目では、彼女の攻撃性に対抗できないなかで、唯一彼女に言うことができたのは、彼女が要求しているのは何らかのショック療法、あるいは強力な提言であり、それは彼女が今やそのような力を込めた介入に条件づけられているようだということだった。私は彼女に次のように伝えた。彼女の苦痛に同情するが、しかし今回はそれに屈することなく、彼女がどん底に落ちたときに、何が起きたのかを一緒に観察する価値がある。そしてこのどん底を彼女のここでの入院の失敗だと捉える理由はなく、むしろ治療計画の中で生じる必要のあることだと理解できる、と。

特筆すべきは、エリクソンがこの人の苦しみに対して希望と励ましを与えようと、どれほど懸命に試みたのかについてであり、そしてセラピストが休暇中であったにもかかわらず、彼女がこのひどい時期を乗り切ることができたことである。

三回目で彼女はいくぶん話しやすさが増したように見え、私は次のようなことを言った。「あなたはあたかもそこに座って「何かをなくしたから、それを絶対に返しなさい、さもなくば一歩も動かない」と言っているようです。あなたは何をなくしたのですか」。彼女はぼんやりと、だが激しい口調で答えた。

二週間目がはじまる頃に、より明白となったのは、この患者は一方でよい材料をもちこんで、話し合いにとても積極的だったが、他方では私が言ったことに激しい嫌悪を抱くのであった。彼女がとくに気分を害したのは、きまって彼女の現在の不信感は過去に信仰を失ったことと関係しているのではないかと私が提案するときだった。信仰をなくした彼女のなかに、教会が信者に約束するような単純な愛着と依存を求める痕跡が残ったのではないか、と示唆したのだ。

彼女は毎回面接に戻ってきては同じ姿勢、同じ表現で、同じ苦情を訴えた。私にとっては彼女が六歳くらいに感じられて「彼らが私にどうしてほしいかわからないし、私が何をほしがっているのかを彼らに理解させることができない」と私に言っているようだと伝えた。彼女はまるでトランス状態に入ったかのように、六歳のときの学校の話をはじめたのである。

この問いかけによって彼女は、この学年での一連の不快な記憶をよく思い出すことができ、それについてエリクソンは次のように述べた。

彼女は、その期間は強い自閉的な傾向を示していたに違いない。なぜなら、彼女がいかに心の安らぎを求めて床下に潜りこみ、暗いところで土の上に寝そべっていたかということについて、今では自己嫌悪とあざけるような気持ちで思い出し、述べているからである。

患者は、まるで私たちが彼女のヒステリックな側面に期待をかけたことを知っているかのように、最後の数回のセッションで、まったくヒステリックに振る舞った。彼女は嘲笑的に、自分自身を傷つけることなんてできないとわかっていながら、鏡の前に立ってナイフを心臓に突きつけては、いかにバカバカしさを感じたかを説明した。しかし、彼女は自分の強迫的な希死念慮を、私たちが切り取るべきだと、激烈に叫ぶのだった。あるとき彼女にとって「切る」ということばがどのような含意をもつのかを尋ねると、彼女は大げさに座り直し、「あのペニスのことは二度と口にしないで」と言った。私はこう伝えた。分析家ならば、このような文脈でそのことを考えないでいられる者はおそらく存在しないだろうが、私の質問は、そのような答えを引き出すためのものではなかった、と。

9. サラ

サラは三〇代前半の女性で、約一年間入院患者として、エリクソンが治療した人である。自由連想と夢分析をうまく使えなかった一方で、以前の子どもとの経験が治療で効果を発揮した。さまざまな子どもの治療技法を活用することで患者の力動が理解しやすくなり、エリクソン自身がより忍耐強く理解のある存在となることで、治療にもっと積極的に参加できるようになったのである。彼は治療的相互作用を普通の平易なことばで記述できたため、読者はこの治療がどのように進化したかについて明確に理解できるだろう。

私が最初に述べなければならないのは、すべての予想に反して、サラは最初からすぐに、そして最後までずっと、友好的・協力的で、ときには知的でさえもあったことである。彼女は決して言い争うことなく、彼女が唯一「偉そうに命令」するのは、毎セッションの最後に編み物を終えなければならないときで、それはふつう一分か二分かかかった。ずいぶんあとになって私が指摘したのは、彼女の中立的かつ友好的な態度は、私たちのワークを導入したときや私の行動全般において、私が発した合図に巧みに応える方法だということだった。私は、この患者が魅力的であると感じる人には同意できないことを、ここで認めているかもしれない。しかし彼女の色彩と、とくに彼女の衣服は、調和とシンプルさにおいて非常に魅力的なときがある。さらに、フィラデルフィアの社交界についてまったく知識のない私は、彼女の家柄に無頓着だったので、彼女はおそらく私の当初の中立性に心を打たれて、即座に「感情的模倣」としか呼ぶことができないような形の転移を用いて順応したのであろう。

面接をはじめたとき、私は他の分析家たちが彼女にてこずったことを知っており、彼女の完全な協力がなければ、これからの数週間で何の成果も期待できないということをはっきりと伝えた。これまでの彼女の分析家と私との唯一の違いは、私には子どもとの経験があることなので、彼女が子ども時代の記憶を思い出す、あるいは再構成するためのガイド役と私のことを見なすのが都合がよいだろうと伝えた。彼女が笑いながら同意したのは、これまでの分析家とのワークで、彼女のパニック、不倫関係、そして幼児期の出来事との間に、実際の関係があることを納得できなかったことだった。彼女はこれまで、彼女の幼児期がいかに幸せで平穏無事なものであったのかを、分析家たちに説得しようとしていたがまったく聞き入れてもらえなかったと言った。それは実際には話が違っていたということを、私が彼女に証明するという、やや遊び心のある提案に私たちは同意した。つまり彼女は私に自由連想、または難解だったり矛盾したりする考えや感情をときどき提供する。私は自分の経験にもとづき、その連想や感情の起源がどの幼児期の記憶にあるのかを伝える。ここでは、子ども相手にうまくいく技法を使うつもりだったし、実際に使った。その子に何が起きているのかについて、結論が出たことを伝えるのではなく、子ども全般について話をするのである。よくあることだが、それが正解にそっている場合、患者は、子どもも全般から自分の話に切り替わっていることに最初は気づかずに、対応する記憶を出してきてくれる。もし正解でなくても、何も失われないのである。言うのも恥ずかしいくらいだが、この単純な技法がサラにはとても有効であった。

サラは「幕を降ろしてしまう」という非常にめずらしい能力をもっていた。例えば、彼女は両親と一緒に食事をしたことをいっさい思い出すことができない。彼女の唯一の妊娠中に、「いっさい生命《いのち》を感じることがなかった」。彼女ははじめての性交を覚えておらず、付き合っていた男性への気持ちも覚えていない。

治療では、この「幕」がたいてい、セッションとセッションの間を区切るものとなっていた。治療の終盤になってはじめて、この幕の仕組みを彼女に実証してみせることが可能となった。彼女がパニックに陥り攻撃的になるので、私たちは彼女が家に帰ることへの恐怖について話していた。私は、彼女はパニックになっているから怒っただけなく、彼女に依存する「権利」のある人に対して、基本的に敵意をもっていることからパニックになるかもしれない、と言った。つまり、彼女は母性的な感情を憎み、信用していないのかもしれないと。すると患者は突然黒レンズのメガネを外し、恐怖に顔をゆがめてこちらを見つめた。彼女はその表情を拭い去り、世間話に切り替え、そして先ほど何を話していたか思い出せないと言った。眉とそこから上を指さし、「それはまるで、私がここから上をすべて拭い去ったようです」と言った。セッションの終了間際のことだった。次の日、彼女はこれまで経験したなかで最も重篤な不安発作を報告した。まるで誰かにお腹を蹴られるか、殴られたような衝撃を経験するところから発作がはじまった。この蹴る・殴るは、妄想的感覚のように外からやってきたかのようにリアルに経験された。私たちはこれまでにわかっていることをもとにこの問題を振り返り、この症状の明瞭さと猛烈さは、弟を妊娠している母親のお腹を蹴りたいという彼女の願望と関連しているという結論にいたった。

三回目のセッションで、私はサラにどのように自由連想できないのかを見せてほしいと頼んだ。彼女はそれがゲームであるかのように、カウチに横たわり次の連想を行った［傍線はすべてエリクソンがマークしたものであることに留意されたい］。

① 湖。彼女は湖を眺めるのと泳ぐのが好きだが、ボートに乗ることは嫌い。

② 結婚直後、下腹部の違和感を相談した、はじめての婦人科医の診察台に横たわっている。そこの壁の色がどれほど不快なものだったか、そしてすべて青かピンクに塗られている自分の部屋をどれほど気に入っているか。

③ 彼女は一年前にくるぶしの手術を受けていて、今では運動するときに「最もひどい痛み」に苦しんでいる。彼女は「まったく幸いにもこれ以上傷つくところはどこにも残ってないわね」とつけ加えた。

④ 分析カウチ上の絵に描かれている水がどれほど平和なのか。そして次の瞬間、「あたかも自分の頭をぶち割って開けろと、言いたいかのように」彼女は息苦しい感じ、遮られた感じになった［「これは胎児との同一

化なのか？」」とエリクソンは自問した」。
⑤　彼女のかかりつけ医は、同じ人物の中にセクシャルなスキル、本当の愛情、そして医者であるという組み合わせをもつ唯一の男性であり、あるいは実際には唯一の人である。しかし、それにもかかわらず、彼女は彼のことを本当に愛しているわけではなかったし、結局彼女は誰とも情緒的にかかわらないほうがいいのかもしれない［これには自分も含まれるのかとエリクソンは自問した］。
⑥　母親が、前日に彼女に電話をかけてきていつ帰ってくるのか尋ねてきた。
⑦　一九歳のとき彼女は親知らずを抜歯し、病院に一生残っていたかった。そして修道女になりたかった。
⑧　彼女の子ども時代の典型的な夢は、彼女が格子状の垣の上を歩いているとそれが壊れて、遠い下の水の中に落ちるというものだった。

私は自信をもって、このような自由連想でいいのだと患者に伝えることができた。しかし、彼女はこのように「ふざけながら」ならできるのだが、より詳しい内容を強いて聞かれたりすると、できないとはっきりと言うのだった。私は次のように示唆した。彼女の連想から私の理解するところでは、彼女の幼児期における重大な局面は、彼女の弟が生まれたときだったと。それから私たちは、母親が妊娠すると子どもはどのように感じるだろうかということについて話しはじめた。それが、赤ちゃんがどのように母親の胎内で息をしているのかという疑問と関連すること、そして壁に頭を打ち付けて「開けて」と言いたいサラの気持ちと、それが赤ちゃんとの同一化を意味している可能性について話し合った。ここでは、子どもはあれやこれや観察したり感じたりできないという彼女の抗議と、それに対する、「子どもにも一般的には」そのような観念や経験があるという私の説明について、詳細をすべて述べることは不可能である。

セラピストに対する彼女の態度は、最初から顕著に「中立的」であり、そのままの状態が続いた。これについては、サラ自身がその話題をもちだすまで、言及がなされなかった。彼女は、セラピストに対して無関心でいつづけようと努力し、彼を見下そうと試みていたと、はっきり言ったのだった。

サラの転移についての第三の傾向は、私たちのワークと入院生活全般が分裂《スプリット》していたことである。彼女は、自分が劣悪な状態だと捉えたことについては他者のせいにすることができた。彼女は、ソーシャルワーカーや何らかの世話人（例えば優秀な看護師）が加われば、ここの環境が良くなると感じていた。思い出さなければならないのは、彼女が主治医に深い愛着を示していたときにも、同じように友人たちに精神分析のことをよく思っていないと触れ回っていたことである。セラピストから病院へと陰性転移が移ったと私は解釈したが、同時に、病院で行われている社会実験について多少批判することは公正であり、彼女にはそうする権利があるということも、細心の注意を払って説明した。

エリクソンはサラの退院を準備しながら、彼女の治療が次の段階へ移行することを手伝うという自分の役割を、とても真剣に考えていた。そのためエリクソンは、彼女の治療にとって必要不可欠と信じる「補助的な治療法」までも提案している。

サラと地元のセラピストとの関係はとても良好である。入院直前に行った彼女（セラピスト）との非公式の面接により、精神科医そして人間としてのセラピストに対する評価は高まったが、それは同時に精神分析的方法論の敗北を示唆していた。彼女にはまさに、このような支持的な治療が必要であると私は感じている。加えて、ある時期の記憶やある話題に関する考えを想起しやすくするという限定的な目標をもった、自由連想の期間をときどき設ける必要があるだろう。

もし誠実さを求めるサラの価値観が報われず、強化されなければ、彼女をときどき襲う不安を回避できるとは思えない。私がこの事例を担当するとすれば、次のような補助的な治療法をかなり自由に取り入れるであろう。

① 彼女の呼吸法のとても悪い癖が、ストレス時にひどくなるということを優秀な運動の指導者に教えてもらうこと。

② すぐに結果が出ると思えなくても、人間関係において誠実で寛大であるように励ますこと。彼女は自分を受け入れ、そして年齢相応の問題に向き合うことを学ばなければならない。要するに、これは高年齢者に児童分析が適用されたということになる。この患者にとってそれが必要なのは、情緒的に一〇代半ば以上にはまったく育っていないからである。患者自身もそれを知っている。このようにゆっくりとした柔軟な仕事をとおせば、彼女が成熟する余地はあると思われるのである。

文献

Erikson, E.(1968). *Identity: Youth and crisis*. New York, NY: W.W. Norton.(中島由恵訳(2017)『アイデンティティ――青年と危機』新曜社)

Friedman, L.(1999). *Identity's architect: A biography of Erik Erikson*. New York, NY: Scribner.(やまだようこ・西平直監訳(2003)『エリクソンの人生――アイデンティティの探求者　上・下』新曜社)

エリク・エリクソン（1950年）、マサチューセッツ州ストックブリッジにて。
ヤン・エリクソン撮影。 ©Jon Erikson

第8章 成人の精神分析（2） 臨床的かかわり方への深い視点

ADULT PSYCHOANALYSIS, PART II: An in-depth perspective of Erikson's clinical method:

――ジェームズの物語

The story of James

前章で予告したとおり，最も長くて詳細な事例記述について，ここから独立した章で示したい。エリクソンのジェームズとの仕事は，何年にもおよぶ統合失調症の男子大学生の治療の試みを物語っている。またジェームズは芸術的な才能をもっていたようであり，そのことからエリクソンは彼に個人的な関心を抱いていた。エリクソンが治療に没頭したことは，ノートの記述から読み取ることができる。エリクソンは一連の退行した情緒体験を含めて，彼の生活の多くの側面にかかわりをもった。患者の詩，音楽，絵画などの創造性への可能性に対するエリクソンの関心が，ジェームズが自信を得て自我の強さを高めるのを助ける治癒過程の主要な焦点として，どのように活用されたか。本章で，それを目の当たりにし，また理解することができるだろう。

一九六六年にエリクソンが同僚に贈ったクリスマスカードには，彼が自分の精神分析的仕事の再検討を考えていること，そして「最も大切であり心の底から取り組みたい課題は，ジェームズとの仕事についてもう一度立ち返って考えてみることです」と記した（図8-1にこの短信を示す）。一九六八年に，『アイデンティティ――青年と危機』で，この臨床素材の一部を事例として記述している。

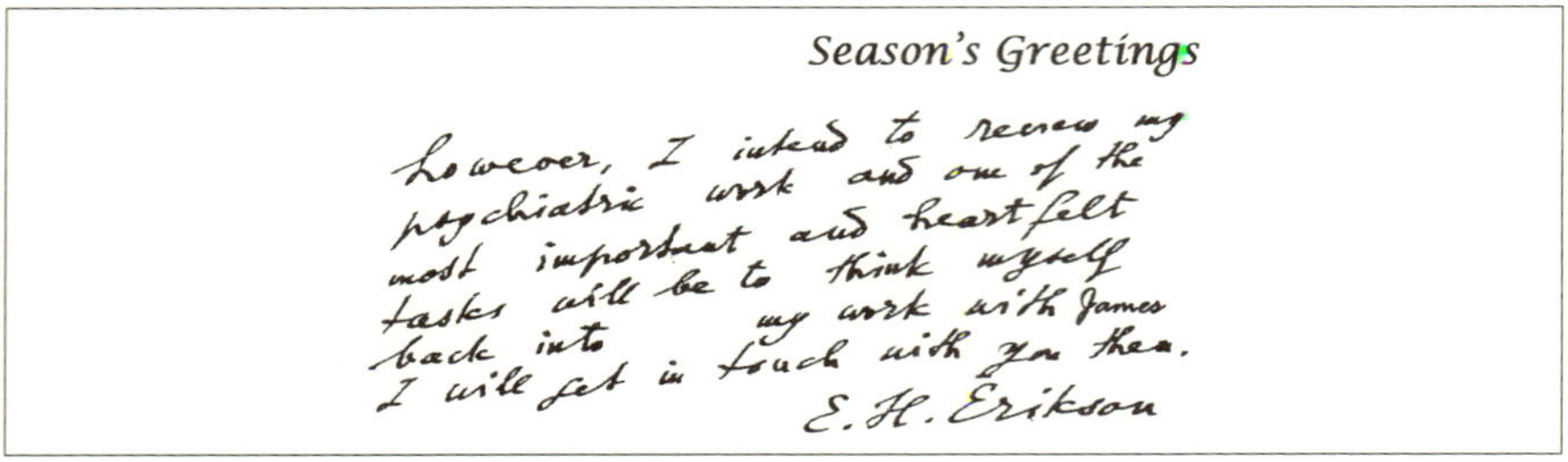
Season's Greetings

However, I intend to renew my psychiatric work and one of the most important and heartfelt tasks will be to think myself back into my work with James. I will get in touch with you then.

E. H. Erikson

図 8-1　エリクソンが彼の臨床について同僚に送った短信（1966 年）

一九八四年にエリクソンは、「いつか研究するための詳細な資料を残した」とノートに記している。幸いにも、このプロジェクトの開始時に、彼はこの若者の治療の経過を要約した長いレポートを私に手渡してくれた。それにはオースティン・リッグス・センターのスタッフを対象に行った「患者の創造性の芸術的および治療的側面」と題したセミナーからの発言も含まれていた。さらに、ハーバード大学のホートン図書館（レスリー・モリス学芸員）の貴重な助けを得て、ジェームズの治療に関連したエリクソンの手書きのセラピーノートのコレクションを発見できたことは幸運だった。このノートはジェームズとの実際のセラピーセッションで記録されたもののようである。特筆に値するのは、多くのノートはエリクソンによって描かれたオリジナルのスケッチを含んでいたことである。これらのセラピーノートの多くは、ジェームスの夢とエリクソンのこの夢の素材に対する、その場でのエリクソンの内省と反応にとくに重点を置いている。

これらの「臨床ノート」によって、読者がエリクソンの行動を観察し、この若者の理解の深さと、それがどのように翻訳されて治療法と技法に変わったのかを理解することができればと願っている。これらのノートにより、エリクソンが進行中の治療的かかわりをどのように取り込み、そして患者と何が起こっていたかを理解し、彼自身の反応や逆転移をどのように味わっていたのかを窺い知ることができる。明らかにこの治療関係がエリクソンにとって大きな個人的意義をもっていたことは、彼の治療プロセスへの深い関与とコミットメントから感じられる。

エリクソンの臨床ノートとスケッチ画に関する付記：これらは、エリクソンの死後の一九九四年に発見されているので、その意味と意義をよりよく理解するために彼と直接話す機会はもてなかった。エリクソン自身には残念ながらその機会がなかったので、これらの臨床ノートとそれに付随するスケッチに対する私自身の継続的な分析を提供することとした。本書の焦点がエリク・エリクソンの臨床的方法論と技法にあり、私のものではないことは十分に認識しているが、私の分析が加わることによるリスクよりも、メリットのほうが大きいと考える。私はできるかぎり、エリクソンがこの資料が出版されることを知っていれば臨床的にどうしていたのかに忠実であることを心がけた。スケッチ画のいくつかは、セッションの内容に直接関連している。あるいは、そのときのエリクソンの感情状態を示しているかもしれない。その両方かもしれない。また、なかには単にぼんやり落書きしただけのスケッチもあるかもしれない。確信はまったくもてない。明らかな不確実さがあるにもかかわらず、これらのスケッチが面接室で起きていたことと実際に結びついているというのが、私の意見である。意味をゆがめてしまう可能性を認識しつつ、私はこれらの描画を臨床的に理解するために、想像力と臨床的な直感を最大限に活用した。私はこれらの図を、ロールシャッハ・テストから抽出されたデータと同様に、投影検査から収集した心理学的データであるかのように分析を試みた。

私はこれらの臨床ノートを、エリクソンの治療報告書という形に統合し編集した。日付が記されたものもあったので、それらについてはきちんと時系列に整理した。日付のないものについては、テーマの内容に従い、ジェームズの治療の継続的なプロセスと合わせるように心がけた。この手書きのノートが、エリクソンの心理療法的・臨床的方法と技法のどこに位置づけられるのかを解読するためのさらなる努力として、この治療報告の流れを追っていただければわかると思うが、私は特定のセッションにとくに言及している。また、さらに明確化するなかで、当の話題についてより詳細で深い内容を提供するために、ノートに通し番号を付している。

まずは、このプロジェクト発足当初にエリクソンが個人的に記した臨床報告を提示する。

若い患者のジェームズは大学で行き詰まっていた。治療の初期、彼は目が見えなくなりそうになるまで読書した。それは彼の父親とセラピストへの破壊的な過剰同一化と見受けられた。同じ病棟にいた才能のある芸術家に導かれ、ジェームズは自分に独創的な芸術の才能があるという事実にたどり着いた。彼にとって、芸術活動を続けられない唯一の理由は、自己破壊的な過度な活動を予防するために受けていた治療のためであった。

ジェームズを深く視覚的にエリクソンが描く次の描写は注目に値する。それはまるで写真を撮っているようである。

ジェームスの外見と体格について、ひとこと述べておこう。診療報告書には、彼がきわめてくすぐったがりだと書いてある。少なくともそれは彼の大きな感受性を物語っている。そして彼は何か女性的なものの表れともとれる白い肌、あるいは彼の運動好きであることと相容れない肌の過敏性をもっている。彼のくすぐったさが大学でのトラブルの原因の一端にならなかったとは言い切れない。彼をどのように判断するのかはわからないが、私が彼の歩き回っているのを見ると、彼はむしろ大きな尻をしており、両性具有者的な体格の持ち主であると感じる。それは彼の現時点での振る舞いによるのかもしれない。もちろん、我々が目にしているのは彼が短パンをはいて歩き回り、彼のもつ男の子の姿勢は、彼を実際に運動能力の優れている少年のように見せている。彼の顔は確かに女性らしい顔である。

ジェームズの成育史から知られている歴史的特記事項をいくつかあげたい。

＊　母親によると彼は何も要求しない赤ちゃんであり……母親は何も……あるいは僅かしか与えなかった。

＊　二歳から五歳まで、彼は世話をしていた看護師に、彼の両親の六カ月間の旅行期間中、身体《からだ》を叩かれていた。この間に看護師はジェームズを道に放置したことで三回逮捕されており、また彼が手におえないときはベッドにくくりつけていたという。

＊　ジェームズは四歳まで話さなかった。彼はどちらかというと自閉的な子どもで、海岸では……水、水の中のもの、ガラスの破片や骨に興味を示していた。

＊　五歳時、彼は協力を得るためのこのうえない努力の末に、両親の本を火に投げ込み、そのために叩かれた。すると彼はより自閉的になり、腕時計に執心して、音を聴くために、人に時計を持っていないか尋ねるようになる。

＊　特別支援の寄宿学校で、彼の遅滞と回避傾向が解消され、彼の話す力と読む力が改善した。

＊　彼の大学での破綻は、ある女性への愛情をめぐって生じ、(彼の努力は最終的に) 自分を破壊しようと試みるところまでいってしまう。

臨床ノート

臨床ノート　＃1

この臨床ノートの上部で明らかとされているのは、ジェームズが両親について、そして彼らをどのように体験したのかについて述べた説得力のある説明である。父親は高潔で偉大な芸術家であるとともに愛すべきヒーローであったが、ジェームズの母親に楯突くことはできない人だった。彼の母は破壊的で意地悪な人だった。俗物、偽善者、見かけ倒し。心配性で不平を言い非難する様はきわめて侵入的。「間違った」愛し方をし、ジェームズのアイデンティティの初期段階に介入し、彼の父親への同一化に嫉妬する人だった。またジェームズが母親につ

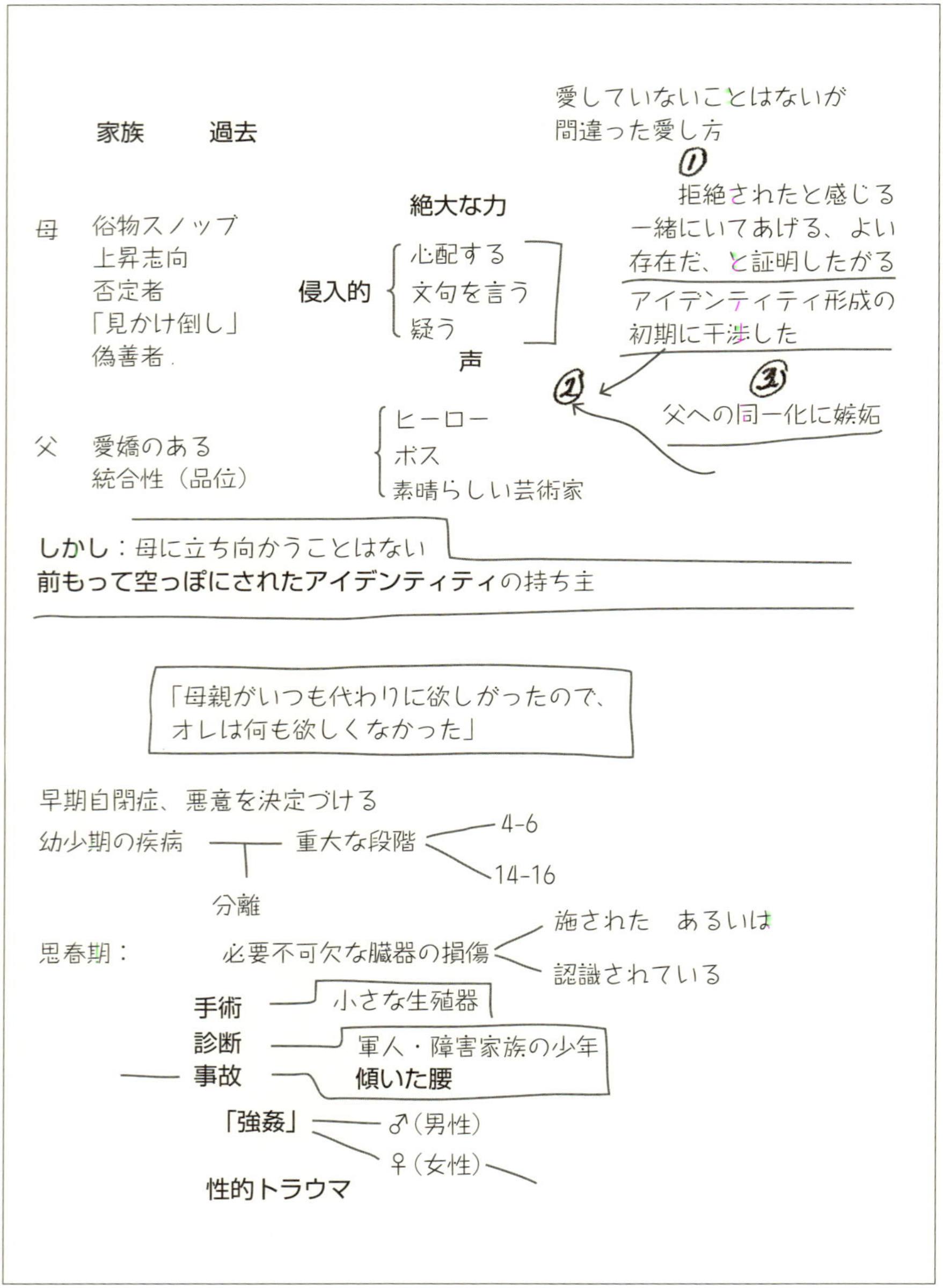
家族　過去
愛していないことはないが
間違った愛し方
①
拒絶されたと感じる
一緒にいてあげる、よい
存在だ、と証明したがる
アイデンティティ形成の
初期に干渉した
母　俗物スノッブ
上昇志向
否定者
「見かけ倒し」
偽善者
絶大な力
侵入的
心配する
文句を言う
疑う
声
②
③
父への同一化に嫉妬
父　愛嬌のある
統合性（品位）
ヒーロー
ボス
素晴らしい芸術家
しかし：母に立ち向かうことはない
前もって空っぽにされたアイデンティティの持ち主
「母親がいつも代わりに欲しがったので、
オレは何も欲しくなかった」
早期自閉症、悪意を決定づける
幼少期の疾病
重大な段階
4-6
14-16
分離
思春期：
必要不可欠な臓器の損傷
施された　あるいは
認識されている
手術
小さな生殖器
診断
軍人・障害家族の少年
事故
傾いた腰
「強姦」
♂（男性）
♀（女性）
性的トラウマ

臨床ノート1

いて述べていることは注目に値する。「母親がいつも代わりに欲しがったので，オレは何も欲しくなかった」。また興味深いのは，ジェームズが自分は「前もって空っぽにされたアイデンティティ」の持ち主だと言っていたことであり，それが彼の母親の影響と汚染によるものだということは間違いない。ページの下部でエリクソンは，ジェームズのアイデンティティの要素を記している。その中には，自閉，悪意，幼少期の疾病，そして彼の性器に関連した非公開の医学的問題のいくつかと性的な外傷の可能性が含まれていた。

リッグス・センターにおけるあるケースカンファレンスで，エリクソンはジェームズの治療についての懸念を示した。リッグス・センターもエリクソンも，それまでこのような事例を治療したことがなかったようである。

今日この事例を発表しようと思ったのには，さまざまな理由があります。そのさまざまな目的が交錯しないことを望んでいます。問題のひとつはスタッフとして一緒になって，どのように私が役割拡散の統合失調症バージョンと呼びたいと思うものについての概念的，理論的な話し合いができるのかということです。緊張型，抑うつ的，そしてマゾヒスティックな特徴が付随する統合失調症の診断の可能性があるのです。

統合失調症の治療ということを話しはじめた途端，最初の事例発表に含まれていたようなとても素早い知的活動やスポーツというものから，すべてがゆっくりだが意味深く進む，ある種のスローモーション映像へと私たちが切り換わらなければならないことが明白です。彼が受けた最初のロールシャッハ・テストで，ジェームズは「早期の統合失調症」という診断も受けています。それは一時的な混乱状態であったかもしれません。しかし，きっと油断ならない，長続きする病気のはじまりだったという可能性も十分にあります。

診断にまつわる問題とジェームズの心理状態をめぐるエリクソンの記述の考えの深さ，そしてそれがいかに，単なる診断・精神医学的なレッテルにとどまらずに，奥深く個人的なものであるのかは注目に値する。

ジェームズは二〇歳である。彼は「単純型統合失調症」という、長い見通しをもつことが難しい診断で、こちらに紹介されてきた。彼に私たちがとくに興味を抱いたのは、彼が「児童期統合失調症」と私が呼びたいし、他の人もそう呼んできたような特殊な分類に入ると疑われるからであった。それはとても深刻な自己拡散であり、のちに詳細を記述するが、シゾイド傾向と自閉的な傾向がそれに加わっており、それによって持続的といえる統合失調症的なエピソード、あるいは統合失調症様の状態、あるいは統合失調症そのものが生み出されるのである。C医師が彼を最初に診察し、彼を抑うつではなく、アパシーと称した。彼はC医師に、人生を投げ捨てたと伝えた。自分はIQ＝一二〇の持ち主であるが、幼児期のとても奇妙な障害によって、それをまったく役立てられなくなったというのである。彼は五歳時に「どうやって人とかかわったらよいか、わからなかった。学校にいて七歳までには真空に閉じこもった」と言った。のちに明らかになるのは、言語の習得が遅かったために、特別支援学校に送られることになったのがこの年齢だったということである。

臨床ノート　＃2

このノートには、統合失調症という診断と、ジェームズが「混乱、非現実感、自分を台無しにしてしまい、他の人の人生も台無しにしてしまう」という症状について治療を求めてきたことが記されている。また一連の幼少期の問題および生育史的要因も記述されている。長時間たった一人で残されていた（「隔離監禁状態」）ジェームズはことばが遅れており、そして孤独と孤立を欲していた。加えて、芸術、ビジネス、機械仕掛けのものなど興味のある領域についての記述があり、そして腕時計、波、そして彼が質感を覚えたものから「感覚的楽しみ」を得たことが記されている。

補足の家族資料によると、母親は実際にきわめて管理型だった。現在ではもちろん、統合失調症を生み出すこ

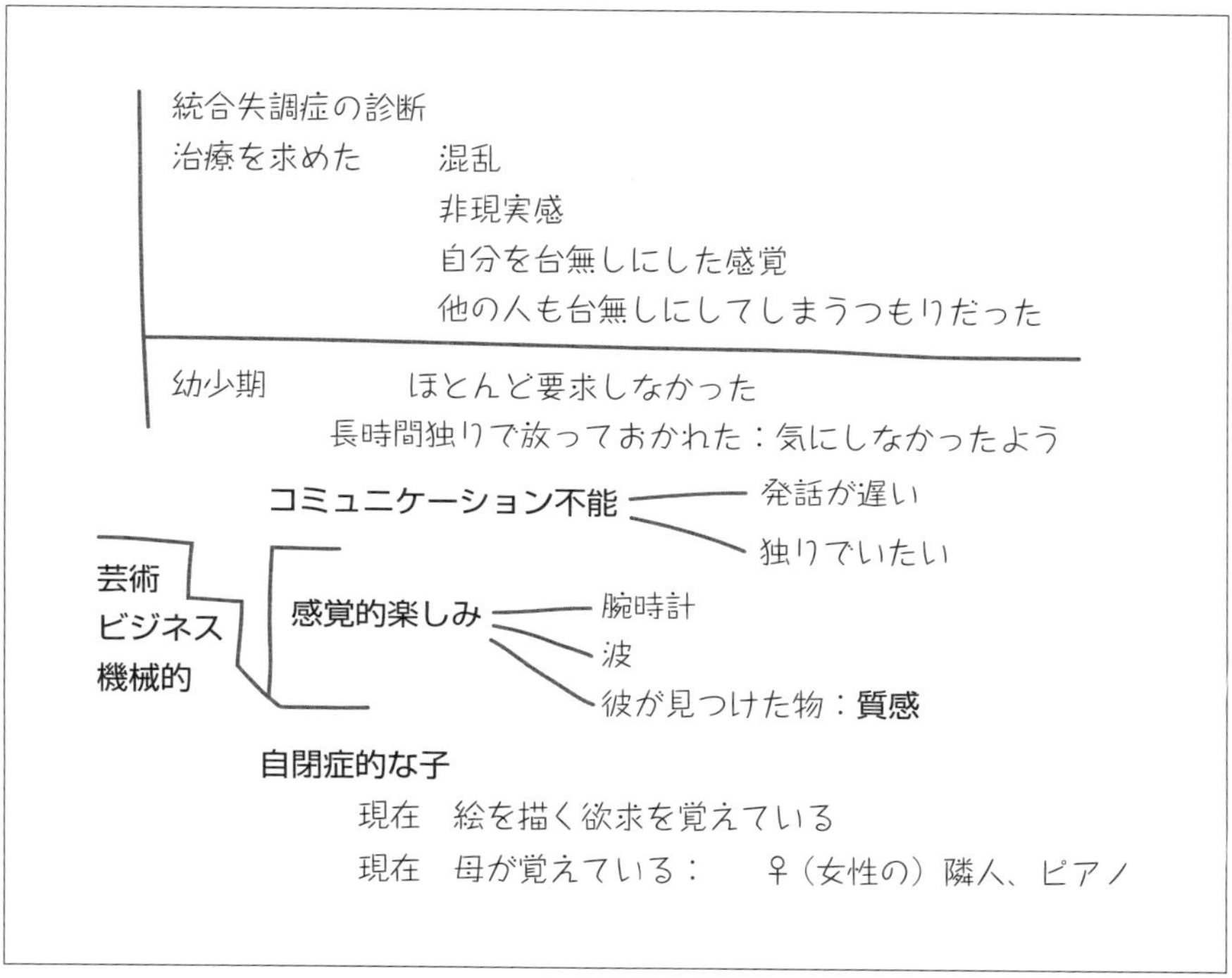

臨床ノート２

のような母親について、当時よりもっと自由に話ができるのである。

ジェームズが最初にリッグス・センターで診察を受けたとき、彼はいくつか重要なことを述べている。彼が主訴として強調したのは、八歳の少年だったときから意識的に自分を破壊しようとしてきたことであり、彼がとてもがっかりしたのは今やそれに成功したことであった。しかし、彼にとって深刻な事態は、自分を破壊する過程で彼の父親の人生も破壊していたことであった。そして彼は、自分を破壊した罪悪感に苦しむことと、人生で唯一うまくできたことである自己破壊に勝利を感じることとを、交互に味わった。(スタッフを)前にしたとき彼が抱いた印象はわからないが、私にとって最も目立っていたのは、彼が浮かべるある種のにやけ顔……気取った振る舞いだった。自分がここにいるのは馬鹿げていると彼は言った。「どうせ精神科医たちは誰にも何もできはしない」、自分を破壊すると決めている自分に何ができるというのか。X医師は彼に「君には病気があるのかね」と尋ねた。彼は「いや、オレは病気とは言えない。意志の強さがないだけだと思う。過去に、現実というのは生きるには面倒くさすぎると決めた。それはただの傾向にすぎない——オレにとってはある意味、魅力的なものだ。こんな世界に一時的に生きてみて、何が起きるのか見届けてみたい。何が起きるのか、実験のようなものだ」。X医師は「君は実験を済ませているように話しているが、そうかね」と尋ねた。彼は「はい。体調が崩れるのでよい考えではない。しばらくするとまっすぐに考えられないくらい体調が崩れてしまうので、マゾヒズムはあまりよくない」と答えた。次に彼は、どうして現実に生きたいと思わないのかと聞かれ、「どうして現実に生きたくないかというと、望みどおりには生きられないので、空想のほうがマシ。たぶん自分がなれると感じるよりもっとマシになりたいけど、まだ間に合うときにはじめていたら、なれたかもしれない。でも無敵だ。空想に入ったら自分のプライドは傷つかないし、それがオレの傾向」と言った。

私は当時の彼に次のように尋ねた。「私が気になるのは、自分が思うよりすごくなりたいというあなたの野望のことだ。それはあなた自身がそう思うのか、それとも、あなたの人生の中の他の誰かが、あなたに期待していることなのだろうか」。彼はタバコの延長パイプにとても強く嚙みつき、ひどくどもりはじめて、「オレの母親がめちゃくちゃ期待している。あいつはそうだった。でも、あいつは完全におかしな扱い方をオレにした。オレを子ども扱いしてすべて計画した。そして、とても釣り合わないのは……オレがめちゃくちゃに嫌悪感を感じて、ある意味抑圧してた。まあ思うに、ある種の嫌悪、ある種の憎悪、ほぼ悪い感じ方で、ある種の二重性のようで耐えられなかった。つまり、あいつが本当に最初からオレを尊重してくれて人間扱いしてくれて、すべて計画するとか、女の家庭教師みたいのだけにするとか、しなければよかったのに。完全にふざけてるみたいだ。だったらオレはたぶん大丈夫だった。でもあいつは過保護みたいになる傾向があって、オレはクソくらえと思うようになった。生きるのはめんどくさすぎる。オレに何ができるかあいつに見せてやる」。そしてもちろん彼は，自分を破壊するのに何ができるかと言いたかったのである。

臨床ノート　#3

臨床ノート3でエリクソンは，ジェームズの疾患，彼のゆがんだ苦しそうな佇まい，この世に対する全般的に破壊的で操作的とさえ言える態度，そして自分を破壊することに彼がいかに成功したのかについて，力強くそして明確な記述を提示している。ジェームズは自分の予後についても語っている。「比較的低層の社会的存在にしてはまあまあ」。彼の自身の治療への挑発的な態度も注目に値する。エリクソンはジェームズが「あたかも否定的であることから楽しみを得られるかのように，セラピーに対して中立だった」「非常に不愉快な物言い」をすると述べている。ジェームズは，次の発言で統制を維持する苦しみを明かしている。「普通のことに参加するか，しないかは，単なる選択の問題」。エリクソンの最後の記述が明らかにしているように，ジェームズは「自分の病気を楽しんでいる。なぜならその色を楽しんでいるから」。癌が「ある種の生（き方）」となりうるのだ。

エリクソンは，初回面接のために，はじめて病院を訪れたジェームズの両親に出会ったときのことを思い出している。ジェームズの母親，そして彼女が周囲の人間に有害な影響を与える様子に対する，エリクソンの率直な物言いは注目に値する。

開院時間が過ぎていたのを覚えている。私は建物を出て，玄関に通じる道で背の高い女性とぶつかった。彼女は腕にたくさんの資料を抱えて，私を押しのけ，いくぶん背の低い，白髪まじりで物静かなタイプの男性を従えて建物に突進した。彼女に用件を尋ねると，「上の階」と言った。今は誰もいないので，待合室でお待ちくださいと伝えた。しかし，彼女が扉を通り抜けた姿が心に焼きつき，のちに思い出してあれはジェームズの母親だっ

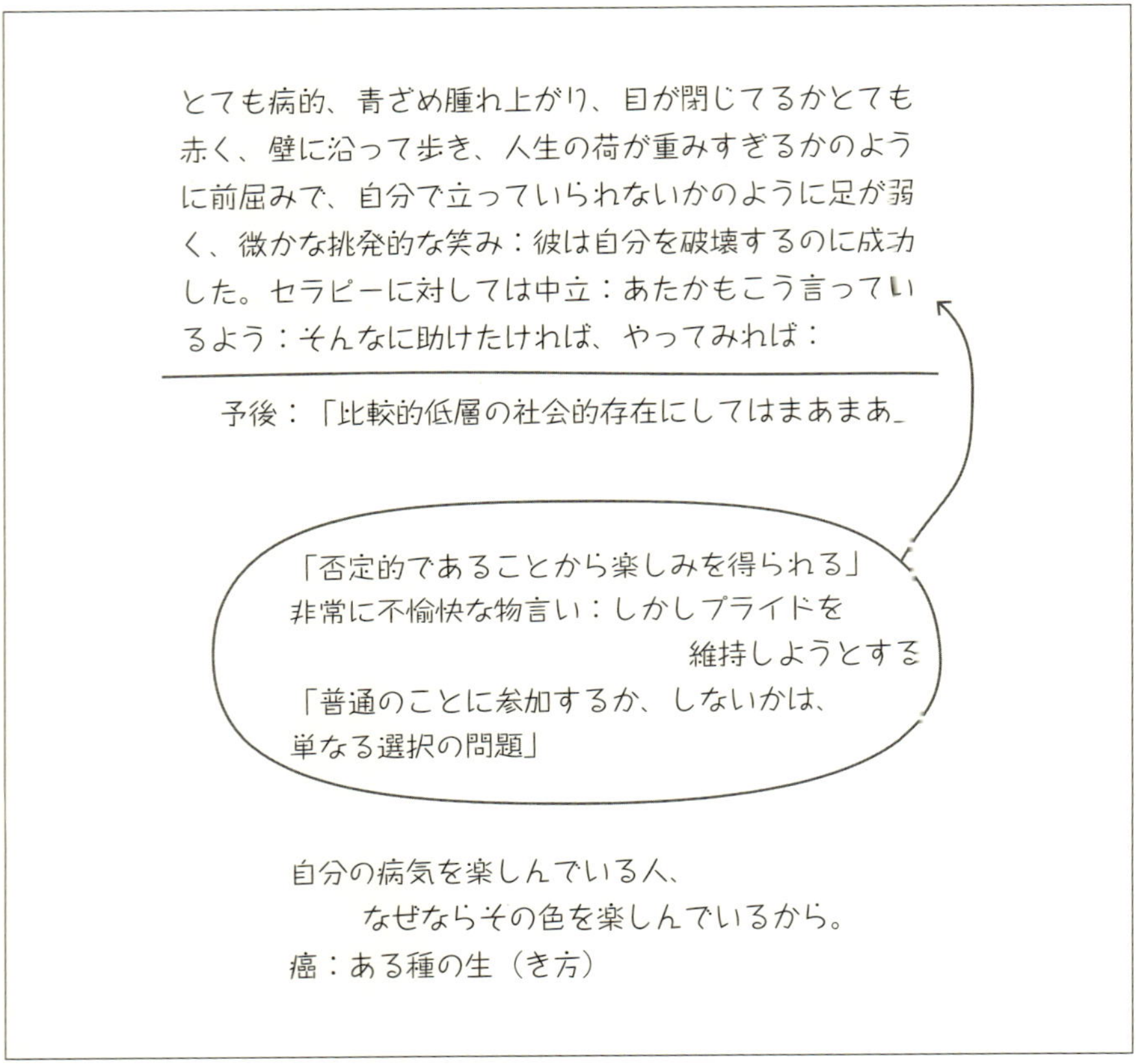

とても病的、青ざめ腫れ上がり、目が閉じてるかとても赤く、壁に沿って歩き、人生の荷が重みすぎるかのように前屈みで、自分で立っていられないかのように足が弱く、微かな挑発的な笑み：彼は自分を破壊するのに成功した。セラピーに対しては中立：あたかもこう言っているよう：そんなに助けたければ、やってみれば：

予後：「比較的低層の社会的存在にしてはまあまあ」

「否定的であることから楽しみを得られる」
非常に不愉快な物言い：しかしプライドを維持しようとする
「普通のことに参加するか、しないかは、単なる選択の問題」

自分の病気を楽しんでいる人、
なぜならその色を楽しんでいるから。
癌：ある種の生（き方）

臨床ノート3

たに違いないと思った。

父親は教育者で、アスリートでもあった。非常に優れたテニス・プレイヤーであり、釣り人だった。しかし、彼はまったくそのようには見えず、少なくとも妻といるときはそうだった。そして彼がそのような趣味に興じるのは、彼女から逃れるためでもあることは明白だった。しかし、彼はそれらすべてがとても上手なのだ。

ジェームズは治療の初期に、二つの空想を行き来していた。つまり、彼が自分を破壊したこと、あるいは人生を無駄にしたことであった。いずれも青年がしばしば抱いて当然の感情である。確かに彼の場合は非常に極端ではある。しかし、指摘しておきたい。多くの文化、例えばドイツ文化では、青年期に自分の人生を台無しにしたという考えや、自己を改革して人生を新たにやりなおさなければという考えはまれではない。実際のところ、それら正常と見なされているのだ。

ジェームズにとても混乱した状態と状況をもたらした原因は何だったのだろうか。彼はある種の三角関係に陥り、それが今回倒れる引き金になったようである。彼の父親には、どうやらとても美人のアシスタントがおり、彼女は患者のひとつ年上であった。そしてどうやら疑いの余地がないのは、父親と息子の両方が彼女に恋をしたということである。父親とのこの異性愛的な競争関係は、大学における同性愛的な危機によって複雑化した。

セラピーの最初の数カ月は、ジェームズが治療のサボタージュを試みることに費やされた。それは彼が激しく退行した時期でもあった。

最初の数週間の最も際立った症状は、彼が目を閉じ、頭を後ろに反らし、声を低めて、自分への援助を試みることが無駄な努力だと、私を何とか説得しようとしていた。彼はいろいろな形の受け身的な挑発に興じた。セッション中、乳児に、そしてより下等な生き物にも演劇的に「退行する」ことによって、顕著に受動的な抵抗を示した。したがって彼は、「ただの盲目の子犬」「化石化した樹木」などから「アメーバ」にまでなった。彼は自分を「胞子や何か生きていないもの」と自分を比較しながら、しかし自分にとって「胞子ではまだ命《いのち》がありすぎる」ようで違うんだ。なぜなら、その中では何かが成長しているからだ、と言うのであった。

臨床ノート　＃4

臨床ノート4のこのページに、エリクソンは「セラピーにおける病理の急性の悪化」という題名をつけてい

セラピーにおける病理の急性の悪化

① アイデンティティ抵抗

×(イド抵抗、超自我抵抗ではない)

否定的なアイデンティティを取り上げないで

信じて、それでも愛して

これがオレのすべてだと絶対に信じないで

絶対に愛してほしい　でもむさぼり食わないで

② どん底の態度

最も単純な生き物の自己イメージ ― 盲目の子犬 ／ 魚 ／ 胞子でさえも

完全に「自我を死なせてくれ」

絶望的な誠実さと挑発の組み合わせ

③ 転移が自我境界にまつわる喫緊の問題に覆われている、

自我境界 ／ 自我の中枢 ｝ 激しい変化 ― 筋運動 ／ 注意 ／ 血管収縮 ／ 現実

激しい変化 ― 身体麻痺 ／ 眠気 ／ 気絶 ／ 離人化 ／ 逃走 ／ 血管収縮の変化 ／ 自己卑下

? → 自我の中枢

セラピスト｛と融合 ／ を破壊｝する衝動

同一化する欲求（アイデンティティ飢餓）

無関心でいる（アイデンティティ抵抗）

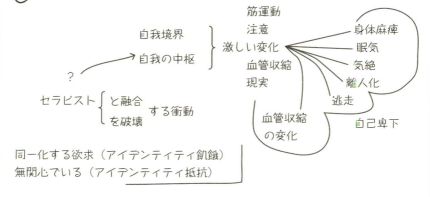

る。第一に、ジェームズの「アイデンティティ抵抗」と呼ぶ事柄を強調している。ジェームズのことばを引用しながら、エリクソンはこの強力で本質的な力動の明確な理解を有している。「(オレの)否定的なアイデンティティを取り上げないで……信じて、それでも愛して……これがオレのすべてだと絶対に信じないで……絶対に愛してほしい……でもむさぼり食わないで」。第二に、エリクソンはジェームズの退行を「どん底の態度」と称し、前述の下等な生物をあげている。それが第三の導入となっている。ノートのこの部分では、治療的関係と転移の複雑さと、それらがジェームズの心の機能に与える影響に焦点をあてている。これはジェームズが体験した対人関係上の問題の範囲に関するものである。つまり、エリクソンとのかかわり・出会いでジェームズが体験した対人関係上の脆弱さから、エリクソンを失う恐怖、エリクソンを破壊したい願望、エリクソンに同一化し融合したい欲求にいたるのである。

エリクソンは続けて治療内容について記述している。

ジェームズはしばしば「オレは自分の気持ちを飢えさせている。自分を奮い立たせてくれるようなものには何も十分に触れていない。オレは自分らしかったことがない……オレには生きるための道具がない」。加えて彼は、自分が皮膚をまったく持たないように感じ、世界が彼をつついてきて、「頭が保護されていなくてひりひりする」のを感じていた。

これらの行動の背後に垣間《かいま》見られる恐怖は、セラピストが彼を治療することで、両親と同様に、彼を侵略しその人格を偽装することにあった。母親は、彼の生涯にわたって、そばにいる間、計画や誘導によって彼の自主性を奪いとってきたが、同時に長期間彼を置き去りにしてきたという事実を示す十分な証拠もある。患者は当初、私が彼をひとりの並の教師になるようにしようとしているのではないか、あるいは母親が試みたように、彼のこれまで築いたアイデンティティを奪い去って、別のイメージを何らかの方法で自分に押しつけるのではないか、という恐怖を表明した。

ここでジェームズは、彼の疾病のひどさ、彼の孤立感、そしていかに自分の母親が今なお何事につけても破壊的で有害な存在であるのかを、長時間にわたり語った。エリクソンは以下のように続ける。

彼は自分がとてもひどく病んでおり、それが長年にわたって続いてきたことを認めた。彼は当初、自分の状態を夏休みに親戚の家でだらだらと過ごしたことのせいにした。長い夏は彼にとって、することが何もなく、刺激を与えてくれるものが何もなく、ひきこもって内閉的な生活を送る傾向から、彼を引きずり出してくれるものが何もなく、完全に無駄にされてきたと説明した。一時間の間に、彼は必死に自閉的な子どもの生育史を語った。それは、愚かな自分と十分な刺激を与えてくれなかった環境のどちらかを責めようと、とても強く力説するものだった。彼はまた、子ども時代は一人泣きする傾向がずっとあったと語り、そしてめずらしく笑みを浮かべて、それがむしろ自然だったと主張した。私は、それについて少し考え直してほしいと頼み、不平を言って泣くことを望む子どもが、ひきこもって一人で泣く以外に、どのようにできたというのか、考えてみてほしいと伝えた。彼はこれに答えることができず、私はそのような立場に置かれた子どもの中には、母親に駆け寄り不平を言って、その腕の中で泣くことを選ぶ子もいるのではないか、と提案した。彼の母親は、彼が泣きたかったときに適切な応答を与えなかった可能性があるのではないか、と私は尋ねた。彼は即座に語気を強めて、彼の母親が彼の子ども時代の欲求や不平に対して、決して同情に欠けていたわけではなく、むしろ、彼女は大げさであまりに同情的すぎる応答をよこし、とうとう彼は自分一人で泣いたほうがよいと感じるようになったと述べたのである。ジェームズはこの週に、母親の反応の強烈さが、彼を恐怖のあまり自閉的な生活に向かわせた本当の理由であったということを何度も示したが、これがその最初であった。

ここでジェームズは、このセッションの内容に強い身体的な反応を示している。一方エリクソンは、この行為の対人関係的・操作的な側面に気づいている。

これらのことを話していたある日、患者から血の気と意欲がまるで失せてしまった。彼のまぶたが垂れてきた。彼はイスに座り、ようやく体調が悪いと言った。彼は、集中しようとするたびに頭が痛いので、身体的に悪いに違いないと言った。次に患者はすごく細かいところまでこだわって、彼がはたして身体的に悪いのか、精神的に悪いのかという疑問について、とくに頭痛が彼の脳に実際に損傷があることを示しているのかどうかについて、ことばのやりとりをした。

私は手短に、身体のどの部分についても起こる、実際の神経学的損傷と機能的痛みがどのように違うのかを説明した。約一五分後、別の議論の最中に、患者は突然彼の見て読む能力が実際に干渉されていることに触れた。そしてそれが、自分の脳の何らかの問題を示す症状かもしれないというアピールだということに、自分ですぐさま気づくのだった。いずれにせよ、その時点で、彼は短く、しかし大きな声で笑い、単に私をひっかけようとしただけだと自分でもわかっている、とでも言いたげな目で私を見つめた。

大学時代から、激しい身体的不調をたびたび感じてきたと、彼は訴えた。いずれにせよ、彼がセッション全体を眺めるときの冴えたユーモアが端々で示されたにもかかわらず、患者はひきこもり行為にひたった。それは最後には、自分より強い敵に出会ったときには、彼がいつも退却してしまうということへの、ある種の演技的な自己非難となるものだった。彼はいくつかの競技やテニスの試合などで勝ったことがあると認めたが、それでもやはり、自分のふだんの習性は退却することだと主張し、試合や競技はくだらないものであり、また勝てないと感じるのだと宣言した。私はこの類推を用いて、彼がこのセッションで何をしたのかを説明してみせた。私の指摘は、彼は大いなる熱意をもってやってきたが、他方では心の苦しみに関することを明らかに過度に単純化して話している、というものだった。つまり、彼はあたかも自分の問題への解決策を見つけたかのようにやってきたが、それに私が同意したならば、そのことを口実に私のことは今後信用できないと宣言するつもりだったのである。なぜなら、自分の話が過度に単純化されたもので、真実でないということは、彼自身わかっていたのである。この時点で、私が彼に認めた唯一の点は、人の葛藤を分析して真の意味を見つけるより、ひきこもるほうが簡単であるということだった。このちょっとした頓知《とんち》の試合で私を負かせられなかったことに気づくと、彼は即座に自己非難と自己憐憫にひたった。例えば、自分の脳は物理的な疾患を抱えている、あるいは自分はどんな敵にも立ち向かう価値がないと彼は言ったのだが、同時に、この試合で私が彼を勝たせなかったことに、本当はかなりホッとしているようだった。ジェームズは声高に笑い、彼の治療抵抗についての私の解釈を全面的に受け入れ、儀式的に私と握手し退出したが、扉をくぐる際に一瞬ふり返って私を見た。彼が何を見たかったのかはわからないが、思うに、私が勝ち誇ったり笑ったりしていないか確認したかったのではないだろうか。私はそうしていなかったと思う。

これがその週の何らかの転機になったようである。次のセッションで、患者はスタッフ・ミーティングで話題となった女性の写真を持ってきてくれた。その写真は彼が撮ったもので、写真撮影の才能を示し、そしてフォトジェニックな彼女の顔や体型をよく捉えたものであった。私が患者に、彼女について教えてほしいと尋ねると、彼は単に、彼女はまあまあ好きだが、もちろん彼女と結婚することはできないと語った。彼女が年上であるからだけでなく、彼女と結婚するには彼は病的すぎるので撤退したと言うのであった。

臨床ノート　#5

この臨床ノートからは、図示して物事を理解するというエリクソンの視覚的なアプローチが確認できる。手始めに、エリクソンは生物学的用語である「偽足 Pseudopodiae」を表題に使っている。この名称は、原始的な単細

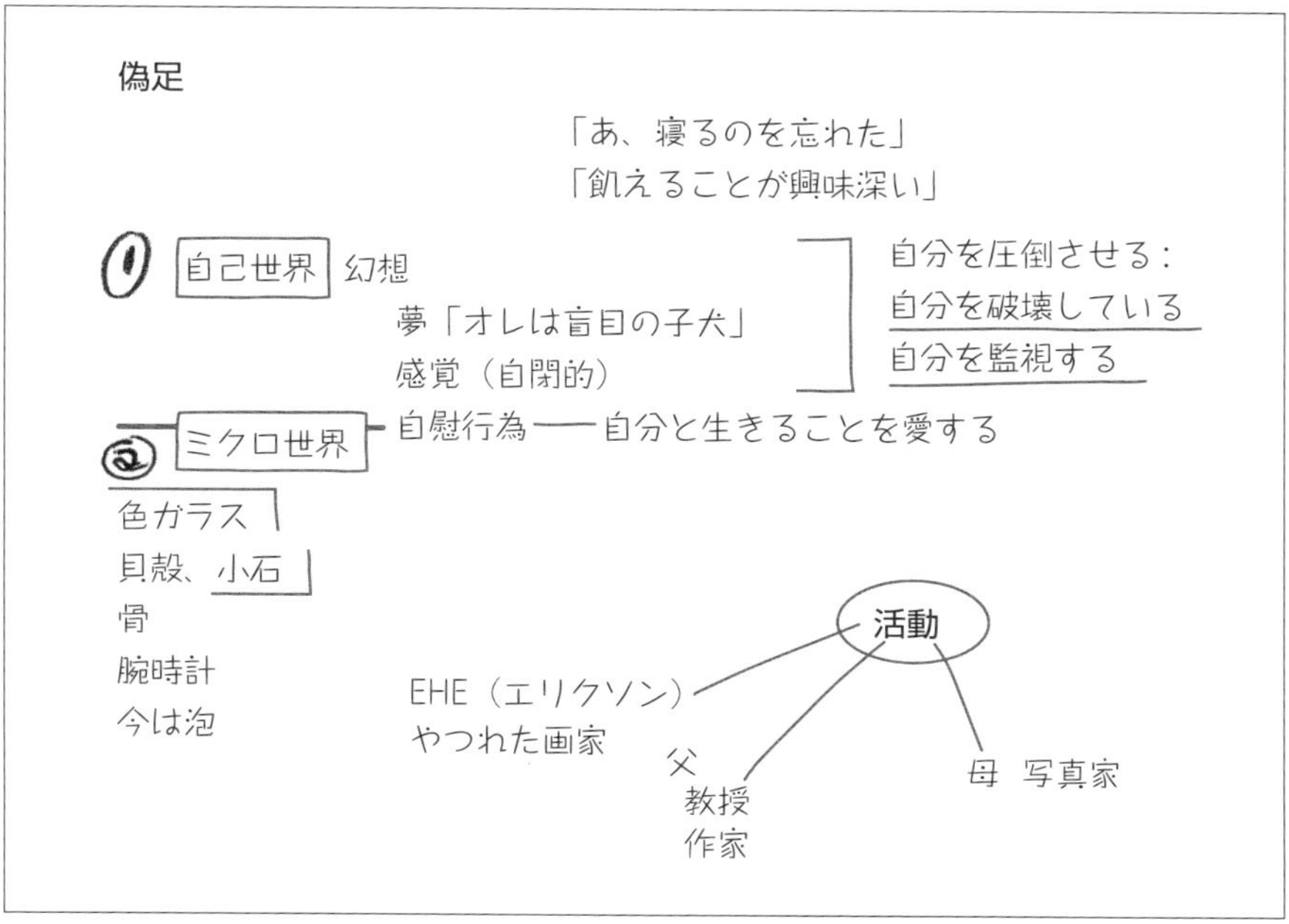

臨床ノート5

胞生物が移動や摂食のために突起をつくることを示している。最初の下位項目である「自己世界 Autocosm」はジェームズの自己愛的・自己志向的な関心と彼の感覚的知覚と筋運動的感覚（例えば幻想、夢、自閉的感覚、自慰行為〈つまり自分自身と生きることを愛しているということ〉）への焦点化を示している。これには、圧倒されること、自分を監視すること、自分を破壊することについて加筆したコメントが含まれている。次の下位項目である「ミクロ世界 Microcosm」には、ジェームズの「活動」の一覧があり、彼の人生にとって最も重要な三人の人物を示している。また、それぞれの存在がジェームズの芸術活動にどのような影響をもたらしているのかについても示している可能性がある。興味深いのは、教授・著述家の父親、写真家の母親と並んで、エリクソンが「やつれた画家」とされている点である。この部分には、ジェームズが個人的に興味を抱く（あるいは夢中になっている）色ガラス、貝殻と小石、骨と腕時計が記されている。この種の物は、幼い子どもが楽しみそうなものでもある。

また別のセッションでジェームズは、とても生き生きと幼少期のエピソードを語ってくれた。彼のおじが、世界初の大西洋間電信が受信された電報用紙の現物を彼にあげると言った。おじは、男の子なら誰でも喜んで受け取るはずのすばらしいプレゼントのつもりで、ジェームズに約束したのだ。しかし患者は冷静に、興味がないと断った。ジェームズが語ったのは、すると母親が彼を二階に連れていき、彼がなんとバカで、他の子どものような正常な興味をもっていないのだと言いながら、文字どおり身体中を平手打ちにしたという内容だった。

次に私が彼に尋ねたのは、彼が自分を完全にあざけっているやり方の多くが、子ども時代に母親によって山盛りにされてきたあざけりの内的な残余物のためだという可能性がはたしてあるのか、ということだった。彼は即座にそれを否定した。彼が言うには、彼から自信と競争心をなくしたのは母親のあざけりではなく、むしろ子どもの頃に彼女がいつでも彼のために尽くしてくれたためであり、彼が自主性をもってできることが何もなかったからである。彼には、自分に意思があるとか、母親が自分を別個の人格として尊重してくれていると感じたことがいっさいなく、幼少期からつい最近まで、彼が何をしても、母親はそれを彼のためにと望むようになるか、あとになってそれは自分が彼に望んでいたことだったと主張したという。

ジェームズは母親が、彼に自分と同じように成功してほしかったのだと主張した。彼女が本当に自分の望むほど成功していたのかという点に私は疑問を呈した。それに対して彼は、多分そうではないが「オレが思うに」(と彼がつけ加え)、「あいつがオレになってほしいのは、自分では絶対になれないと知っているものだ」と言った。私は、この思考の独特の方向性を次のように要約した。どうやら母親は一方で、彼にとてもエネルギッシュに、そして感情的に彼女を好きになるように強制し、それをジェームズは不当な操作であり、ありえないことだと捉えていた。もう一方で母親は、ジェームズが父親のようだと気づくたびに彼をあざけった。その意味では、父親と母親のどちらへの同一化も、彼にはまったく不可能であり、彼はどちらにもなろうとしなかった。彼は自分の回避的傾向を利用して、とうとう自分の最も受動的な内的自己と同一化し、ひきこもって病的でいることで自分のプライドを守った。彼はこの解釈にとても前向きに同意し、家の階段の下で両親が言い争っているのを、上に座って眺めていることに、いかに夢中になっていたかを回想した。私がどう思ったのかは言わなかったが、この記憶は、彼の内的な状態と彼のひきこもった秘密主義的なあり方を、なんと完璧に外在化した喩え話だろうか。つまり、彼の同一化対象の二人が互いに争い、最後には相殺する様子を、彼は座って眺めていたのである。あたかも、取り込まれた二人の親イメージと自分自身を破壊する自分を、座って眺めなければならない人のように。あたかも、母親が父親と自分を破壊するのを、座って眺めている人のように。

別のセッションでは、彼ははじめてセッション中、ずっと目を見開いており、没頭しているようであった。セッションの終了間際で、やっと少し眠たそうになり、ふたたびひきこもった。それは、これらの事柄が彼の苦しみに少しだけ関係しているかもしれないということを理解できたことを、わずかだけ認めるためにそうしていたのである。前回のセッションのとき、患者は私と握手せずに退室したが、そのことに私がどのように反応するのかを見るために振り返った。

治療のこの時点から一年間のノートが確認できないので、一年後のジェームズの夢のノートで再開する。

約一年後、疾病を否認し消滅願望に固執するという当初の防衛は、非常に豊かな夢生活に取って代わっていた。これらの夢では、**大きな空間や自然の偉大な力が支配していた。**彼は津波の危険が迫る海岸に立っていた。彼のいる大きな家の窓から海が入ってきた。何度も何度も、彼は荒波を泳いで島から島へと渡った。彼は家の周りの草地に火をつけ、家の中で焼け死ぬ危険にさらされるのであった。

これらの夢の内容と様式は、彼の両親と次のように関連していることが判明した。力そのものは、保護的なものと危険なものの両方とも、母親を表象しているようであった。母親は、彼を最もも守りたかったまさにそのときに、ジェームズに愛情を浴びせかけた。しかし彼にとってそれは侵入的にすぎるのでで、単に粗雑な力としか体験できなかったのである。明らかとなってきたのは、夢生活におけるジェームズはつねに母親のところに駆け込み、そして彼女から逃げ出すことを繰り返していたことである。ちょうど静かな海が荒れ、避難を求めた家が津波にのまれ、たどり着いたばかりの島が冠水したため、さらに安全な島を求めて出発するように。しかし彼は、たどり着きそうにないと悟るのであった。彼自身、夢の本質を次のように言語化している。まず「子宮は危険。避難（場所）は拘束だ」。これらの夢で体験されたパニックの特徴は、次の夢の断片に表現されている。「オレが逆方向に逃げ出すと、女が見えた。そいつの特徴は実際よりもめっちゃ固く見えた。そいつはオレに逃げろと言いながら、つかまってたが、めちゃくちゃ強くつかんできたからオレは腹が立ったし引っ張られてしまった」。彼はまた、しっかりとした地面を夢見た。そこで彼は長い列をなす群衆の間を駆け抜け、家から飛び出すが、路上の検問に出くわし、家に戻って別の抜け道を探すのであった。これと同時期に、患者は彼の母親の肖像画の長い連作を描いた。当初母親は粉々になった彫刻や巨人として描かれていた。しかし徐々に、ある種の優しさに満ちた女性の顔が描かれるようになったのである。

臨床ノート　#6

このノートに記されたセラピーセッション（臨床ノート6）では、ジェームズの夢が、上述の夢に匹敵するパニックと猛烈さを見せている。彼は車で、ついで自転車で脱走し、そしてバスルームに隠れ、自転車を自分にくくりつけたまま、窓から飛び降りたのである。すると警察官が夢に現れて援助を申し出た。これはより直接的な表現である「落ち着かず、不幸せ」に感じるという内容に移り変わり、最後に「悪夢よりひどい。恐怖じゃな

2月26日　水曜日

I

車で脱走している、自転車に変わり、それを片づけないといけなくなり、バスルームに隠れて、自転車を自分にくくりつけたまま窓から飛び降りて木を伝って下りた。

II

警察官がお手伝いしましょうかと申し出た
（ラスコーリニコフ）

III

ニューヨークにいて、とても落ち着かず不幸
ニューヨークにいて、とても落ち着かず不幸

悪夢よりひどい。恐怖じゃない、
ただ欲求不満なだけ。

臨床ノート6

い、ただ欲求不満なだけ」と記している。エリクソンの最初のスケッチは、切迫して恐怖におののく人を描いているように見受けられる。あるいは、この人物の意味ありげな表情は、電灯が灯ったように、洞察を得たようにも見受けられる。無論ただの落書きにすぎず、とくに意味はないと見る人もいるかもしれない。その絵は、まるで思考がまったくないなかで描かれたようである。この描画のプロセスは単純に、エリクソンの思考プロセスと集中力を増幅させ、活発な精神状態を維持するのに役立っていたのかもしれない。このノートが以降のものと異なる点は、種々の単語の文字を装飾しているところである。このノートはプレイフルな態度で書かれていた

可能性が考えられる。

臨床ノート　＃7

こちらも夢の報告である。この夢でジェームズは、不確かで危険が潜在する登山に挑戦している。この状況は、彼が送ってきた困難な人生と、今なお続く圧倒的な苦闘を表す、実存的な隠喩であると推測できる。たとえ崖の頂上にたどり着いたとしても、彼の「不安」が自分自身を「ふらふらの状態」にしたようであり、その結果が「孤立」であると考えられる。母親に関連する二つ目の夢には、ふたたび孤立のテーマが顕著であり、その結論は「自活」か「無価値な存在」のようである。子宮つまり母親から逃れるための、つまり「無価値な存在」にならないためのジェームズの苦闘は、エリクソンのスケッチが描いたように、相当に苦痛な混乱を生じている。ジェームズは自分が「無価値な存在」として完全に「孤立」して生きる、あるいは「精神病」になる運命にあると感じているようである。無論このスケッチは、目がほぼ閉じていることから、患者の肖像ではないだろう。患者の話を聴いて共感的に反応しているエリクソンの自画像なのだろうか。このスケッチにたくさんの感情が込められていることは明らかである。

臨床ノート　＃8

このノートにも、夢が提示されている。今回ジェームズが報告するのは、事故が起きて大惨事になったことである。懸命に戻そうと試みたが彼の右目が飛び出してしまう。「彼はこの目から自分の睾丸を連想した」。夢の二番目のシーンでは、ジェームズが自分のほうが物知りだと気づいているにもかかわらず、その人のもつ教養に恐怖を抱いている男性と話をしている。三番目のシーンでは、「死を待つ」男性がいる。そのスケッチは重く、死のテーマとつながっているように感じられる。これは風変わりな絵で、人物の顎と鼻がかなり目立って突き出て

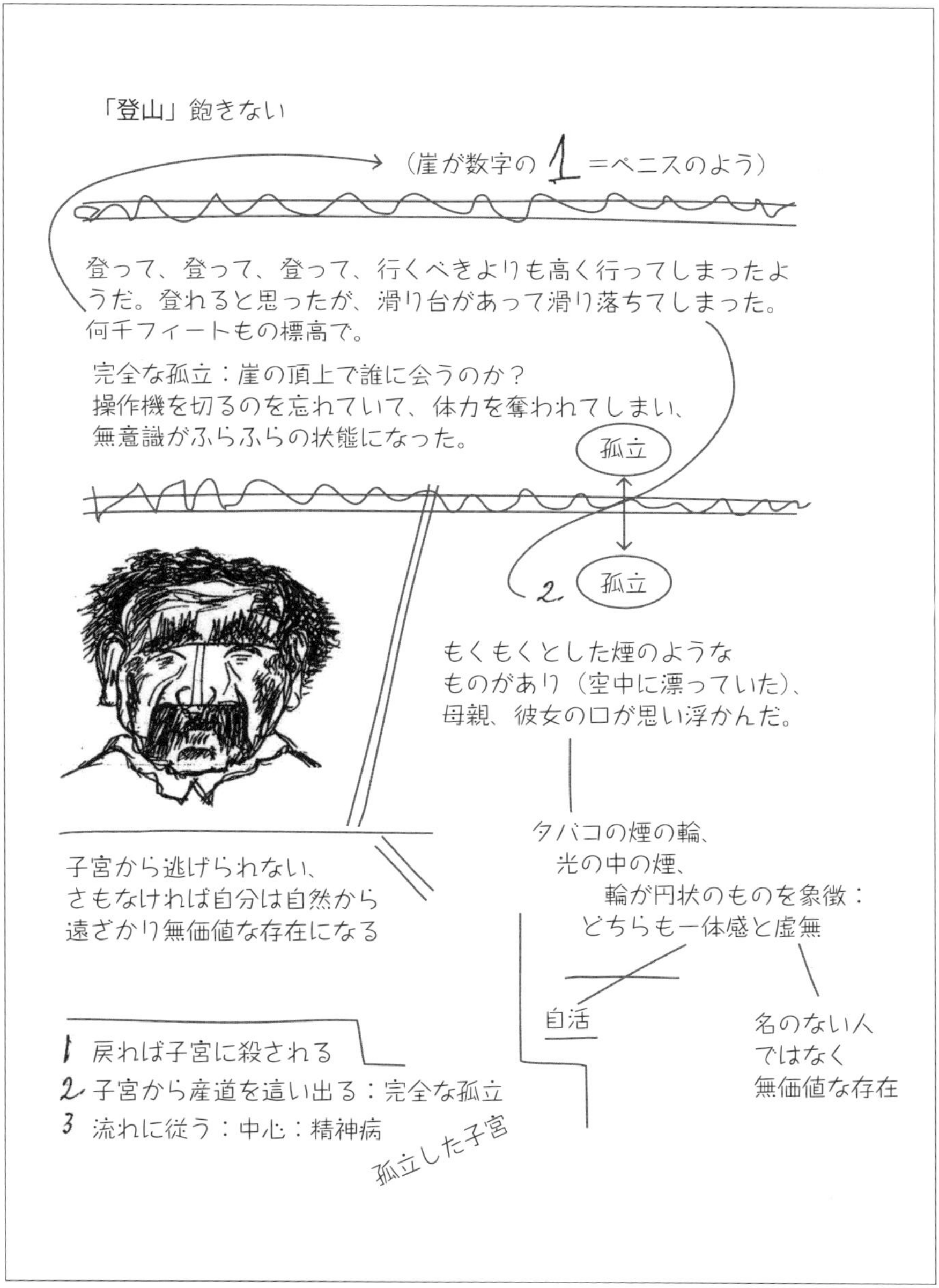
「登山」飽きない
（崖が数字の1＝ペニスのよう）
登って、登って、登って、行くべきよりも高く行ってしまったようだ。登れると思ったが、滑り台があって滑り落ちてしまった。何千フィートもの標高で。
完全な孤立：崖の頂上で誰に会うのか？
操作機を切るのを忘れていて、体力を奪われてしまい、
無意識がふらふらの状態になった。
孤立
2 孤立
もくもくとした煙のような
ものがあり（空中に漂っていた）、
母親、彼女の口が思い浮かんだ。
タバコの煙の輪、
光の中の煙、
輪が円状のものを象徴：
どちらも一体感と虚無
自活
名のない人
ではなく
無価値な存在
子宮から逃げられない、
さもなければ自分は自然から
遠ざかり無価値な存在になる
1 戻れば子宮に殺される
2 子宮から産道を這い出る：完全な孤立
3 流れに従う：中心：精神病
孤立した子宮

臨床ノート7

夢

三つのシーン

1. 事故があり、三つの結果をもたらしたと誰かに教えられた。第3の結果：右目が頬から抜け落ちてぶら下がっている。オレはこれを生きて再体験して、両目が抜け落ちた。一生懸命に元に戻そうとしたがうまくいかなかった。オレは目から自分の睾丸を連想した。

2. オレはある男と話をしていた。彼には教養があるので恐れていたが、オレも対面は保った。彼はオレを無知だと言った。オレはお前がわかる以上に知ってるかもしれないと言った。

3. 人々が祝っているテーブルの席に座っている。ベスト夫人がパーティーを取り仕切っている。オレはとても年老いた男になっていて死を待っていた。他に覚えているのはオレのスツールが低すぎてテーブルに手が届かず、何も食べられなかったことだ。もっと高いスツールが欲しかったのは、死ぬ時がやってきたからだ。死には不思議とロマンチックな感覚にさせられ、まったく怖くないが、それが何だったのかは理解できなかった。

臨床ノート8

生活の領域を概説する：

1. 幻想生活の方がずっと現実的
悪夢を取り上げる
長期間あるいはつねに潜んでいるかのように
悪夢が白日より本当であるかのように

臨床ノート9

いる。大量に描き重ねられた顔の線は心配の線であろうか。それは確かに怖がる・おびえる人を表しており、さらに口の形を加えると怒っているようでさえもある。

臨床ノート　#9

この「生活の領域を概説する」と題されたノートは、ジェームズの幻想生活が「ずっと現実的」であり、彼が悪夢を「白日より本当」であるかのように「長期間あるいはつねに潜んでいる」ものと捉えていることを示している。

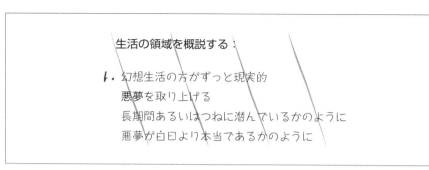

次の段階を迎えた治療に対して、エリクソンはより希望に満ちていることを表明して臨んでいるようである。それというのも、ジェームズがとても多くの点において、とくに自らの創造的・芸術的才能を発揮することにおいて、以前よりはるかに表現豊かになってきたからである。この過程がジェームズの治療と成長に与えた影響を明らかにしてみせるとき、この過程に対するエリクソンの奥深く繊細な理解が核心を突いたものであることがわかる。ここでエリクソンは、自我心理学的な注意深さを、ジェームズの精神病理と人格の解体に対して発揮しているのみならず、治療を患者の内的な力、臨機応変さ、創造的な才能へと方向づけたのである。

ジェームズが自分の世界を創造的な方法、例えば詩、音楽や絵画、そして夢の中で表象することに熟達するにつれて，治療もはるかに生産的になってきた。これらはすべて彼の中にすでにあったものだが，彼がマスターできる媒体をとおしてそれらを表現するのに，誰も手を貸してこなかったのである。その媒体をとおして，いかに，不調和，混乱，不協和音に表現を与えながら，しかも十分な形式を与えるのかは，ある意味で，カオスと形式の間の境界線に立つことのようである。

ジェームズはこれまでまったく手つかずの，また彼に対する両親の野心によって汚されていない才能，とりわけ絵画の才能を開発することができた。教師たちの励ましと技術的な支援によって，彼は大いなる粘り強さとともに驚くべき柔軟性と臨機応変さをもって絵を描くようになった。この時期の治療で患者が獲得できたのは，自分から，母親との病的な共生関係から，そして自立した男性として存在することへの恐怖から，距離を置くことができるという信じがたい能力であった。

自分を詩や音楽をとおして表現するという能力の成長や，そうしてつくられた芸術作品たちは，自分自身に内的資源が存在するという確信を徐々にもたらした。自分の敏感な性質が抱える，潜在的な長所とひどく不利な点について，彼は評価し，話し合えるようになった。また，自分の幼少時の自閉的なひきこもりがもつ，自己保全的かつ病理的な機能についても理解を深めていったのである。

臨床ノート　＃10

臨床ノート10は，ジェームズが自分を見つけて「受け入れ」，そして自分の内的資源やよりよい作業習慣を開発する方法を見つける試みを示したものである。機会を利用しては他者に対して「彼の可能性を押し付ける」ことを強調している。ここでもセラピーの話題が浮上しており，ジェームズがいかに成功を恐れていて，「破壊的欲動と内的アナーキーによる莫大な危険」への不安を経験しているのかについて綴られている。治療関係においてエリクソンは「彼の防衛的欲動を取り去らず」，エリクソンのアイデンティティをジェームズに押し付けず，

・自分を受け入れる
・自分自身の資源を見つける
・作業習慣を開発する
・彼が隣人に対して彼の可能性を押し付けられるようになる
・機会をものにすることによって

セラピー　現在は成功を恐れている
内的アナーキーと破壊的欲動による莫大な危険

転移の例

・彼の防衛を取り去ってはならない
特に、彼が強要したくないこと

例：読書

・彼を競争ができる人と見なさなければ

典型的両価性：私と作曲すること（彼が望むのであれば）

・彼に私のアイデンティティを押し付けてはならない
（教授）

昼も夜も読書、目が赤いなど

~~ひと晩中~~
組み合わせ　成功したい欲求　自己否認の中の
挑発
敵意　わがまま

臨床ノート10

そして「彼を競争ができる人と見なす」ようにと、自分に言い聞かせている。最後に、ジェームズが昼も夜も読書に執着し、それによって自己破壊的な感情が多分にかき立てられるという、挑発的な威力に関する内容がノートに綴られている。

臨床ノート　#11

臨床ノート11の冒頭で、エリクソンはこれが「重要な時間（セッション）」だと表明している。ジェームズが「違う歩き方をし」、「豊かに絵を描く」反面、以前よりはるかに不安がっており、とても疑い深くなっているが、より「構造化されている」と、エリクソンは述べている。エリクソンはまた、治療における対人関係上の

2月

違う歩き方をする、豊かに絵を描く

はるかに不安、しかしより構造化されている

すべてに対して疑い深い

不信感さえある

重要な時間（セッション）

脱構造化との

違いが見える

私との苦闘：

オレは　オレの孤立を完成　させようとしてるのに、

あんたはオレに人とのつながりをもたせようとしている。

時間をかければいいさ

少量の水の染料は大量の水で薄められたときよりも強い

水の量を決めろ

かなり被害妄想的（今は私が侵入してくる？！、

彼を同一視させようとして？）

オレは誰かと競争してるんじゃない

神話的な原理原則　と競争しているんだ。

（私）

（父）

触れ合いはするより、されるほうがよっぽど難しい。

臨床ノート11

苦闘についての見解を綴っている。ジェームズが「オレはオレの孤立を完成させようとしてるのに、あんたはオレに人とのつながりをもたせようとしている。オレは誰かと競争してるんじゃない、神話的な原理原則と競争しているんだ」。この転移的な発言は明らかにエリクソンのことと、ジェームズと父親の関係のことを指していると、エリクソンは気づいている。最後に「少量の水の染料」と、それがいかに「水で薄められたときよりも強さを保てる」かについての見解がある。エリクソンはこの隠喩を、治療関係におけるジェームズの対人関係のもろさと全般的な壊れやすさに結びつけているようである。エリクソンが「侵入してくる」という恐怖から、

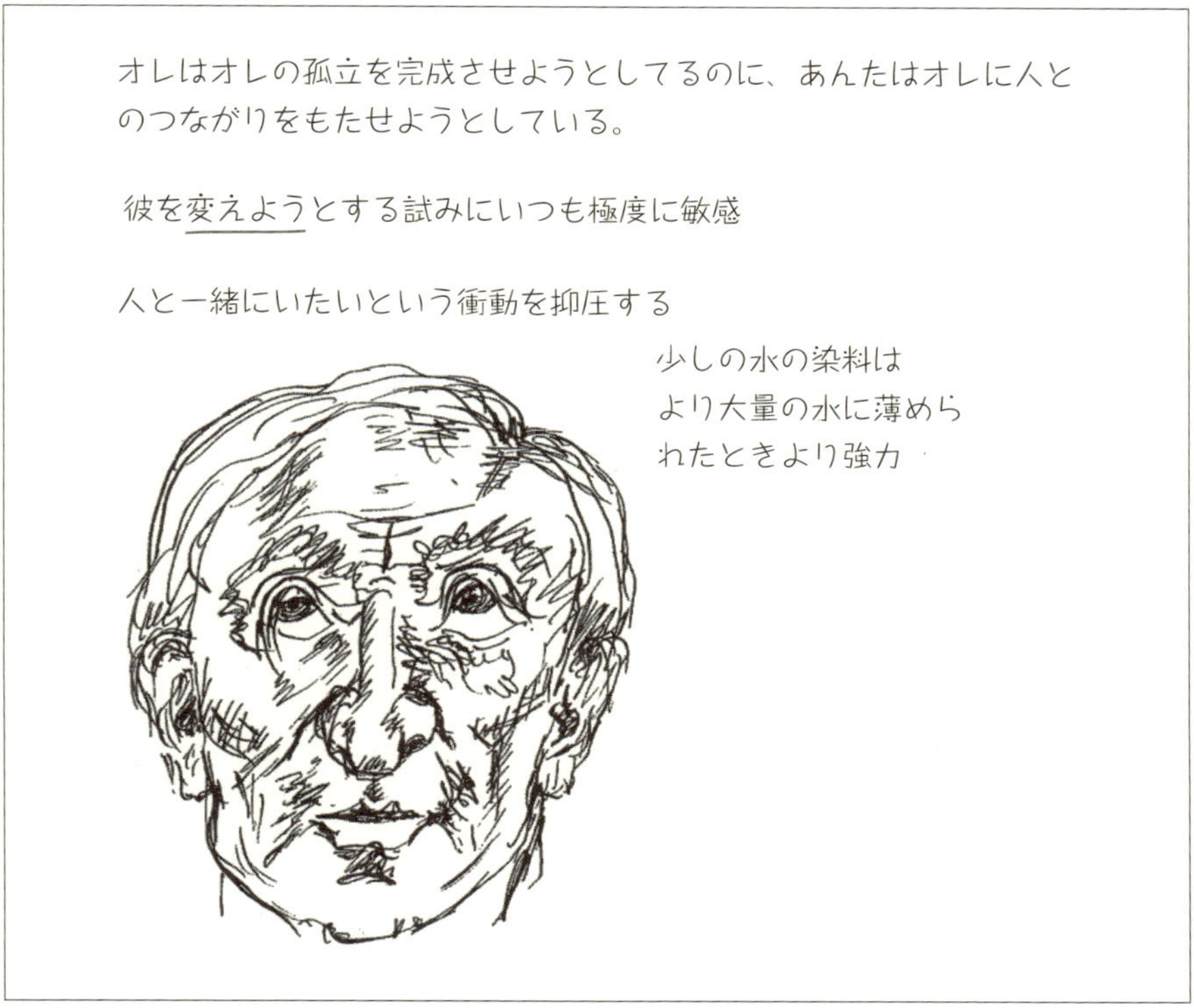
オレはオレの孤立を完成させようとしてるのに、あんたはオレに人とのつながりをもたせようとしている。
彼を変えようとする試みにいつも極度に敏感
人と一緒にいたいという衝動を抑圧する
少しの水の染料はより大量の水に薄められたときより強力

臨床ノート12

ジェームズは被害妄想的に感じているのである。最後は、ジェームズが人間関係の難しさについて、人間的な触れ合いは「するより、されるほうがよっぽど難しい」と言ったことについてのノートである。

臨床ノート　#12

このセッションは前回の続きのようだ。ジェームズはふたたび、孤立する傾向を捨てて、もっと人と触れ合うようにエリクソンからプレッシャーを与えられていると感じている。エリクソンは、ジェームズが「彼を変えようとする試みにいつも極度に敏感」と綴っている。このセッションにもふたたび、ジェームズが対人関係で経験するひどい苦労を反映した、水の中の染料に関する記述が出てくる。強さを保ち対人関係で「薄め」られないことが、ジェームズにとっては必要不可欠である。彼は、人間関係がもたらす感情への負荷に耐えて、自分の立場を失わずにいられるようにならなければならない。この猛烈な感情のジレンマが、エリクソンのスケッチに痛切に描かれている。その人物は、顔に表情がほとんどないにもかかわらず、その目はとても集中し熱心に注意を向けており、そして情け深くもある。感情の欠如と無表情、つまり心ここに在らずの状態か、解離があるかもしれない。エリクソンは治療に対する見解を続ける。

この時点でジェームズは、彼の芸術作品と夢生活が不思議に織り混ざっている性質を示す、二つの夢を見た。まず、彼は「森林に逃げ込むために家から走って出ている」夢を見た。森林は彼自身が木炭色に塗ったかのように見えた。彼はこの紙に木炭を塗った森林に駆け込み、それに近づくにつれて彼は現実に流れ込んでいき出口を見つけることができた。別の夢では、彼の母親が、二人の子どもの遺体が入った半開きの棺の側に立っている。夢の中で彼は二人の子どもが二つに分裂（統合失調した状態）した自分だと気づき、「オレが立ってこの絵を眺めると、まるでオレの母親が否定的な現実で、オレが肯定的な現実であるかのように、その絵自体が現実になった」と続けた。これら早期の夢の形式に関してであるが、嵐や水と火に関する記述は、ジェームズにとって幼少期の最も困難な時代の間、父親が執筆していた詩に綴られている要素に含まれていたものである。

臨床ノート　#13

エリクソンは臨床ノート13で、ジェームズが、テニスゲームを中心に展開する、彼の父親との葛藤と混乱した関係を報告する夢を紹介している。エリクソンのスケッチ画はその関係の激しさを捉えていることが見受けられる。また最後に述べられているのは、食べることが「魂の尊厳を傷つける」というジェームズの発言である。この人物は意気消沈した気分を反映している。興味深い点は、その絵が老人男性であり、少し戯画的でありなが

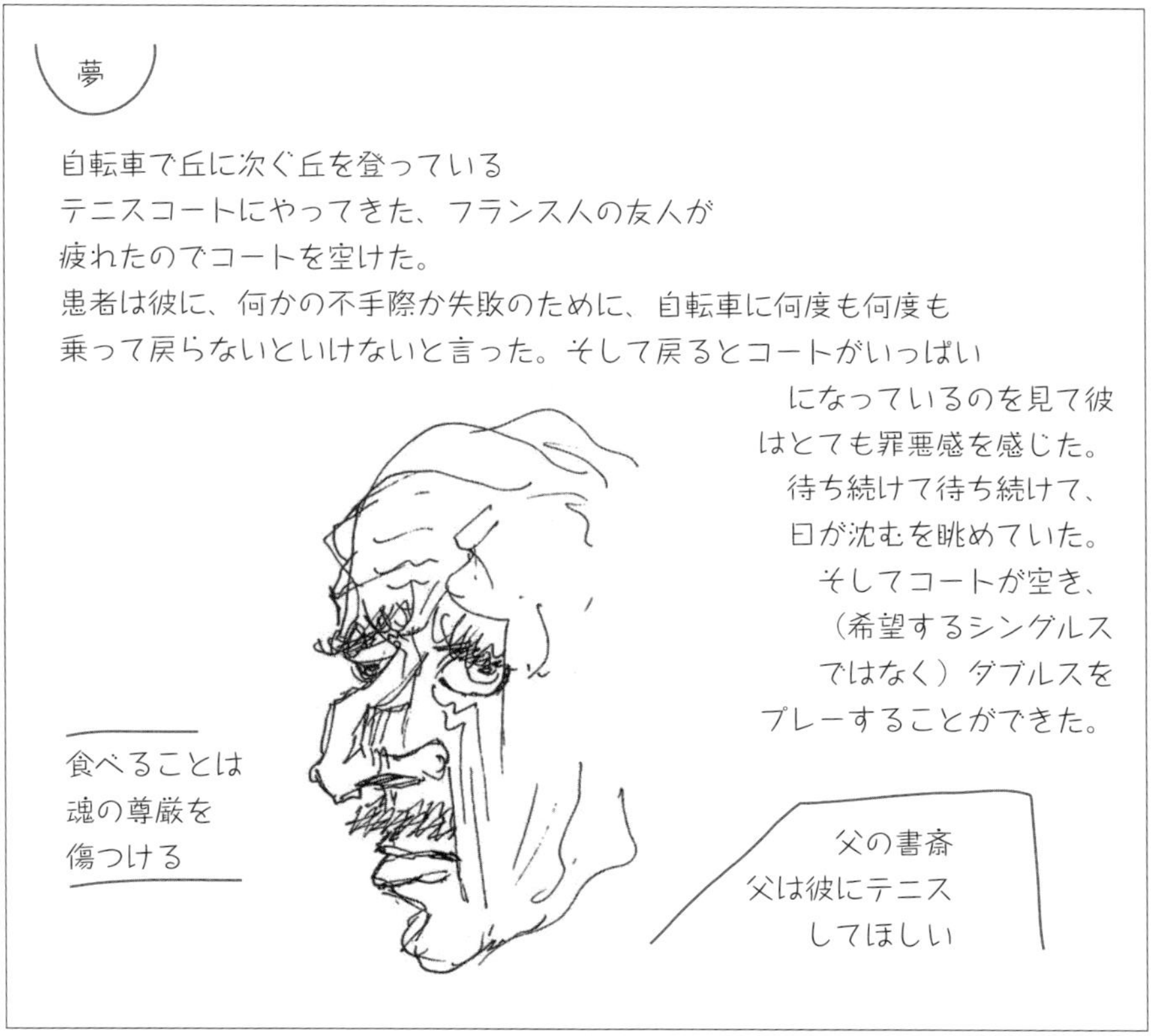

臨床ノート13

ら、顔の筋肉が垂れ下がり、実際に老いの兆しが見られることである。

この次の治療段階の間、ジェームズは受動的な同性愛関係をはじめたことによる、きわめて高い危険にさらされていた。当時のパニックは、彼が（まったく無害な）大きな白い犬に追いかけられメインストリートを走りながら、「誘惑されたくない、誘惑されたくない」と大声で叫んでいたことが目撃された事実からも見てとることができる。このときがある意味で、私が目にしたなかで患者が最も病的であったと感じている。彼は空想的な論理を用いてペニスの存在を否認するよう試みたのである。ペニスは空洞だから実際には女性器で、よって男性性というものはまったく存在しない、と彼は言い張った。彼は、母親はしょせん裏返った父親でしかなく、父親は裏返った母親だと言い張った。同時に彼はすべてに関して父親を許した。なぜなら結局、こんな母親と一緒だと、父親は「完全に愛情に飢えていた」に違いないから。これに関連する父親への怒りについては激しく否定された。しかし興味を誘うのは、この件に関しても彼自身を解放したのは彼の芸術制作と創造性だったことである。彼が芸術家らしく「自分を解放」する、つまりこのような方法によって自分は新しい創造源を手に入れ、そして自律心を吸収していることを発見すると、彼は突然、創造性というものを両親が本当に理解しているのかどうか疑いはじめた。彼は勇気を出して**「オレはやつらとは違うのだ」**と言い、そして単純に創造力だけとると、両親には優れた教授法と広範囲の教育があるにもかかわらず、彼は両親より優れていると証明できるかもしれないと思った。転移関係から獲得することのできた自由の高まりは、ある日、彼が「オレを怖がらせたことはありませんよね、先生！」と言いながら、突然入室したことであらわになった。私たちは全体的に冗談を言い合えるようになり、より対等で率直に話し合える関係になってきており、彼はじきに、彼の最も巧妙に防衛している領域に私が近づきすぎると、（半分冗談口調で）だまれと言い、私が間違っていると感じたときは、強くはっきりと叱るようになった。

臨床ノート　#14

このセッションでは、上述のようにジェームズははるかに障害された（精神病的な）精神状態にある。エリクソンは「私がこの患者を見てきたなかで〔今が〕最も病的だ」と言った。スケッチ画のカウチに横たわる人は、「毒入りの白い塩」が目に入ることを心配し、失明を恐れている。エリクソンは「ジェームズはあるとき「精子が目に入ると失明する」と語った」と言っている。また、ジェームズが「目からミルクが出るかもしれない」と空想したことをエリクソンは綴っている。エリクソンのスケッチ画に描かれた、統合失調症的な精神状態の当

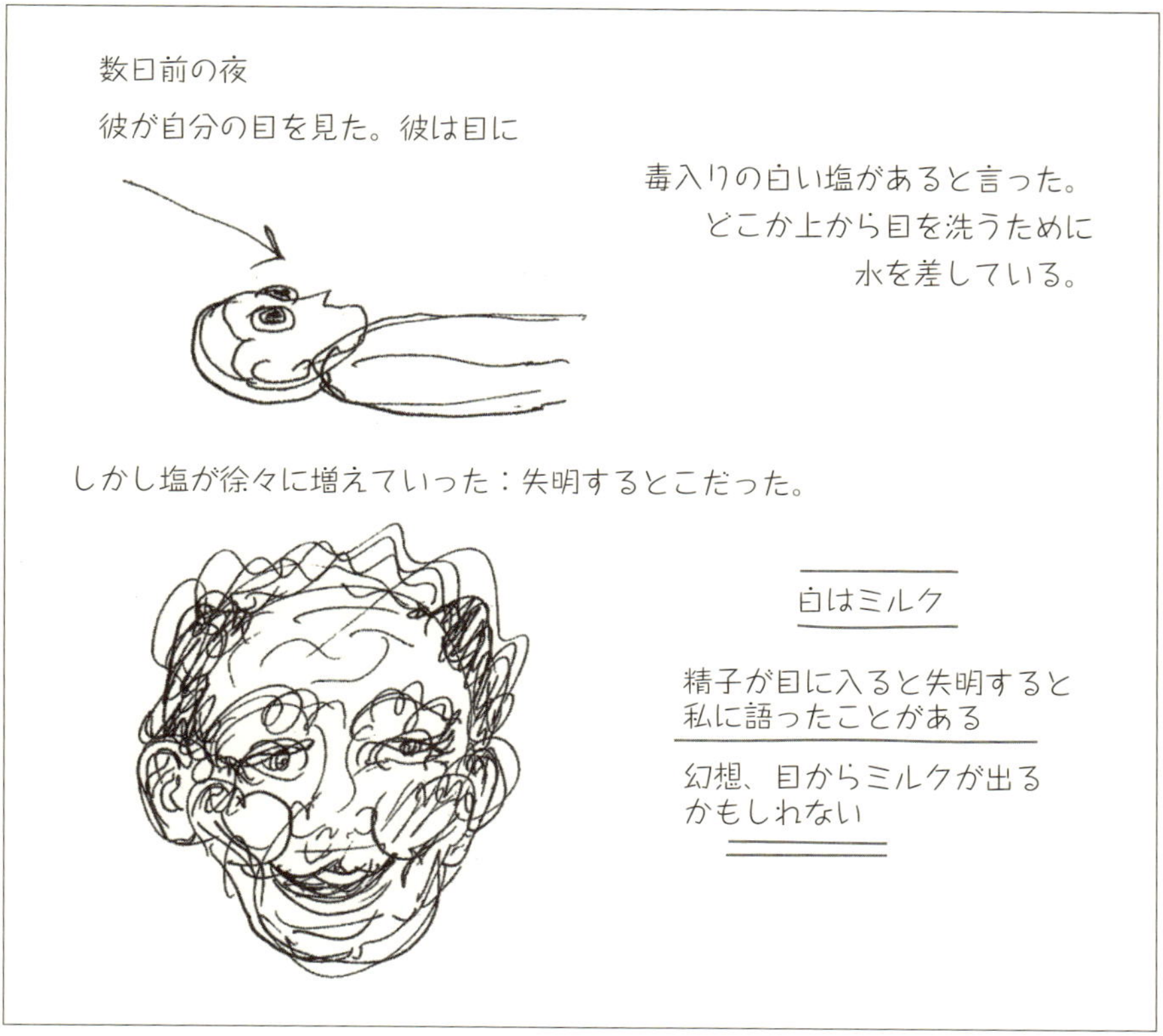
数日前の夜
彼が自分の目を見た。彼は目に
毒入りの白い塩があると言った。
どこか上から目を洗うために
水を差している。
しかし塩が徐々に増えていった：失明するとこだった。
白はミルク
精子が目に入ると失明すると
私に語ったことがある
幻想、目からミルクが出る
かもしれない

臨床ノート14

惑、混乱、不安を浮かべた男性の顔には、その空想のおそろしいドラマの一切が表現されているように見える。

翌年の数カ月間、ジェームズが私を試す機会を得ることになる状況が二回発生した。一つは彼の母親のなかで、私に会って話したいという要求が高まってきたことであった。彼は私を冗談まがいに脅すようになった。彼の母親は待てない、私は彼女の手にかかる、私がうまく逃れていることに彼女は激怒している、そして、いずれ彼女は私を捕まえて懲らしめるだろう。私には彼の母親を避けるつもりも、彼女の圧力にあまりに早く屈して

臨床ノート15

面談するつもりもないことを、ジェームズに示すことは重要であった。

臨床ノート　#15

臨床ノート15はジェームズのとても赤裸々な発言からはじまる。「何をするのか……何につくりあげられるのか……何に見えるのか」。ここに見てとれるのは、自分の壊れやすさやもろさに対するジェームズの深くて永続的な苦闘であり、そして、身の振り方や外界からやってくる衝撃への耐え方をめぐるジェームズのはかり知れない当惑である。ジェームズは次に、両親が面会にくる可能性について言及し、そしてリッグス・センターおよびエリクソンに対するジェームズの「転移」について短いノートが添えられている。

不思議なのは、エリクソンのスケッチ画には、いくぶんか幸せそうに見える笑顔の人物が描かれている点である。この人物が笑っているのは、ジェームズの両親が面会にくるからなのか、それとも、ジェームズの母親とエリクソンの直接対決がとうとう実現するからだろうか。転移の問題がこのセッションで浮上したことから，可能性として考えられるのは，ジェームズがリッグス・センターでの滞在や，進展してきたエリクソンとの関係に気をよくしている，ということである。一方ではむしろ，これらすべての恐怖や不透明さに関連する心配を示した表情かもしれず，このスケッチ画を理解するのは難しい。

エリクソンは続ける。

いろいろの社会的要素への適応の試みを，私が急がせすぎる方向に傾いていると彼が感じるときに，ジェームズがいかに真正の道徳的憤慨をもって，自分を擁護するために立ち上がったのかを目にするのは，相当に印象的であった。そのときはじめて明らかになったのは，この少年が，自分に何ができて何ができないのかを，相当上手に判断できるということであった。また彼には，はっきりとした計画があり，彼はそれにそって自分を実現していき，そして，より高度な社会的要請には徐々に応えていくつもりでいるので，あれこれ指図されることは彼にとって非常に危険なことである。ここで明らかとなったのは，彼が元気だった頃には，彼の母親と父親を退けるのに，かなり効果的なテクニックをもっていたに違いない，ということであった。彼の夢には，ある象徴が繰り返し登場した。それはバイオリンで，彼自身が製作したものであるが，弦が一本しかなかった。ジェームズはこれを，彼が現状では弦を一本ずつしか弾けないことを意味していると解釈した。また別の連想の示唆する解釈は，一本の弦は彼のペニスであり，それをつうじて自分の身体の現実感および快感の可能性を感じることができる，というものであった。これに関連して，自慰行為について話し合われた。ジェームズはそれを「生まれつき」のものだと感じていたようだった。また彼は，内なる平和と世界からの独立を与えてくれる唯一のものとして，それを必要としていた。

ジェームズは明らかに親密な関係を避けており，夢の中でのみ誰かの頬を撫でたが，それも「悪夢よりひどいもの」になってしまった。ときおりの、ユーモアをもって対峙する一対一の状況で、彼に立ち上がらせる、という私の試みの中で、徐々に彼は私から退避するのではなく、むしろ振り向いて戦うようになってきた。彼は繰返し、「オレは自分の孤立を完成させようとしたのに、あんたはオレを人とかかわらせようとした」と言った。私は無論、人にかかわるためには、必要なだけ時間をかけなさいと伝えた。彼は再度「少しの水に一滴の色を垂らすのは、たくさんの水より濃くなる」と言った。そして私は無論、自分の色の純粋さと力が保てると思うだけの量を選びなさい、と伝えた。しかし、彼が将来どうすべきかについて話し合っていたある日、彼が大声を出したときは、私が言い過ぎたと気づいた。その結果、私は、彼が少なくとも今年いっぱいはここにとどまるべきだ、という提案を用意して、両親に連絡をとることに決めた。

臨床ノート　#16

このセラピーノート（#16）は、ジェームズの前進のさらなる兆候を明らかにしている。エリクソンは「現在（彼は）「ことばと文章の正常なつながり」や「人びとがいる」ことは感じるが、（いまだに）「深く抑圧している」」と記している。明らかに、ジェームズにとっては多くのことが起きているのであろう。彼の発達中のアイデンティティに関しては、ジェームズが「今はまるで致命的な穴の空いた鉄片のように感じる」ことや、その穴は「元に戻せること」、そして彼が「書き出すことで、問題をよりよく理解しようとしている」とエリクソンは述べている。いずれにせよ、ジェームズはいまだに深刻で命にかかわる葛藤を抱えており、「破壊と創造の膠着状態」は続いている。加えて、ジェームズは、見られたくないという熱望とともに、彼自身の肉体的存在に反旗を翻されると語っている。面接のセッションは、ジェームズが「元の状態」に戻ってきているが、人に「自分の作品を好かれ」たくない、というエリクソンの観察で締めくくられている。つまり彼を尊敬し、彼の芸術的創造の価値を理解すること、したがって何らかの個人的なつながりを彼ともつことは、とても壊れやすいアイデン

現在ことばと文章の「正常なつながり」を感じている
人びとがいるが深く抑圧している

アイデンティティ
今はまるで致命的な穴の空いた鉄片のように感じる、
今は穴が本当のものではなく、（できるとすれば）
長い時間をかけて元に戻せるものと信じている

書き出すことで、問題をよりよく理解しようとしている
短期には致命的かもしれない、何年もかかるだろう

破壊 ― 創造、膠着状態：

ネガティブ
肉体的存在をもつことへ
彼は完全に反旗を翻す
見られたくない。

元の状態に戻ってきている。人に自分の作品を好かれたくない。信頼は理解と同時に起きる。

臨床ノート16

ティティしかもっていない彼にとっては、大変な脅威となるのである。

臨床ノート　#17

この面接セッション・ノート（#17）では、ジェームズが、しばしば「バラバラになってしまう」という事実にもかかわらず、「楽観的でいようとする」。同様に、自作の詩にも、彼はより希望のもてることばを加えるように努めている。彼は最初に、過去の悪事への和解や償いを試みている様子からわかるように、「贖罪の感覚」に触れている。そして次に、自分の仕事にもっと「信頼」を込めたいという願うことに内容をシフトしている。それは彼がもっと自信を感じられるようになった兆

してある。このセッションで不可解な部分はエリクソンのスケッチ画である。どちらの顔もかなり風変わりである。目が際立っており、また表情は深刻、無感情、宇宙人みたいで、そして骨ばり、やせ衰え、死人のように見える。これらの描画が患者について、あるいはこのセッションの内容や情緒的味わいに対するエリクソンの反応について、何かを明らかにしているのかについては、何を言おうとまったく憶測の域を出ないだろう。

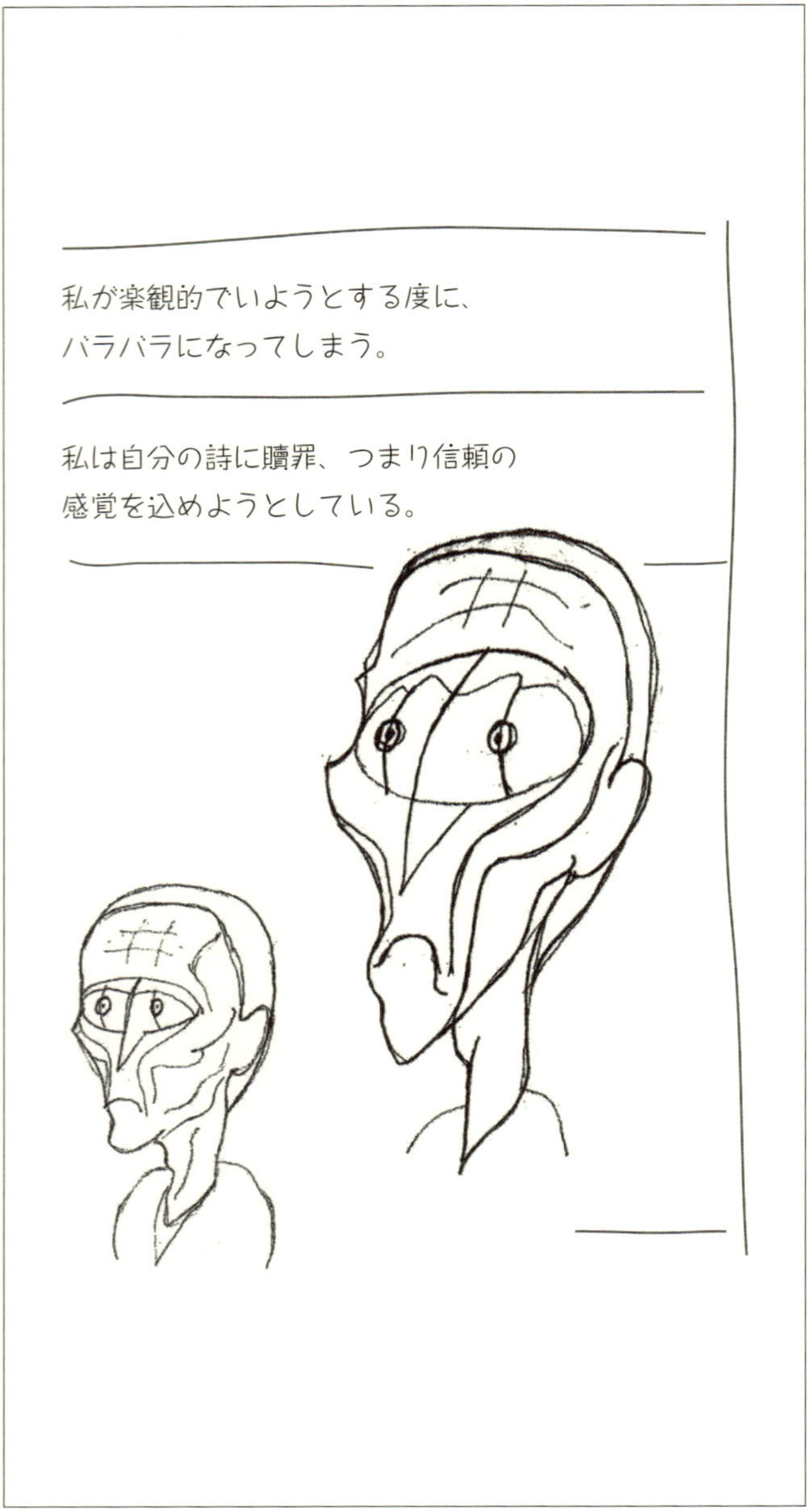
私が楽観的でいようとする度に、
バラバラになってしまう。
私は自分の詩に贖罪、つまり信頼の
感覚を込めようとしている。

臨床ノート17

1) ストリンドベリ　デンマークの劇作家

2) アンドレ・ジッド　背徳者　恥ずかしくて認めたがらない

3) 今はピアノをはじめている、次はチェロをはじめたい
次は○○をはじめたい

本
レコード
事実
} リスト＝築いていくための枠組み

勢いが高まると、止められない。

急に先へ飛ぶ：すると自由に読むことができ、
自発的に（自分を騙して）、そして気づき、
すべての文字を一文字ずつ眺めて、
中止しなければと感じて、落ち込む。
彼がどれだけ覚えていたのかに驚いた
名前に気づき、名前、あるいは事実をことば・単語にして復唱した。

試験の時にそうしていた
目の疲れ がそれと関係している

臨床ノート18

臨床ノート　＃18

これは前進の兆しを示す別の面接セッションのノート（＃18）である。ジェームズが報告しているのは、彼が読書を増やしたことや、そのうちチェロを弾きたいと思いながらピアノをはじめたことである。「本、レコード、事実」と最近の活動をあげつつ、ジェームズは、高まる「勢い」が内的に育っており、それが彼にとって「築いていくための枠組み」をもたらしていることを強調している。彼はまた、より自由かつ自発的に読書していること、そしてどれほど実際によく覚えているのかに気づいて驚いている。スケッチ画は他のものと比べ、より発展しており、希望に満ちているが、ジェームズはこれが自分に情緒的

な負担と不安を課していることをほのめかしている。エリクソンのこれまでのスケッチ画が示してきたように、この絵も激しさと心配した状態が描かれている。ジェームズはそれを**「目の疲れ」**と呼んでいる。

臨床ノート　＃19

ジェームズは、彼の治療におけるこのポジティブな時期（臨床ノート19）に、夢を報告しており、それは、現在の彼の情緒状態のよりもいっそう健康的な姿を示している。彼は最初に、その夢がいかに「オレの感情についての夢の現実を表現しているか」と前置きをしている。彼は、自分の夢生活が、アイデンティティにおける重要な側面であり、そして人としてどのような存在であるのかにとって必要不可欠な、彼の情緒的な「現実」の要の部分であるということを、認めているようである。治療の初期に見られたような、波乱に満ちた無秩序な状態とは異なり、夢はかなり普通で日常的なものとなっている。

夢は音楽に焦点づけながら野外の円形劇場の中からはじまり、すぐに母方の祖父が暮らす、マサチューセッツ州のとある町のとある場所に移動する。「コミュニケーションへの双極的な失敗」によって生じたという、母親とジェームズの発言に表される、何らかの「失敗」が記されてはいるが、この夢の情緒的温度はかなり落ち着いており、穏やかである〔訳注：ノートからは双極的 bipolar ではなく、絶望的 *hopeless* と読める。つまり「ブツブツ言う」ことが「コミュニケーションの絶望的な失敗」と理解できる。また、ガウンの男性は失敗の主として、母親か母親の父親（祖父）を連想させる〕。エリクソンのスケッチは、祈るような姿勢をとった長いガウンの男性を描いているようである。ジェームズの治療への関連性、あるいはエリクソンの個人的な反応への関連性は、私にはよくわからない。

エリクソンは続ける。

その間、ジェームズの芸術活動は毎日毎日、卓越したレジリエンス、そして驚くべきバリエーションとエネル

（オレの感情についての夢の現実を表現しているが）
野外の円形劇場で、ヴィヴァルディ、そしてアルバン・ベルクをあげて、
人びとにどのレコードを買うべきか教えている、
突然特大のトラックを運転して、レコードを何枚か買いにニューヨークに
向かっている。シーンが変わって、自分自身の家（原文のまま）はマサ
チューセッツ州マリオンにあるようだった。

誰かがブツブツ言っている―― これはコミュニケーションの
絶望的な失敗。

母の父親が
マリオンに
住んでいた
（母に象徴
される失敗）

臨床ノート19

ギーをもって続けられた。彼はよく「オレは生きていないものを描くことでしか、何らかの秩序を見つけられない」と言った。あるとき彼は「絵の中にいる人間の輪郭が手を上に伸ばしている」ことに気づいた。また別のときに彼は「無秩序なようなものがまとまってきていて、二本の腕のつけ根と口付きで人の形だとわかる」ことに気づいたのである。徐々に、人間の形が定期的に立ち現れるようになった。そして、風景画にさえ、「外的世界に手を伸ばす」ことが見られるのであった。

ジェームズは、人の顔を（創ることに）途方もなく苦労していることについて、とくに「笑わせて性別を与える」ことだと語った。描画は当初、自分自身の自己イメージと混乱したセクシャル・アイデンティティの苦悩への対処にともなって、両性具有的であった。時間の経過とともに、このような苦悩はきわめて劇的にかれの夢に登場した。興味深いのは、母親を描くにあたって、彼はその目を描くのに困難を覚え、彼女を笑顔にすることができなかった。あるとき彼は沼地を描き、私に「これがオレの母親のイメージ……気をつけないと、沈んで消えてしまう」と言った。またあるとき、彼は誰かに詩を贈り、自分を手放してしまったとしてひどく動揺し、絶望的になった。彼は、「最後に自分に対して裏切り者になって、自分を手放し、自分の中核を手放してしまうなら、何の生きる意味があるのか」と言った。

ジェームズの物事への取り組み方を、治療の中で信頼して受け入れることは大切であった。私は徐々に、彼の早期の自閉が彼を傷つけただけでなく、じつは彼を救っていたということ、そしてあの母親と父親の間にあっては、感覚的な宝物を自分の内に育むよりほかに、選択の余地は実際のところなかったということについて、彼の同意を得られるようになった。彼の内的世界を受容することは、現実をはるかによく理解し、自分の人間関係においてきっと大胆になれる可能性を与えてくれたのである。

ジェームズの頑固で執拗な生活での打ち込みは、ピアノへの没頭であった。他の患者やスタッフが証言するように、彼は信じられない粘り強さでピアノを練習した。同時期に彼が書いた詩には、とくに、彼にとってフーガを弾くことがどんな意味をもつのかが綴られていた。それは，時計，とくに彼のおじいさんの（振り子）時計に対する自閉的な興味が，ここで呼び醒まされ，彼は時間を理解し経験をよりよくつなぎ合わせるための，新しい媒体を自分に与えていたように感じられる。彼の言い方は，「オレにとっての時計は，単によりまとまりのいい母親の象徴でしかない」だった。

彼の治療で最悪の時期に，どのようなセッションが続いたのかについて述べたい。ジェームズのものすごい頭痛や，とてもひどく赤くなった目に対する，彼自身の解釈に触れたい。彼はつねに，そうした状態を，まるで車のワイパーのように瞼と額の筋肉を動かすことで一掃しようとしているようだった。当時の彼は，自分の脳の大きな部分がまったく生身で，あらゆる場所からやってくるあらゆる攻撃にさらされていると語った。また彼の目が赤いのは，自慰行為の直接の影響に違いないとも言った。明らかになったのは，彼にとって赤い目は，じつは血を流しているヴァギナの表象だったということである。このようなもっぱらセクシャルな患者の解釈には，私は（部分的に同意したとしても）努めて再解釈するようにしてきた。ジェームズがいかに，積極的かつ意図的に，そして部分的に，現実つまり物と人から成る世界からの攻撃がつけいる隙をつくっているのか，ということを私は示そうとしたのである。それは，自分が競争心を抱いて男らしさを主張するという危険を冒さないための安全策であった。

臨床ノート　#20

臨床ノート20は，「男になる」とはどういうことか，そして「自分らしくある」ことで，それをどのように実現できるのか，についてのジェームズの発言ではじまる。焦点は明らかに，彼の自己の，ないしセクシャルなアイデンティティに関する深い苦闘にあてられている。「異性愛」者であることや，エリクソンに「立ち向かう」ことが，いかに彼を導き強くするか，という疑問や，彼のアイデンティティは女性的なのではないか，という疑

自分らしくある、男になるとはどういうことか

異性愛者　？

私に立ち向かう
自分を導いている
しかし：　♀（女性）

芸術家には選択肢がある

現在　母　割れた花瓶！

母は面会したい

オレの競争相手は人じゃなく、神話的な原理原則だ

危機

どうして人は癌を楽しめないかわからない
もし癌が　1) 美しい色をしていたとして
2) 癌を生命（成長）の一種と捉えたとして

母親の面会後（母は「正気を失った」振る舞い方だった）

132 -156
赤い目をしたニンフ　－彼の赤い目　－月経
手とロウソク：親指を見て
自己愛　把握することができない
話し合ったこと　命をつかむこと
自己保全
破壊は身体にではない
しかし、形態の退行―― 世界から（離れて）安全
非社会的行為：皆に見られるもの

臨床ノート20

問があるようである。エリクソンは太字で「**芸術家には選択肢がある**」と書いており、それはまるで、ジェームズは自身のセクシャル・アイデンティティを進化・発展させつつあり、いまだにそこには選択の余地があると示唆しているかのようである。

次に、このセッションの焦点が劇的に転換し、ジェームズの母親の訪問と「割れた花瓶」に関する何事かについて、そして母親がいかに「正気でない振る舞い方だった」のかについて言及がある。エリクソンが「危機」があると記している理由は、「オレの競争相手は人じゃなく、神話的な原理原則だ」というセリフをジェームズが今また繰り返すようになったからである。このセリフが、彼と母親との関係性に言及したものであることは間違いない。このような情感の変化にジェームズは揺さぶられ、心理的均衡と心の状態に劇的な影響をもたらしている。それは彼の自我機能の破綻を招き、彼は悪化、退行しているようである。彼は癌《ガン》について話しはじめ、「どうして人は癌を楽しめないんだ。癌には美しい色があるし、癌を生命……成長の一種と捉えることができるのに」と述べている。またジェームズは、「赤い目をしたニンフ」と月経の関係について話しはじめる。その他の発言は、「自己保全……命を把握すること（と）つかむことができない」ことや「世界から（離れて）安全」などである。エリクソンは続ける。

ある朝、私は早めにオフィスについた。するとジェームズは木陰に隠れていた。木陰から出た彼は恥ずかしそうな笑みを浮かべた。また、ひどく充血したような目をしている。彼は、あまりに暑かったので雪で洗ったと言った。彼が、目をわざとできるだけ充血したように見せようとしていることは至極明白だった。私は彼に、朝目を洗うのはよい考えであるが、外気のもとで洗うと風がもっと刺激してしまうのでやめたほうがよいだろうと言った。彼は同意し、私に「あなたも今日は少し疲れているよう見えます。誰かあなたの面倒を見る人がいたほうがよいのでは」と言った。この傾向は彼が去年示したものと同じであった。私が旅行に行ったときに、彼は私が自分のことを心配しすぎていると感じていた。当時も、彼は話をひっくり返して自分は大丈夫だから心配ない、休暇が必要なのは私のほうだと言った。

その日のセッションでは、彼にとっては、マスターベーションがじつは月経だったことを、今になって確信できたようだ、という発言を切り出した。彼は、少年時代に母親の月経血を目撃した可能性がかなり高く、それが現在の自慰にまつわる空想の根幹であると思っていた。私は彼に、マスターベーションと月経の違いがどのようなものか尋ねると、彼は次のように羅列した。第一に「何かがおかしい」、第二に「それはあたたかい」と言い、「人がマスターベーションするのは、じつはあたたかい母親とより近くで触れ合いたいからか、そんな触れ合いを十分もてなかったから」とつけ加えた。第三に「それは放出」。第四に「マスターベーションするとき、人は女みたいになる」。第五に「月経で女は卵を放出する。マスターベーションでは男が精液を放出する。どちらも不毛な感じがする」。第六に、彼にとって明白だったのは、彼の「充血している目は血を流しているヴァギナの象徴」であったことだという。これに関連して、この数週間は彼の目の充血が随分減っているのが興味深いところである。それはまた、彼が持論を擁護しなければならなかった理由と、目を雪で洗って赤く見せようとしたという告白強迫が説明可能になることでもある。そこで彼に、どのような方法で自慰行為をしたのかを尋ねると、夜寝る前にする活動だと説明してくれた。彼はうつぶせになり、手を使うことも摩擦や動きもほとんどなかった。彼はそこにただ寝そべり、ペニスはほとんど勃起せずに下を向いていた。彼の空想は、自分を自己愛的に眺めている、というものであった。これは彼の額をとても熱くした。彼のこの自己露出癖は、彼がペニスを両脚に挟んでいる姿を想像することから、じつは自分自身についての関心であることが明らかとなった。彼は自分の手を使ってマスターベーションすることは不快で耐えられないことだと述べた。彼がマスターベーションの中で浸るまた別の空想は、たくさんの少年たちに臀部を次から次へと叩かれることであった。もちろんこれは彼の大学でのパニックを思い起こさせるものであり、以前に述べたように、彼の統合失調症的な崩壊に大きな役割を果たしたと、私は確信している。彼はいくぶん恥ずかしそうに、一度ペニスから排便した夢を見たこと、そしてときおり女性のヴァギナにナイフを突っ込んで切り裂くという暴力的な攻撃を加えるという空想をすることをつけ加えた。現在、彼は女性を腰から描こうとしている。腰の片方は陰になり、もう一方は明るく、その境界線がまるでその「女性を切り裂く」ように貫いている。

私にとってこの面接の最も特筆すべき点は、ここ数カ月の間にセクシャルな話題を扱ったときと違い、彼がまったく恥ずかしがってふざけなかったことである。彼はこれらの話題について話せるだけでなく、そのようなセクシャルな行為が正常なものからいかに離れていると思うかをかなり明確に説明してみせた。つまり、彼は自分の病理とほとんど現実的な態度で向き合えるようになり、同時に、自分がどのくらい病んでいるのか理解し、そして徐々に、健康ということの意味を感覚的につかめるようになってきた。私が希望するのは、ジェームズが治療というものから、どのくらい程遠いのかについての私の理解を、彼に示す必要にはないということである。しかし同時に、彼が自分を治療しようと、むしろ誠実に粘り強く努力しているということを理解することも、また重要であるだろう。これが、私がさまざまな傾向を、ゆっくりだが明確に前進していることを示す方向にあると理解する所以である。

この例は、このような患者に対して解釈を与える際に必要なバランスをよく表している。一方で性的象徴（去勢かもしれない）がセラピストから過剰に強調されると、患者は危険な状況にあるという魔術的な感覚を助長するだけである。他方で自我への脅威を表すものとして伝えられることが、実際は性的意味を安全に話し合うための条件なのである。

二つの出来事によって、ジェームズの現実検討力が、少なくとも部分的には向上しており、一部は以前の水準に回復してきているという確信を得た。一つはすでに示したように、自分がリッグス・センターにとどまるべきだと彼が両親を説得できたことである。もう一つは、ジェームズと父親が会話したことである。ジェームズが父

言語項目を覚えられない
ことばを使ってコミュニケーションがとれない
自分の座を立ち退く
父に降参することが恐ろしい
ー自分らしくいられない。ー 罪悪感
ー彼に優位性を与えなければならない
父：何も理解できなければ、ともかく座って自分に強制しなさい
規律
父の権力が彼を支配：父が自分に望むことをするふりをしなければならない（転移している）

臨床ノート21

親とまっすぐ、そして勇敢に向き合ったことは疑いの余地がない。

臨床ノート　#21

ノート21の臨床セッションでは、ジェームズが自分の気持ちを表現するうえでの、全般的な欲求不満を打ち明けている。なぜなら、彼は「言語項目を覚えられない、（そして）ことばを使ってコミュニケーションがとれない」からである。これは彼の父親との関係についての、さらなる内省につながっている。それは、父親に「降参する」ことがいかに恐ろしく、そして「自分らしくある」ことがいかに難しいかについてであった。「罪悪感」を抱き、相手に「優位性」を与えてしまい、自分の「座を立ち退」かなければならな

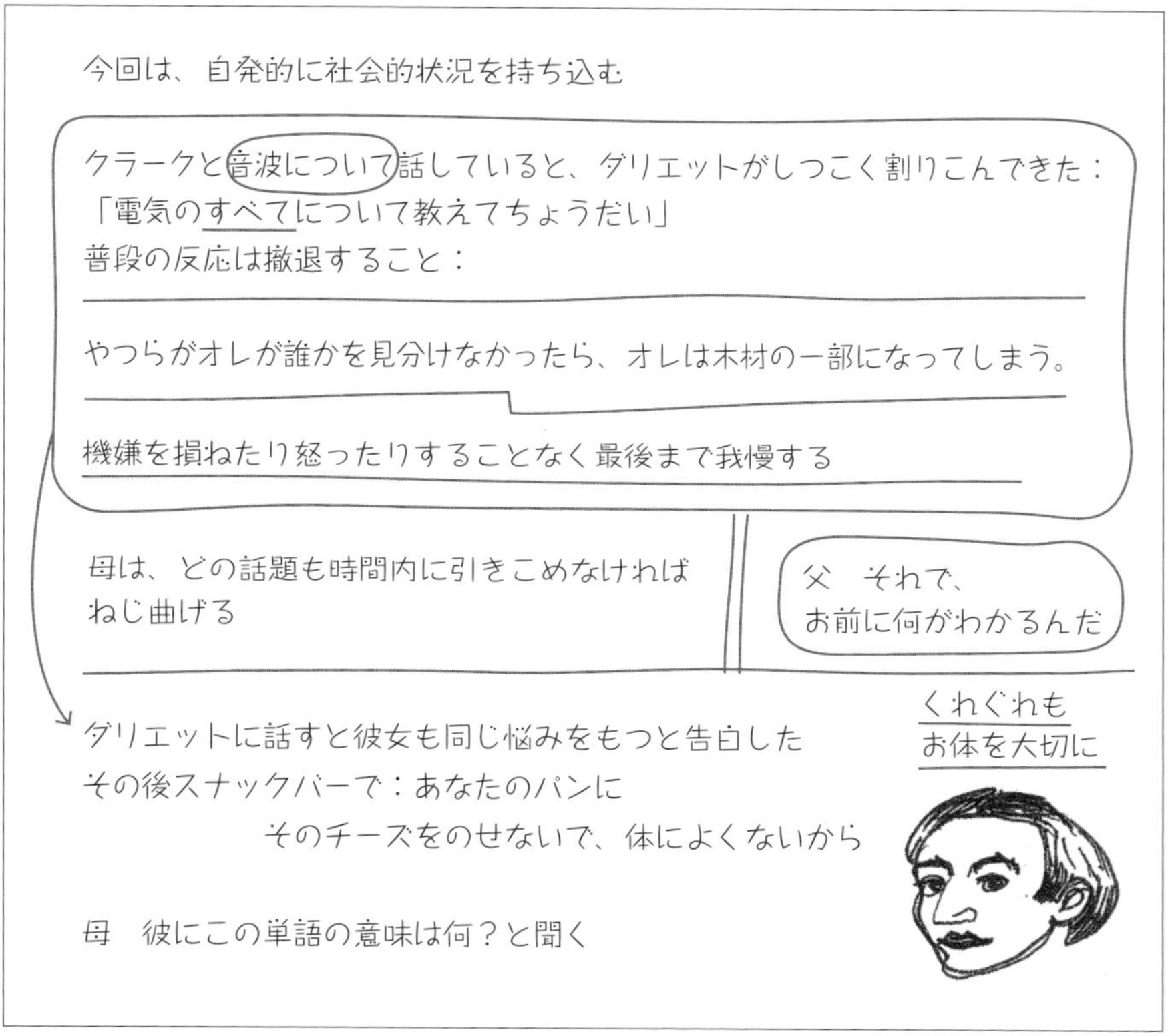
今回は、自発的に社会的状況を持ち込む
クラークと音波について話していると、ダリエットがしつこく割りこんできた：
「電気のすべてについて教えてちょうだい」
普段の反応は撤退すること：
やつらがオレが誰かを見分けなかったら、オレは木材の一部になってしまう。
機嫌を損ねたり怒ったりすることなく最後まで我慢する
母は、どの話題も時間内に引きこめなければねじ曲げる
父　それで、お前に何がわかるんだ
ダリエットに話すと彼女も同じ悩みをもつと告白した
その後スナックバーで：あなたのパンに
そのチーズをのせないで、体によくないから
くれぐれも
お体を大切に
母　彼にこの単語の意味は何？と聞く

臨床ノート 22

かった。父親がジェームズに集中力をつけさせようと試みるときにとった方法は、ジェームズに「自分に強制しなさいと……まるで単なる規律の問題であるかのように」指示するというものであった。父親の「権力」が彼を支配していることで、ジェームズは「父親が自分に望むことをするふりをした」。興味深いことに、スケッチの男性像から伝わる全般的な感覚は、強烈さ、権力、コントロール、そして威嚇である。

臨床ノート　#22

エリクソンが言及するのは、今ではジェームズが自発的に社会的状況をセッション（に導入し）、ある人物との最近のやりとりをエリクソンに伝えていることであ

る。例えば、その人とは電気について話していること、そして以前だとそれがいかに自分の退避する原因となっていたかについてである。ジェームズは次に、「やつらが誰かを見分けなかったら、オレは木材の一部になってしまう」。明らかに、彼の対人関係上の壊れやすさは深刻であり、彼がある程度認められ受け入れられることが必要不可欠である。それにもかかわらず彼は、「機嫌を損ねたり怒ったりする」ことなく「最後まで我慢した」と、かなり見事に、ここで主張している。続いての記載はジェームズの、両親との心を乱す難しいやりとりに関する言及である。両親は彼が話す内容を「ねじ曲げ」て、（母は）物事の意味について疑問視し、（父は）彼が知っていることに異議を唱えるという。これは友人が「くれぐれもお体を大切に」と言ってくれて、彼を気にかけ、健康な食事をとるように面倒を見てくれることとまったく対照的である。興味深いことに、エリクソンのスケッチは、冷たく、不親切で、批判しがちな女性のように見える。

臨床ノート　＃23

このセッションで浮かび上がる疑問は、ジェームズの母親がはたして「俗物のスノッブ」なのか、である。続いて、「ただの人」であることについて、また「大物」か「ただの人」のどちらに自分はなるのか、大物になりたいけどただの人になるかもしれない、といった彼の内面における終わりなき論争について、ふたたび言及されている。この深刻なジレンマは、ジェームズの母親との関係によって相当に影響され、支配されているようである。

臨床ノート　＃24

次のセッションでは二つの夢が報告された。一つ目では、ジェームズは「統合失調症の状態で」誰かを殺し、「精神異常者の施設」に送られた。自分の運命を心配し無力感を抱きながら、彼は自分が「病気による無垢な犠

母＝俗物のスノッブ？　実はそうではない

ただの人になるなど ＝＝

母に反対する ─ 大物
　　　　　　 └ ただの人

母　大物になりたいがただの人になる

臨床ノート23

ジェームズがエリクソンに贈った数枚の絵画のうちの一点

夢

精神異常者の施設に送られるために家を出なければならなかった。統合失調症の状態で誰かを殺したのだ。しかし統合失調症健忘でそのことを知らなかった。自分の気持ちにまったく反していたので無力だった。病気による無垢な犠牲者だ。とうとう、歩いていると車が横につけて白衣の男たちが降りてきて、私は彼らに優しく手錠をはめられた。

罪悪感を本当に感じる

II

はるか北カナダで飛行機から落ちた。そこで迷子になった。周りは主に風景、樹木に覆われた風景。道路は南カナダに通じていた。しかし実際には

その道路の先につねに噴火状態にある火山があった。誰がわざわざ活火山のそんな近くに道路を建設するのか、理解できなかった
（笑う：自分の夢の理屈を疑う）：意識的に内省している。脱走への道を書き出す。

臨床ノート24

牲者」だと主張している。とうとう、彼は白衣の男たちに捕まり手錠をはめられる。健康な現実検討能力を駆使して、物語の最後でジェームズは、殺人について「罪悪感を本当に感じる」のを経験した。二つ目の夢で、ジェームズは脱走しようと飛行機から飛び降りたが、結局「つねに噴火状態にある」火山につながる道路にたどり着いた。夢から醒めるにつれて、「活火山」へとつながっている道路を誰がわざわざ建設するのかという、かなり現実的な疑問を彼は抱いた。それからジェームズは笑い、自分の夢の「理屈を疑う」と言った。ここでも、ジェームズは夢の内向的で個人的・自己愛的な側面に没頭しなかったわけである。自身の夢体験から一歩外へ踏み出し、客観的な距離をとることで、現実世界で実際に起きていることについての、より明瞭な現実感を保ったのである。

臨床ノート #25

臨床ノート25に、エリクソンは「逃走または攻撃（ではなく）／／撤退＋取り入れ」という題名をつけている。これは、ジェームズの世の中における社会的機能および防衛的相互作用と、彼が脅威を感じたときの最適な防御および防衛に関係したタイトルのようである。ジェームズは、受講したドイツ語のレッスンに触れ、彼が「全部突き破る」前日に何かが起きたことを話した。そして、彼がいかに「生きるのをやめ」、それが「だめなこと」と経験され、自分がいかに「バラバラになる」のかについて話した。どうやら、彼は他の人たちと夕食をとったが、それは彼にとっては「やりすぎ」なことであり、結局彼は自室で食べることになったようだ。明るい話題としては、彼はその日の出来事に言及し、「澄んだ目（で）ずっとよい食べ方をする、（そして）アンネ・フランクを描く（そして）読む」ことに決めたとしている。

エリクソンのスケッチの意味は明確ではない。これはジェームズの言及するドイツ語の先生、「ほほえんでいる」「母親らしい」人のことなのか。私が指摘したいのは、エリクソンが自身の母親を描いた絵と、この人物がとてもよく似ているという点である。その絵は、私が編纂したエリクソンの論文集『ひとつのものの見方 *A Way of Looking at Things*』（1987）に掲載されている。エリクソンは続ける。

もう一つの前向きな出来事は、彼が無免許運転で逮捕されたときに起きた。警官が出廷命令書を病院にもってきたときのジェームズはよく落ち着いて、よい態度で警官と対応した。彼は数日後に、この件で裁判所に出廷し裁判官に会わなければならなかった。私がどうだったか尋ねると、彼は「ああ、まあきちんとした扱いだったさ。裁判官はとても優しい男だった。いっときインフレについて話し合ったあと、一〇ドルの罰金を言い渡された。それは公正だと思った」。もちろん、そのような部分的な現実検討は、より明確な判断力によってはじめて成り立つことは明らかである。それは同時に、彼の非現実感、非合理的な観念、そして投影が充満する領域につ

ではなく

逃走　または　攻撃：

撤退 ＋ 取り入れ

グラス夫人の
ドイツ語レッスン
（ほほえんでいる：）母親らしい

アンネ・フランクの日記を
読んでいる！
「前は患者だった」

昨日：全部突き破る：
生きるのをやめる
だめだ
バラバラになる

↓

すると：
ホームステッドでの
夕食の席
やりすぎ

援助を申し出る
部屋で食事する

今日：食べることにした
ずっとよい
澄んだ目
絵を描く予定

臨床ノート 25

いての意識が、ときに危険なほど高まることでもある。私がこのことに触れるのは、ただ単に、例えば、少なくとも限度の範囲内で自分を擁護するといったような、いくつかの責任を患者に担わせることは可能であり、また重要であると思えるからである。

つけ加えておくと、この時点ですでに、患者が当初抱いていたような、他の患者たちからの孤独は解消されつつあった。周りの患者たちはジェームズの持久力、才能、誠実さを十分にわかるようになったために、しばしば彼がとる曖昧な態度や極端な謝罪の仕方に、あまり簡単に反応しなくなったのである。患者たちは彼を尊敬し、彼よりも気恥ずかしさ行動のある若者の中には、彼との間にある種のあたたかさが育まれてきたのである。

臨床ノート　＃26

このセッションでは、はじめにジェームズが自分の強迫的思考について懸念を表明している。彼はしばしば自分自身に対して「無駄な情報」を繰り返すのだという。このパターンはおそらく不安に端を発するものであり、もっと効率的に機能するために自分を心理的に整理整頓する試みである。いずれにせよ、彼にとって芸術と音楽は「強迫的で」なく、自分を「妨害する」ものではないことは気づかれている。彼は、これらの領域が彼にとって役に立つもので、いかに「打開する」ことができたのかを説明しているようである。ここで最も注目に値するのは、セッションの最後にエリクソンが述べた、ジェームズには「人間的な関係が必要だ……愛情が必要だ」という意見である。有害で破壊的な人間関係がいくつもあった幼少期を基礎として、これ以上の傷つきと痛みを避けるべく防衛的な対人操作を長年の糧としてきたこの青年にとって、この発達水準にまで成長したことはかなり劇的な変化と言うことができる。

面接の終結に向けて準備するなかで、ジェームズはかつて治療を受けたことのあるＸ医師との面接を楽しみに

覚えるために繰り返す
何をしなければならないか、
何をしていないか、
名前、本の題名、音楽作品
無駄な情報を自分に繰り返す
芸術と音楽は強迫的でなくあまり妨害しない。
また芸術の世界にいるが真剣ではない、打開できる。
読書がしばしば妨害される
外国語は時々、多少できる。

人間的な関係が必要だ
愛情が必要だ

臨床ノート26

している。X医師とは週に二時間以上会うことはできないが、それとは別にG氏と詩について話し合いをするために、週一回の時間をとることができるということを伝え、心の準備をしている。ジェームズはG氏に、最近タイプライターで打った詩のコレクションのきれいなコピーをあげると約束した。ジェームズはまた、彼の描画をすべてカラー写真に撮ることも約束した。彼が、両親や友人に描画をプレゼントすることを希望したときのために、記録を残しておくのである。ジェームズの母親によると、彼はその仕事をするように言われたことを、かなり誇りに感じているという。

以下は、ジェームズが自分自身の空想的な自己像を説明した内容を、エリクソンが要約したものである。

彼は、ほぼすべての分野で天才的なことができるだろう。非常に優れたテニスプレイヤー、物理学者、芸術家、音楽家で、いくつかの楽器の専門家、作詞家、哲学者。大学を一五歳で卒業し、彼はハイデルベルクで、そしてイタリア、ギリシャ、クレタ、ローマでも勉強するだろう。そのうち彼は「脇でいくつかのちょっとした浮気」をするだろう。一年ソルボンヌかルーブルで過ごし，彼はまたスペインやイギリスで勉強し，そしてボストン大学にふたたび戻るのである。彼は数人の女性と遊びまわり，芸術と才能を続ける。そして演劇作品を執筆し，バレエのレッスンを受ける，また三つ目の交響曲を作曲する。その間，「さまざまな情事や誘惑」があるだろう。彼はとても興味深い男性とルームシェアをし，その男は彼の伝記を執筆し，患者のことを，ナイトキャップをかぶった風変わりで「興味をそそる，神経症の，奇妙な人」と記すだろう。彼はアヘン中毒者で精神病的症状を発現し，自分の潜在意識からひらめきを得るのである。加えて，彼は露出症者であり，また双極性障害を患い，酒を飲みすぎる。彼はわずかに放火癖の傾向もあり，「たぶん唯美主義者の同性愛者」であろう。

ジェームズの両親が訪問すると，彼は驚くほど生き生きとしていた。彼は父親とチェスをして，生まれてはじめて勝つのである。両親の訪問の次の日，彼は面接の間かなり抑うつ的で，大半の時間を泣きそうにしていた。いかに父親の期待を裏切ったか，そして彼の女友達がいかに彼に落胆しているか，などについて彼は話した。怒りを内側に向けて抑うつ的になることについて彼が話したのは，この面接のときである。私が彼に，検査期間よりも長く滞在できる可能性について伝えると，彼は相当驚いていた。彼がここにきたのは命令に従ったからだけであって，自分が何かをしてもらえるという希望はまったくもっていなかった。彼は，他の患者についてはある程度学べるかもしれないこと，そしてそれが何らかの形で自分に役立つと思っていたが，実際によくなるとはまったく思っていなかった。入院しつづけることについて考えたあと，彼は勧められればそうするが，秋には大学に復帰したいと決めた。彼はしばしば自分が病気だと話していたのに，今や自分は実際にはどこも悪くない，不調があっても気力を振るえばすべて治せるのだ，と言い張っていた。

この時期における（目前の芸術的および自己愛的な収穫を超えた）治療的な収穫は，患者の距離を置く能力の増大である。それは，まず自分から，次に彼の母親との病的な共生関係から，さらに男性として独立した存在で

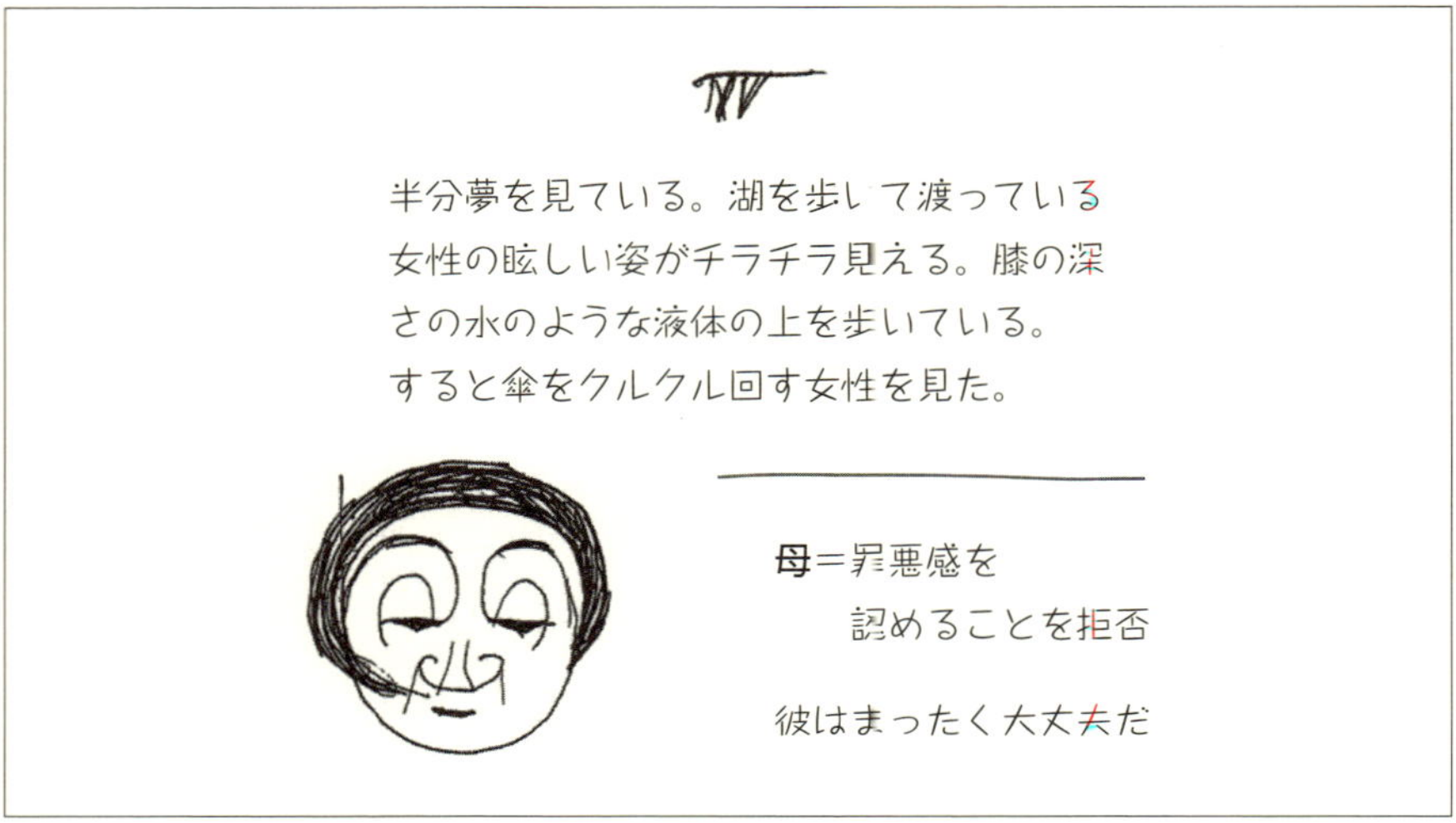
半分夢を見ている。湖を歩いて渡っている
女性の眩しい姿がチラチラ見える。膝の深
さの水のような液体の上を歩いている。
すると傘をクルクル回す女性を見た。
母＝罪悪感を
認めることを拒否
彼はまったく大丈夫だ

臨床ノート27

あることへの恐怖から、距離を置くことができるという能力である。

臨床ノート　#27

エリクソンによる短いノートの中で、ジェームズは「半分夢を見て」、「傘をクルクル回しながら……湖を歩いて渡っている女性の眩しい姿」を見たと報告している。エリクソンは、ジェームズの母親は「罪悪感を認めることを拒否」しているが、彼はこのことに対して「まったく大丈夫だ」と記している。ここで確認できるのは、ジェームズの心がとても健康な状態にあるということである。ある程度、彼は母親をありのままの姿で、つまりそのあらゆる欠点とそれがもたらした心理的な損害をも含めて、母親を受け入れるようになったのである。不思議なことに、エリクソンのスケッチが劇的に描き出した人物は、友好的でない、拒否的な、冷酷な女性である。

エリクソンは続ける。

自分を詩や音楽をとおして表現するという能力が育ってきたことと、そうしてつくられた芸術作品たちは、自分自身に内的資源が存在するという確信を徐々にもたらした。ジェームズはこれまでまったく手つかずの、また彼に対する両親の野心によって汚されていない才能、とりわけ絵画の才能を開発することができた。教師たちの励ましと技術的な支援によって、彼は大いなる粘り強さとともに驚くべき柔軟性と臨機応変さをもって絵を描くようになった。

ジェームズの芸術作品についてエリクソンが綴ったノートに、エリクソンがジェームズの作品を系統的に整理し分類する印象的な試みが示されている。この系図は月単位でジェームズが示したさまざまなテーマを追って、特定したものである。そこには自画像や母親の肖像画が含まれている。ジェームズの世界に全身を投じたエリクソンの個人的な深い関与と献身は見事である。

臨床ノート　#28

臨床ノート28で興味深いのは、ジェームズの治療のこの時点で、いくつかの過去の記憶について、いくつかの内省や追憶がなされており、その中には楽しかったものもある、という点である。彼が話したのは、自分の家の壁の落書き、学校で寝小便をして尻を叩かれたこと、また森を散歩したこと、優しい看護師がいたこと、ニューイングランドのあるゴルフ場での記憶である。動物はジェームズの興味の対象であり、それは彼の亀への「愛情のこもった」興味や、虫が「アリに食われる」のを眺めていた経験として触れられている。好きな色は金色と灰色であるようだ。ここにあるスケッチは臨床的に重要であるというより、修飾的あるいはマンガのようであるが、二人の人物ともいくぶん表現豊かに見える。

以下はエリクソンの見解である。

4. 子どもの家、壁に落書きして叩かれた
犬が餌を断つ
森林を散歩する
看護師がとても優しい

5. （マサチューセッツ州）イプスイッチ、ゴルフ場

私を汚す
濡らす

彼：
鉛筆
ペニス

6. ウッズ（寄宿）学校でおねしょした

7. 亀に興味をもち、もちろん（彼の家の中では自立していた）
亀に愛情をもつ
虫がアリに食われるのを眺める

以前は**金色**と
灰色を愛した

金の延べ棒
金色の葉

臨床ノート28

患者の治療の三分の二で，治療の流れを決めようとする母親の試みがあった。セラピーの終盤になると，母親は信じられないくらいの理解があり，そして感謝の気持ちでいっぱいだった。つい最近，当センターが「人類への新たな信頼」を患者に与えた，と母親は涙を流しながら宣言したのだった。

以下に，ジェームズの現在の情緒状態を記述するエリクソンの見事なスキルを見てとることができる。

ジェームズはいまだに驚くほどの**見かけの幅**をもっている若者である。彼は相当柔らかく，実のところ太って見える。しかし，彼はテニスや水泳が得意である。彼は相当内にこもっている，ぼんやりしている，眠そうである，そしてずぼらのように見えるときがある。しかし別のときには，彼は打てば響き，社交的で，きちんとしている。知的な話題に没入して上の空になることもある。ここ数カ月で，彼の振る舞いと社会的な適切性はとても信頼できるものとなった。とはいえ，彼が単純型といえども統合失調症に耐えていることに疑いの余地はない。

もし彼が今日検査を受けたなら，過去に評価した領域についてはもっと改善しているはずである。臨床的には，彼は今でもときどき不可解な対照性を見せる。会話の中で彼は，統合失調症そしてやや緊張病的な機制を，とてもマゾヒスティックなやり方で呼び覚まし，ほぼひきこもっているとは言わないまでも，まったくぼんやりしている悲しい姿を見せることがある。しかし，具体的な出来事の報告を求められたときや，報告への脚色を笑い飛ばされたとき，あるいはときおり必要となるのだが，わがままを我慢するようにかなり鋭く要請されたときには，彼はいつでもこの状態を中断して，具体的な出来事を報告することができた。そうすると彼はこのうえなく洞察豊かで，役に立つことができる。このようなパターンと表現の仕方は，両親や教師たちを前にしたジェームズの行動と一致する。彼らはもはや，ジェームズが病気であるとは思えないのであった。

フィレンツェは雨がずっと降っていましたが、岡や森が鳥でいっぱいで、雨の中だともっと神秘的です。雨の鳥がシュワルツワルト（黒い森）にやって来ると美しいし、そうすると空が泣き止みます。近々私の取り組んでる、小さなスケッチを送ります。それは羽ペンと黒インクで描いています。私が今何をしているのか見てほしいのです。お返事ください。ご家族にくれぐれもよろしくお伝えください。

いつまでもあなたの親友

図 8-2　ジェームズからエリクソンへの手紙（日付なし。多分 1960 年代だろう）

エリクソンが発表したジェームズのケースカンファレンスで、医療部長のロバート・ナイトが次の見解を述べた。「私たちは皆、このような男の子に対応するための見事な技法について、聞き手として熱心に耳を傾け、そして魅了されました。私から提案することはほとんどありません。この少年からの調律の程度と、彼に対応するときの鋭敏さは、私たち全員がただただ敬服するしかないものです」。

終結の何カ月もあとに、エリクソンはジェームズからの電話を受けた。ジェームズはストックブリッジにやってくるので、週末にかけて会いたいと希望しているということであった。エリクソンは土曜日に会う約束をしたが、用事をいくつか済ませなければならないことから、ジェームズをドライブに誘ったのである。その頃ジェームズには、自分の母親と彼が興味を抱いている女性について、いくつもの心配ごとがあった。ジェームズの心配ごとに対して、エリクソンはとても直接的かつ具体的なフィードバックや提案をしたのである。

次の日、エリクソンは彼のオフィスにも来るようにジェームズを誘ったが、同時にもう一度ドライブに行くという選択肢も与えた——それはジェームズをできるだけリラックスさせるためであった。

ジェームズは最初どちらでも構わないようだったので、とりあえず車に向かって歩くと、彼は肩越しに振り返って私をいささか不思議そうに見つめた。私は彼に（どうかしたのかねと）尋ねると、彼は「あなたがまだオフィスにいるかどうか見たかっただけです」と言った。感情を込めた顔を見せながら、ジェームズはオフィスの訪問のほうがよいとはっきりさせたのである。私は「車の中で話すと、私の注目が完全には自分に向かっていないとあなたが感じていることを、私に伝えてくれているんだね」と言った。ジェームズは強く同意し、私たちはオフィスに向かった。面談の中で、彼は私に芸術作品を見せ、詩を朗読してくれた。すぐに明白になったのだが、この訪問の内的な目的は、私が手術を受けることを聞きつけたゆえの心配で強められたものだった。

最後に、エリクソンがジェームズと確立した関係について、より個人的な感覚を提示するために、ジェームズが、治療終結後のある時点で、ヨーロッパを旅行中に、エリクソンに送った手紙をここに示した（図8－2参照）。このノートには、たまたま小さなスケッチが描かれており、彼の芸術的能力がうかがわれる。

文　献

Erikson, E.（1968）. *Identity: Youth and crisis.* New York, NY: W.W. Norton.（中島由恵訳（2017）『アイデンティティ――青年と危機』新曜社）

Schlein, S.（1987）. *A way of looking at things: The selected papers of Erik Erikson, 1930–1980.* New York, NY: W.W. Norton.

マーガレット・ブレンマン＝ギブソンとエリクソン（1973年）、カリフォルニア州ティブロンにて。ヤン・エリクソン撮影。
©Jon Erikson

第9章 成人の精神分析（3）精神分析的な治療の方法と臨床的技法

ADULT PSYCHOANALYSIS, PART III: An investigation into Erikson's psychoanalytic treatment method and technique

成人を相手にした、エリクソンの治療と精神分析的な方法と臨床技法をレビューするにあたって、私は『青年ルター』における彼の見解からはじめたい。そこでは、ルターの人格構造に関する研究を遂行するうえでエリクソンがとった、ずっと個人的で実存主義的な展望が明らかにされている。

> 確かに私は分析可能なものしか分析していないが、しかし私は、一人の（必ずしも愛すべきとはかぎらない）青年が、その時代の最前線において人間的**実存**の問題と直面している姿に、同情と共感を惜しむことはできない。**実存的**ということばを、こうした最も単純な意味で使うことにする。このことばは、どの学派の専売特許でもないからである。（Erikson, 1958, p. 22）

『青年ルター』の序章で心理歴史学的な方法論を紹介しながら、エリクソンは、「ジークムント・フロイトの記念すべき業績が、こうした理論的探求とその発展の基礎とならなければならない」（1958, p. 8）と述べている。彼はしばしばフロイトの概念システムに「恩義がある」と言いながら、伝統的精神分析の特徴の多くに対し、その正当性を真剣に疑問視し、異議を申し立て、「新しい臨床的思考の様式が今日の時代にもたらされたということである」（p. 8）と述べた。エリクソンのウィーンでの経験から浮上し、発展したものの一つで、彼の心理療法的視点に影響をもたらしたものに、自我心理学の台頭がある。精神病理に焦点をあてる代わりに、「一つの共同体の中に存在する相互的な活性化《ミューチュアル・アクティヴェーション》の生態系」(Erikson, 1982, p. 21) への興味を発展させるなかで、エリクソンは別の道を進むことにこだわったのである。

エリクソンの考え方の変化は、『幼年期と社会』(1950) の序章に最もよく表現されている。その中でエリクソンは、それまでの文献には記されていなかった自我心理学の大きな進展を披露した。彼は一人の自我が経験する内容が、どのようにまとまっているのかについて記述し、そこでは「経験の一貫性と個別性を守る……したがって一貫した個別性とアイデンティティの感覚を保証する」(p. 35) という中心的なプロセスを強調したのである。彼は当時のフロイディアンの考え方を延長し、それを超越し、「硬化してしまっているものを、ふたたび力強く影響力をもつものに変える」(Coles, 1970, p. 16〔訳注：正しくは p. 60〕) ことを試みたのである。エリクソンは、初期の自我心理学がもっていた機械的で、顔の見えない、非関係論的傾向を取り除いたうえで、自我心理学の適応的、統合的、あるいは総合的な側面を強調したのである (Erikson, 1950, p. 193 を参照)。彼が明らかにしたのは、「臨床的思考の新しい定式《フォーミュラ》」の開発についてである。そこで強調されるのは、人間の苦闘へ焦点をあてることであり、人間の自我を心の中核的プロセスとして、あるいは「統合的な内的中心」として捉え、その力を信じてそれに依拠することである。さらには、いかに「神経症が心理**および**身体的、心理**および**社会的、そして**対人関係的**」(p. 23) であるのかを捉えている。これら三つの人間体験の諸側面は、自我の統合性《エゴ・シンセシス》の過程によって組織化されているのである。

『幼年期と社会』の前書きで、エリクソンは自らの対人関係論－関係精神分析的な臨床技法を認めはじめていた。

観察しているものに影響を与える行動に参画するなかで、精神分析家は自分の研究する歴史的な過程の一部に自分もなるのである。治療者として、観察されたものに対する自分自身の反応を自覚していなければならない。つまり、観察者としては、自分の「反応式《イクエーション》」が観察の道具そのものなのである。それゆえ、より客観的な科学と同類でもなく、また高踏的に見る疎隔された客観的科学でもない。……精神分析の方法は、サリヴァンのいう「参加者」になることは避けられないし、避けてはならない。それは系統的に言ってそうである。

(Erikson, 1950, p. 12)

このような、臨床家の治療観に関する特徴の説明はきわめて重大なものであり、それは要するに治療関係における治療者の逆転移と治療者自身の活用に関する見解である。

同書の後半で、エリクソン(1950)は「分析家の仕事の諸次元」に関する理解を試みている。そこで彼は「フロイトの技術的革新の中に、いかなる人間関係が暗示されていたか。また、精神分析家の仕事は、どのような次元においてなされるのだろうか」と問うている。エリクソンの答えは対人関係状況を強調するものであり、それを「対人関係実験」と呼び、治療者のことを「自己観察しながらの参加者」と呼んでいる。治療者は「その協力関係は無感動な寛容や独裁的な指導よりも、もっと創造的」なものであり、そして「分析用の寝椅子の頭部のところに腰掛けているからといって自分の価値観が隠れたままだという振りをすべきではない」(pp. 423-424)としている。エリクソンは明らかに進化する対人関係を強調しており、また解釈の標準的な使用に関する言及がなく、代わりにより伝統的・古典的な分析の形式を警戒する調子になっていることは、読者の気づくところであろう。

エリクソンが彼のキャリアの初期に、臨床家が実際にどのように活動しているのかを理解しようとするなかで、主観的で個人的な性質を帯びた治療的出会い、つまり「人と人との出会い」(Erikson, 1964, p. 56)に苦労したことは明らかである。前に述べたとおり、この苦闘は、一九三〇年に出版された彼のはじめての論文において、すでに明らかである。彼の一九六四年の著作では、「心理療法家の頼りとする直感あるいはそれに似たような個人的判断」(1964, p. 49) について思いをめぐらせ、そして「表現できる情動や反応できる考えの組み合わせが、治療スタイルをつくり、それは顔の表情や姿勢や声の調子などの微細な変化の中に示されるのである」(p. 74) と主張したのである。治療の中でかき立てられる情動をどのように扱うべきなのかを見極める試みの中で、エリクソンは、彼の特徴である実存主義的態度で次のように述べている。「[私には] ただ個人的な色彩の強いものを現象的にスケッチする以上のことはできない……ここでは、心理療法の出会いの中から得られる [臨床的] エビデンスの特質について述べるように招かれたのだと私は考えている……[出会いと、つまり] 二人の人間の出会いである」(1963, pp. 50–51〔訳注：正しくは 1964〕)。彼の夢分析の活動の中でさえ、エリクソンは患者の夢に対する自身の「情緒的な反応」にどのように対処できるのかを知りたがり、彼の一九五四年の「夢の見本」に関する論文では、夢分析の技法は「直感的な観察」をともなうと述べているのである (Schlein, 1987, p. 241)。

一九六四年に出版された『洞察と責任』の中で、エリクソンは「臨床的エビデンスの特質」という章を発表している。自身の臨床的方法論の特徴をさらに明確にすることを試みるなかで、主観性の要素が、我々が理解するよりはるかに重要であると彼は主張している。エリクソンは、我々の自己意識の中心には主観性を置かざるを得ないと読者に訴えており、そして次のように述べている。

> 臨床活動の中に、訓練された主観《ディシプリンド・サブジェクティヴィティ》の中核がある……［それは］客観的な方法に置き換えられるものではないし、それが望ましいことでもない……治療に作用していると考えられる訓練された理解と合意を得た洞察の中に、二つの主観がどのように参与し合うのかということ――それが論じなければならない点である。
>
> (Erikson, 1964, p. 53)

エリクソンは「訓練された主観」とは何かを、より具体的には読者に伝えていないので、読者にはそれを自ら読み進めていくなかで学ぶことが求められる。エリクソンは治療者を「観察しながらの参加者 observing participant」と呼んでいる。それはある意味でサリヴァンの「参加観察 participant observation」、つまり進行する治療の中で見たり経験したりすることを方向づける人、と類似している。エリクソン（1964〔訳注：正しくは1963〕）にとってそれは、「自分を観察することを学んだ観察者が、被観察者に自己観察的になることを教える人間関係」（p. 422）である。明らかであるのは、治療者は「患者のいろいろな動きや反応を捉えようとする観察の場で、特有の研ぎすまされた自己意識」（p. 53）を維持しなければならないことであり、「患者の単なることばや社会的な表現に直面し［ながら］、信頼に足る見方や考え方をすることができる」（p. 52）ようにしなければならないのである。最終的に、エリクソンは、何らかの「非合理的なかかわり」の要素は避けられないことだと実感し、「このようなものが心理学の材料である」（p. 36）と述べている。

二〇〇二年六月に、マサチューセッツ州ストックブリッジのオースティン・リッグス・センターにおけるラパポート＝クライン研究グループで、エリクソンの生誕一〇〇周年を記念して発表された論文の中で、M・ジェラルド・フロム博士は、訓練された主観というエリクソンの概念の狙いが以下にあったと主張した。

> 治療者が臨床仮説を立てるうえで、内的に生じる認知・情動的なプレイを記述するためのものである。つまり、治療者が、いくつかの仮説を突き合わせ、歴史に照らし、治療者自身の情動も含めて、治療者が患者をどのように直接経験したのかに照らしてみる、ということである。この思考過程について、これ以上にわかりやすく、しかし、しっかりと裏打ちされた説明に、私はいまだに出会っていない。現実にはほとんど直感的といえるほど、素早く生じるものである——それは解釈にいたるまでの道筋と、その解釈を吟味する過程において起きる。
>
> （Fromm, 2002b, pp. 10–11）

明らかに、エリクソンは、参加観察者として「自分が目にして、感じ、経験したことを形づくり……この二つの主観性……調査者としての「エリクソン」と患者は同時的に「訓練された理解」と呼んだプロセスをつうじて、収斂すると同時に、拡散するのである」(Friedman, 1999, p. 22)。

当時の精神分析的論考においてはめずらしいことであったが、エリクソン(1964)は、自分の臨床的方法論と技法についてさらに詳しく述べ、治療の組み立てによって治療者と患者が協力者となるように、患者を「医師と同じ観察者に仕立てたり、助手にする」(p. 52)ということを読者に伝えている。そこで読者が気づきはじめるのは、彼が分析状況をより平等なものに民主化していることである。それはサリヴァン、フロム＝ライヒマン、ロロ・メイ(Rollo May)が一九四〇～五〇年代に試みたことに似た、さらに平等主義的な方法である。このことは先の第7章にあるサラの事例のヴィニエットの描写に見ることができると思われる。エリクソンにとって、精神分析は「きわめて疑念を挟まれそうな方法」〔訳注：エリクソンの考えについてのポール・ローゼン(Roazen, 1976, p. 67)による表現〕につながるとしている。カウチとというものを、正しい精神分析的技法の基準として捉える分析家たちとは異なり、エリクソンは患者に、対面に置いた「ゆったりとしたイス」(1964, p. 59)と呼ぶものに座ってもらっていると語っている。治療者と患者の間にはもとより不平等が存在するのに、それを一方が寝そべって一方がふつうに座ることで互いの位置を変えてまで、立場の違いを強化し対照化することはないと彼には感じられるのである。興味深いのは、リッグス・センターの臨床ケースカンファレンスで、彼はかつて次のように述べている。「このような人を即座にカウチに乗せるのは、彼にまたもや押さえつけられる感覚を与えることになる」。

一九四〇年の児童分析に関する彼の論文にさえ、エリクソンは「臨床家には、主観的要素……つまり自らの印象、連想、そして内省……に導かれることに身を任せるという、古くからの権利と義務がある」(Schlein, 1987, pp. 162-163〔訳注：原著は Erikson, E. H. (1940). Studies in the interpretation of play: I. Clinical observation of play disruption in young children. *Genetic Psychology Monographs, 22*, 557-671.〕）と書いている。同じく一九四〇年に小児科医向けに書かれた論文で、エリクソンは人間の成長と可能性について希望に満ちた見解を示している。つまり、人は「人との触れ合いによって提供される幅広い機会を生かす」（Erikson, 1940, p. 548〔訳注：引用が確認されない。原著 p. 157 に、ケースカンファレンスでの発言として引用されている〕）という好機に恵まれているのである。また別の著書で、エリクソンは「忍耐強いヒューマニスティックな努力」（1968, p. 70）というものに言及している。それは治療が効果的に進むように導くものであり、それにより「内的統一の感覚を高められる」（1968, p. 136〔訳注：正しくは p. 92 1959, p. 52 にも同じ内容が記されている〕）のである。人との触れ合いに関しては、一九五二年に、新しい治療者を探し当てることについて問い合わせてきた元患者への返信に、エリクソンは「たくさんある遠慮を脇に置いて、あたたかさと人間的な感覚にもとづいて選んだ人の所へ行きなさい」と綴っている。あるとき、ハーバード大学医学部の卒業生への講演で、彼は医師を仲介者と見立て、「物事の中核について考え、調和を回復する」者であると述べた。

エリクソンはさらに、治療を遂行するための取り決めとその状況の相互作用的な側面について内省を深めている。

> 私が対人関係や個人のアイデンティティが持続して存在することをあやうくしてしまう危険性について強調することは、フロイト的な象徴化と矛盾しないだろうか。積極的な対人関係の要求がはっきりとした形で認められる場合、定説《ドグマ》に忠実な方法でセクシャルなシンボルを用いることは無益だろう。（Erikson, 1964, p. 70）

ふたたび、サリヴァンやウィニコットが言っていたとしてもおかしくない発言を見ることができる。一九五〇年代のリッグス・センターにおけるケースカンファレンスでの、エリクソンの見解を例にとりあげてみよう。例えば、ボーダーライン女性の事例描写について、彼は「解釈をどれだけしても、この女性の役には立たないだろう。彼女は、支持的な種類の治療関係で、実際の満足を得る必要がある」と述べている。また別の事例について、彼は「この女性は深い解釈をしてもらっているかもしれないが、正しい解釈はしてもらっていない。エディパルな解釈が多すぎる。彼女に必要なのは、プレ・エディパルな問題への直接解釈だ。例えば、彼女が何らかのかかわりをもった人は、誰でも傷つけてしまうと恐れてしまうことだ」。青年期女性が統合失調症の診断を受けたことに対して、彼は次のように言っている。

彼女の、父親にベッドに入ってきて抱きしめてほしいという願望や、母親の愛情への要求、それらすべてが退行した要求だ。ご存知のとおり、こういう子どもたちの中には、精神科医や分析家のところに行って、このことについてエディパルな解釈をされてしまう子がいる。実際には、両親との親密な状態に戻りたい衝動にかられていて、安心感を必要とするだけなのに、異性と性的な関係に進むことができていないということになってしまう。

エリクソンは解釈というものの意義について、分析の主要な技法であるという理解から劇的に考えを拡大しはじめ、逆転移の価値を考えるにあたり、患者にとって何が大切なのかについての見解を拡張したのである。エリクソンはここで、歴史上、対人関係論者として、そして「参加観察」という方法論を用いて精神分析の隙間を埋めた者として、ハリー・スタック・サリヴァンの貢献を認めるのであった。エリクソン（1964）は次のように述べている。

医師の防護服のように、観察物から放出される放射線から身を守るという意味で、優越的な態度や見下す態度のような鎧を身につけているだけでは十分ではない。ここでは観察者自身の自分についての深められた

> 洞察だけが、道具として有効なものとなり、その観察者を守り、観察される者とのコミュニケーションを可能にするのである。
> (Erikson, 1964, pp. 36–37)

心理療法的な出会いのプロセスについて、自分の考えに対してより系統的な臨床的エビデンスを提供する試みとして、一九六四年に出版された『洞察と責任』の中で、エリクソンは注目すべき事例を発表している。それは二〇歳のトーマスという患者が、操作され攻撃されているという感覚から怒りを抱いているというものである。

> この患者とのコミュニケーションには、夢の報告に対する私の情緒的な反応をはっきり示すことが重要であると思われた。……患者のさまざまな情動に対して、治療者自身の反応をはっきり示すことができると、患者は社会的な現実を捉えることを学び、情緒的な緊張に耐えることを学ぶことができる。……臨床的出会いの中で、臨床家が自分自身の反応を介入の指針として用いなければ、エビデンスは「すべてあります」ということにはならない。……心理臨床家は誰でも、自分の倫理的感覚を放棄してしまうと、自分の臨床上の認識力となる主な道具を失ってしまうことになる。
> (Erikson, 1964, pp. 71–73)

これは治療者自身の情動と、それを自らの臨床技法の一部として系統的に用いるということの必然性についての本質的な宣言である。また、臨床的エビデンスと良質な臨床技法がいかに、分析家自身の関与の仕方も含めて、個々の事例について何が特有なものであるのかを研究することに裏打ちされているのかについて、述べているものである。エリクソンにとっては、観察者の情動的反応には個人の方程式が存在するのである。

トーマスとの出会いの中で、あるときエリクソンは相互作用のことを「かかわりの相互性 mutuality of involvement」と呼び、次のように述べた。

相互性と現実性の感覚が取り戻された。……患者（トーマス）の転移を意味あるものとして受け入れる一方、その転移に取り込まれることを私が拒んだという事実によって、患者のこれらの感覚は強められた。……患者の怒りが私の怒りを引き起こした事実を、自分も患者も危険にさらさないで、私は伝えた。

(Erikson, 1964, p. 75)

エリクソンが治療者の感覚の重要さについて語るなかで、この臨床素材に耳を傾けると、ウィニコット、ハロルド・サールズ（Harold Searls）、ハリー・スタック・サリヴァン、オットー・ウィル（Otto Will）、そしてダーリーン・エーレンバーグの著書が私には思い浮かぶ。なぜなら彼らには、逆転移のデータに目を向け、それがどのように重要であり、治療の指針となり、そして治療のプロセスに奥深さと活力を加えてくれるのかについて、理解することができるからである。

逆転移の開示についての問題は、エリクソンにとって重要なものである。それは誤解される向きもあるが、単に治療者を負担から解放するために用いられるものではない。実際、患者と治療者を結びつけ、緊張関係を低減させることもある。より重要であるのは、治療プロセスに奥行きを与えることができる点である。とくにより重篤な困難を抱えた人にとっては、対人関係的つながりをしっかりとしたものにすることが必要不可欠であり、それは治療者の人間的な存在感によって達成されるのである。対人関係論者であるエーレンバーグにとって、逆転移の開示は、分析家がより人間らしい存在として経験される、より個人的なかかわりengagementに貢献する積極的な方法として捉えられている。サリヴァンの「参加観察」は精神分析的アクション（作用・行為）に進化しており、その治療的な相互作用の特徴は経験の共有にある。つまり治療者固有のパーソナリティが相互作用の主要な要素であると考えられており、それが変容を引き起こすアクションの要になるのである（Ehrenberg, 2002, 私信）。

統合失調症と診断された別の患者について、エリクソンは自分自身のパーソナリティを用いて、それが治療的出会いにどのような影響をもたらしたのかについての明瞭な例を、一九五五年の臨床ケースカンファレンスにおける発言の中で示している。彼の主張は、治療は、「かなり荒々しいセッションをもつことによってはじめて可能になった。彼女は私に怒鳴り、私はすかさず怒鳴り返した。それは、同じ激しさと同じ声の調子でしか、彼女に面と向かうという可能性が見出せなかったからだ」というものであった。

トーマスの治療は一九五〇年代に行われている。当時、エリクソンは若者のアイデンティティ拡散について執筆しており、この患者の苦闘が集中していたのが、「[彼]が私を信頼せざるを得ず、私が彼を信頼していると確信せざるを得ないような、……それが彼の変化する能力にとって不可欠であるような……信頼関係」を確立することであった。トーマスが治療を開始したのは、大学生活が破綻し、抑制的な強迫性格の、重篤な抑うつによる、ボーダーライン精神病〔訳注：精神病様状態〕のエピソードと診断されたときであった。ケースカンファレンスの議論の中でエリクソンが明らかにしたのは、患者自身が「アイデンティティ拡散とパニック状態に陥るような主観的空間と時間感覚の喪失、人に対する過敏な反応性、そしてあたかも無力な開放性と破壊的な衝動性によって破綻したこと」（未発表の臨床ノートより）であった。

エリクソンは、トーマスの破綻が「突破《ブレーク・スルー》」するための試みであったと信じていた。それには「どん底」への退行、そして希死念慮と、誰に対しても、何に対しても、彼を救う気があるのかどうかを試すような行為を含んだ、基本的信頼感にまつわる苦闘であった。エリクソンは言っている。「我々のボーダーラインの事例は、自分のアイデンティティの残骸を失うのがあまりにおそろしいために、いつも避難「対象」を用意しておくことによって、特定の人との関係を薄めようとするのである」。エリクソンによるトーマスの性格分析が、彼のケース・ノートより明らかとなっている。

トーマスはどうしても献身的で、熱狂的な内向的性格の人になりたいようだが、結局いつも騒々しい、声の大きい強迫的な外向的性格の人であった。彼はあるとき過剰に感傷的で愛情深いかと思うと、また別のときにはまったく容赦なく薄情になった。彼は深くそして正確に共感することができたが、急に口汚い罵りを爆発させて、すべての理解を捨て去るのである。これが、これまでで最も明快なアイデンティティ拡散の事例である。

エリクソンのケース・ノートにはまた、顔のイメージに焦点があてられたトーマスの夢についての分析が、次のように記されている。

白髪がたれている私の顔、つまり治療者の顔が壊れる（隠れる）のを目にする、つまり彼の目前で文字どおり「顔を失う」あるいはアイデンティティを失うことである。……それは私に対する怒りの攻撃であると、通常は明確化できる経験である。しかしながら、それはもっと複雑なものだった。治療の三カ月目に、私は手術を受けるために（入院して）彼を見捨てており、それを（トーマスは）もちろん彼の「悪意に満ちた目」のためだとして、私を壊してしまったと恐れていたのである。……これは相互性の喪失による絶望を意味する。つまり相互性の消滅にもとづく無であり、それゆえの基本的不信である。そして長い目で見ると、治療者が母親に比べてもっと健全であることが証明されるのである。……したがって、夢の中核は怒りと絶望であり、自分が愛情を維持できないという（トーマスの）心配である。つまり「オレの中であんたの顔を生かしつづけてくれ。母親の顔はいつも崩れて、オレが壊したように感じさせられてきたから」ということである。

エリクソンの夢分析に関する全般的な見方については、ライフサイクル段階のアプローチに加えて、治療的関係性を重要だと捉え、患者の夢の中でエリクソンが自分自身の位置を探索することは、とてもサリヴァン的であると認められる。また明らかなのは，夢における高次に実存的な次元は，エリクソンにとって重要だということである。なぜなら彼は，人の個人的な苦闘——つまり内的自己と「私」の格闘——を非常に強く意識しているからである。エリクソンは治療者が「アイデンティティを与えるもの」(1964, p. 63) としての効果をもち，より「まとまりのある人格」が発達する責任を担う存在となることに関心をもっているのである。トーマスの事例では，分離不安にまつわるテーマに関する例が，エリクソンの文章のなかに，顔のイメージに関連して現れている。そこでエリクソンは，自分が治療開始から三カ月目に不在になったことの重大さについて検討を行ったのである。彼は，夢のイメージが，はたして転移的な性質を帯びた精神内界的な素材のみによって表象されていたものなのか，それとも彼が理解し応答を試みるべき，彼に対する重要なメッセージが夢の中に存在していたのかどうかについて，思いをめぐらしたのである。「これらの状態の中に，挑む感じを私は受けた。それも怒りの感情をともなったものだった」(1964, p. 61)。

エリクソンが患者の幸福について心配していることを紹介するなかで，彼は夢分析におけるきわめて対人関係論・関係論的な技法を，次のように記述している。

臨床家は患者のどのような表現に接しても，その表現の中にある治療者自身の位置をとくに考慮しなければならない。……最初にすべき「将来予測」は，この夢が切迫した発病の兆候なのか，それとも反対に，潜在的には改善の可能性を示す臨床的な危機なのかを見極めることである。第一の可能性では，患者は私から遠ざかっていこうとしている。だから，いわば緊急の対策を立てねばならないことになる。第二の可能性では，患者は重要なメッセージをもって私に近づいてきている。だから私はその意味内容が何であるかを理解し，これに応える努力をしなければならない。私は後者の可能性をとった。患者はあたかも発病寸前のような様子であったが，これらの状態の中に挑む感じを私は受けた。それもどちらかというと怒りの感情をともなったものだった。

（Erikson, 1964, pp. 61–63）

エリクソンにとって，夢というものはしばしば，人の赤裸々な内的事実をあらわにするものであり，「夢解釈の経験の豊かな人は，ちょうど医師がX線写真を判読するように夢を「読んでいる」と思うことがある」（1964, p. 62）という。この夢は治療の初年度に起こっていたことのおおかたの内容を表象するものであり，エリクソンの目には次のように映った。

重篤な情動の障害の視覚的な中心である。……患者の主な抵抗は，子どもの声で私を試すことであり，私が彼を置き去りにするか，ひどく怒るかということを，恐れているようである。……私は実際に怒ったが，ひどく怒っていたわけではないと言った。彼はよく「今日のあなたはとても遠い」と苦情を言った。たまに私が遠く感じる日はそう言った。しかしどちらかというと，セッションで明らかとなるのは，彼のほうが私を忘れようとしていて，私に彼を見てほしくないのであった。

（未発表の臨床ノートより）

結論として，のっぺらぼうの顔は私と彼との治療関係の中のいくぶんかのぎこちなさに関連があるのだと考えた。つまり，夢の伝える一つのメッセージは次のようなものとなるだろう。「先生が，私に注意を向けるよりも，自身のことを考えたり，またぼんやりしていたり，もしかして死んでしまったりしたら，私はいったい自分の最もほしいもの――まとまりのある人格，自分のアイデンティティ，自分の顔を，どのようにして得ていくことができるのだろうか」。治療者の存在の全体が，彼に危機をのりこえるための十分なアイデンティティを与えることができ……彼にはアイデンティティを与えるものに直面するために突き進む願望があった。

（Erikson, 1964, pp. 63–66）

ここで強調されたのは、患者がエリクソンからある種の合意と承認を必要としていたことである。興味深いことに、この患者との仕事に関して、エリクソンは「私はあるボーダーライン患者について心配しすぎている。彼がボーダーライン上にいるとき、私には彼がこちらに向かっているのではなく、どこかに行ってしまうように見えてしまう。マシにはなっているが」と綴っている。一九五二年にリッグス・センターでの仕事について同僚に宛てた手紙には、次にようにしたためている。

私はセンターの研究員たちの訓練分析家であるが、しばしば、若いボーダーライン患者たちのおびえた治療者でもある。私は彼らを、いわゆる正気のこちら側にとどめておくことに努めている。彼らは一緒に仕事をするのにすばらしい人たちだ。ひどく単刀直入であり、冷淡に物事を見極めながらも、ある特定のあたたかさと道理の組み合わせに対しては強い反応を示すのである。

また一九五五年に同僚に宛てた別の手紙でエリクソンは「これは今までで最も明解なアイデンティティ拡散の事例である。少なくとも、このことについては、ますますはっきりしてきている」と述べている。ロバート・ウォーラースタインとハワード・レヴァインという二人の著者は、エリクソンの夢分析アプローチの重要性について、かなり詳細に述べている。レヴァイン（1998）は、エリクソンが「過去や現在の人生テーマや葛藤の巧みな描写」（p. 26）を示しており、彼によるフロイトのイルマの夢の分析が「息をのむほどすばらしい」（p. 37）ものであり、「イルマの夢の再分析は、分析的再構築の偉業である」と論評している。どちらの著者も、エリクソンの夢の論文は、フロイトの『夢判断』以来、夢についての最も重要な貢献であると考えているのである。

エリクソンが自身の進化する自我心理学的観点を活用し、それを顕在夢の次元に関する独自の理解と統合させせていったなかで忘れてはならないのは、彼の一九五四年の論文である。そこには、すばらしく、かつ複雑な、夢分析のための目録と概要も記されていた。そこには「夢の心理的布置《コンフィギュレーション》の構造」のリスト、例えば言語、感覚、そして対人関係の指標などが含まれており、夢の本質的次元が強調されていた。興味深いことに、フロム（Fromm, 2002a）はこの仕事がいかに「フロイトのより狭い解釈をはるかに超えており、精神分析がどのように「表層に新たな深さを与える」のかについて、説得力をもって示してくれた」（p. 11）と論じている。

エリクソンの夢分析で重要な、もう一つの側面は顕在夢に関連することであり、そこで彼はふたたび、自我心理学的観点を活用している。それらに共通する信念は、それら（顕在夢と自我）の表層性が深さの欠如であると誤解される点である。エリクソンは、多くのものが夢の殻だと捉えていた内容が、じつは夢の「中核」である、という考えを手放すことはなかった。「我々は、直面するたびに、夢の顕在的な外見を、あたかも無用な殻であるかのように、急いでかち割り、とっとと破棄して、より価値のあるように思われる中核にたどり着こうとするのである。顕在内容は、実を覆う単なる殻ではない」（Erikson, 1954, p. 17; Schlein, 1987, pp. 246-247）。また重要なのは、夢を見た本人の経験する、かかわりの現実〔かかわり関与性〕にエリクソンは関心を寄せていたことである。つまり、覆い隠された願望やそれがどのように隠せなくなるのかにではなく、夢を見た本人の経験が、どのようにその人自身の自我機能を、よいまとまりがあり、中心性があり、そして効力感があるものとして、回復することができるのかに関心を向けるのである。エリクソンが問うのは、「人が回復するために、しっかりとした自我が、夢の中で何ができるのだろうか」ということである。

一九五三年にエリクソンに宛てた手紙で、同僚のロバート・ナイトは「夢の見本」論文について次のように綴っている。

今日の昼食時にお伝えしたように、私は昨夜［あなたの］論文を一気に、そして夢中になって読みました。私は長らく、あなたの論文ほど感動しながら、そして敬意を抱きながら読ませていただいた論文、ましてや精神分析に関する論文には出会っていませんでした。実際、わざわざ言う必要もないことですが、キーツのソネット『チャップマンのホメロスを一読して』を思い出しました。並はずれた展望、数多くの豊かなアイデア、欠けることなく全体が執筆されている美しさ、綿密でまことに思慮深い分析、ご自身の考えにもとづいた、夢解釈に関するとても独創的な貢献――これらすべてがとても印象深く、とても感動しました。あなたが私たちの仲間であることをとりわけ誇りに思います。

エリクソンは、分析家が伝統的に、合理的で知的な洞察の力に依存してきたことに異議を申し立てるとともに、彼はまた、現実という概念に関する自我心理学的な観点を、とくに治療的出会いと治療的プロセスの中に存在するものについて、明らかにしようと試みている。エリクソンは人間の自我の力について、そして健康を取り戻した患者のために、そのエビデンスを発見することに興味をひかれていることについて、驚嘆と驚異をもって語っている。「このような証拠は分類するのがなかなか難しい。というのは、それは思いがけない出会いから出てくるものであり、また理論にもとづいた予測を超えた好機に出てくるものだからである」（1964, p. 162）。エリクソンによると、出会いの経験によって患者がよりまとまりをもち、断片化が収まるほうに向かうようになるような治療的な機会《モーメント》を、臨床家がよく見逃してしまうというのである。

エリクソンのもつ観点は、近年ダニエル・スターン（Stern, 2004）によってより明確に述べられている。スターンの著書は、「出会いの瞬間 moments of meeting」や「現在の瞬間 present moment」の重要性と、それがいかに治療の中で決定的に重要であり、いかに修正力のあるもので、癒やしをもたらし、そして変容を促すのかを強調している。そのような「芽生えのモーメント」には、変化の可能性と本当の機会が存在するのである。このような体験を重視する視点は、治療における力動と今新たに芽生えつつあるプロセスと関連し、きわめて対人関係論的で、関係論的であり、そしてそれはエリクソンのいう自我の活性化《アクティヴェーション》の必要で不可欠なプロセスにつうじるものである。スターンはこのような「他者とともにある新たな方法」や、他者について考える新たな方法について熟考し、治療者がどのように現在の瞬間の諸側面を見渡し分析できるかを強調しているのである。レストン・ヘイヴンスは「自己の実存的活用 The Existential Use of Self」(Havens, 1975) という独創的な論文において、実存主義的著作のレビューを行っており、スターンとエリクソンが触れる、関係性を成り立たせている材料の多くを強調している。

これら「関係的瞬間 relational moment」の重要性が示唆するのは、理解や洞察によってではなくて、継続する関係性の中での経験によって変化が生じるということである。この相互作用的なプロセスが照らし出すのは、瞬間における対人関係の経験であり、それは自我の活性化と活性化における相互性というエリクソンの観点と一致するものである。明らかに、治療的な相互作用の中で何か特別なやりとりがあり、そこで治癒のプロセスが生じることによって、人は自分自身についての感覚が変わるのである。

エリクソンはかつてアンナ・フロイトと議論するなかで、彼女が、自分が愛されていると感じはじめた子どもは、見た目もずっと美しくなる、という所見を述べたと言ったことがある。エリクソンは冗談半分に、次のように言った。「それじゃあ、リビードが一人の人から、もう一人の人へ乗り移るのかな……私たちの内的な心理・経済論的な理論では、どうやってエネルギーが人の外観全体を変えるのかについては何一つ教えてくれませんね」(1964, p. 162)。エリクソンによると、いまだに我々は分析的と呼ばれるこの方法論を体系的に研究する技術をもたない。しかし、もしかすると、それは相互作用の中にある「人間の精神 the human spirit」と何らかの関係があるのかもしれないというのである。

次にエリクソンは「自我のかかわり関与性《エゴ・アクチュアリティ》」という概念を導入することで、進化する治療的出会いについての彼の考え方を主張する。それは「実際にかかわっている状態、現在の状態、現在に動いている状態、直接に存在している状態ということから，……活性化する……の意味は，動きを伝え，前向きに人間的な価値を生み出す」(1964, p. 164) のである。このようなかかわり関与の対人関係的プロセスは，ある程度の活動性と，「直接の接触と相互作用の中で確かめることのできる世界」(1964, p. 163) を含んでいるのである。ここでエリクソンが導入するのは，治療プロセスへの「直感的・行動的な参加」の重要性についてである。しかし彼は同時に，それらすべてがいかに我々にとっては，まだ理論的な考察の対象になっていないかということを，次のように認めている。「相互的な活性化は，この問題（自我の強さ）の中核である」(1964, p. 165)。そして「かかわり関与性《アクチュアリティ》とは，相互交流が新しい形をとることによって創造されるゆとりである」(Erikson, 1972; Schlein, 1987, p. 336)。エリクソンはドイツ語の *Spielraum*（ゆとり，遊び）という単語を用いて，人間の潜在能力の発展について論議している。それは直訳すると，「遊びの場……積極的なゆとりの空間と相互作用の領域」(Schlein, 1987, p. 524) である。

エリクソンは劇的な手法で，シェイクスピア（『トロイラスとクレシダ』）を引用しながら，人の活性化の概念を明確化しようとしている。

〔人は，〕どれほど才能に恵まれていようと，
また内面的外面的にどれほど多くのものを持っていようと，
他者との反射作用がないかぎり，所有するものを
誇ることも感じることもできない。
例えば人の美徳も，その光が他者に降りそそぎ，
熱を与え，今度は彼らがその熱を
その人に送り返してくる。（第三幕，第三場）

〔松岡和子訳（2012）『トロイラスとクレシダ』筑摩書房〕

これは人間の共感と人間の活性化についての力強い言及（つまり個人的な出会いにおいて人が他者にしてあげられること）であり、ライフサイクルをとおして経験されるさまざまな関係性（例えば、母親‐乳幼児関係、前思春期児童のチャム chum やバディ buddy、思春期青年と親密な友人やメンター、成人の伴侶やパートナー、そしてもちろん患者と治療者）と関連づけて論じるものである。エリクソンは、実際の臨床技法で言うと具体的に何を指しているのかについては結局明らかにしていないのだが、彼が記述しているのは、治療者によるある種の参与、反応性、存在感、そして関係の取り方についてのようである。それに関しては、彼はいつも「私たちにとって最愛の人たちが「対象《オブジェクト》」」と呼ばれることに困惑していた。

リッグス・センターで創造性のワークショップに参加したとき、私はシェイクスピア研究の権威と話をする貴重な機会に恵まれた。彼女にシェイクスピアのセリフを説明してくれるように頼んだのである。彼女は次のように述べた。

「反射作用」は他の人からやってくる光のことです。その光は何か、あるいは誰かに反射される必要があるのですが、それが本物であるとか生きていると感じるためには伝達される必要があります。それは他の人が存在して、そこにいるということへ焦点をあてることなのです。そのときに何かが光り輝くのです。人は、他の人から、光という形でエネルギーをもらう必要があります。他の人と交換することで、変化をもたらすことができるのです。それは人を変化させます。二人の人間がかかわり合うと、変容がもたらされるのです。

このような見解は、治療における修復的な瞬間と、患者がいかに、自我が断片化し孤立している状態からはじまって、活性化する状態へ移行できるのかについて、エリクソンの抱く感覚を支持するものである。イーディス・ウォートンが「ザンテにおけるヴェサリウス Vesalius in Zante」(Wharton, 1902)で述べている内容についても、同様のことが強調されているようである。つまり、「光を広げるには二つの方法がある。ローソクになるか、それともそれを反射する鏡になるか、である」。

エリクソンの未発表論文「人間である「私」The Human 'I'」は、人の「私」(あるいは個人の自我や自己、あるいは人の内的自己)についての、とても実存主義的な訴えである。その中でエリクソンは「内的な光」や「輝く光」そして「自己意識の明度」に言及している。(『マタイによる福音書』より)ガラリア人発祥のことわざを引用し、エリクソンは、「身体の灯りは目である。あなたの目が悪ければ、あなたは暗闇にいるだろう」と述べている。人の中心のための土台となるとなるように、我々のもつ「私」の感覚は、我々の意識に対してヌミノース的(聖的)な軸を与えている。そして、「生きているという感覚につながり、さらには存在するために不可欠な条件を満たしているという感覚につながるのである。「私」というありふれた贈りものが、なんという偉業をなしとげるのだろうか。そして、そのどれほどまでが、母親に認めてもらうことによって承認された能力によるものだろうか」。

エリクソンが何回かにわたり、聖書(『ルカによる福音書』第8章)にある、群衆の中に立っているイエスの服の裾を触った女性の話に言及していることが興味深い。その女性は、イエスが彼女の不治の病いを治せると思っていた。イエスは「誰かが私に触ることで、私からいくらかの力が抜けて、その人に取り込まれた。私から癒やしの力が抜けるのを感じた」、「たちどころに出血が止まり、彼女は治った」と言ったと聖書に記されている。それから、イエスは女性に次のように話しかけた。「娘よ、あなたの信仰があなたを治したのです。安心して行きなさい」。エリクソンは、そこで生じた人間的触れ合いの何かによって、その女性が治ったということを、味わい深く理解したのである。

治療プロセスというものを相互影響のネットワークとして、エリクソンがさらに深く眺めていくなかで、彼は治療パートナーの双方が活性化《アクティヴェイト》されていると感じていた。ここで彼は、ライフサイクルをつうじて関係性の中にある、（例えば母と子）双方のパートナーが相互作用の恩恵を受ける、「人間発達の黄金律」について次のように述べている。「他者を強くするものであっても、自分を強くするものを他者に働きかけることがベストな方法である――つまり、自分自身をのばすものであれば、他者の最良の可能性をのばすものだろう」（1964, p. 233）。この点で、エリクソンはつねに、治療者 - 患者のつながりというものが、本質的には双方のパートナーが互いに与えることで利益を得るという「他者を強くしているにもかかわらず、自分も強くする相互性」（1964, p. 233）だということを、臨床家は忘れてはならない、と考えていた。

明らかに、この相互作用のプロセスによって、それぞれの参加者が、ウィリアム・ジェームズ（William James）のことばによれば「最も深く活性化され、生き生き」とするようになり、「これこそが本物の私だ」と語りかける、内なる声を感じることができるようになるのである。このような内的プロセスはエリクソンにとって、「はつらつとした同一性と連続性の主観的感覚」（1968, p. 19）をともなうのである。ハンナ・アーレント（Hannah Arendt）が主張したように、「人間的関係性を欠いた人生はただ「物の山積み」でしかない……あたかも同じ場所をグルグル走り回っているような厳しい現実」（Fong, 2012）なのである。

『ライフサイクル、その完結』第二版（Erikson, 1997）の前書きで、ジョーン・エリクソンは、人間の相互作用の強力な潜在的可能性について次のように、さらに詳しく述べている。

我々が、住み、移動し、大地を共有するのは、このかかわり関与《アクチュアリティ》のなかなのである。触れ合いなしに成長はない。事実、触れ合いなしに生きることは不可能である。……そこで求められているものは、あらゆる関係の中で、気配り《タクト》と先見の明《ヴィジョン》を働かせながら生きていくのに必要な、生き生きとしたありようと物事を意識する力である。……聞く力と見る力に恵まれたのだから、見つめることを続け、聴くことを続けようではな

いか。 (Erikson, 1997, pp. 8–9)

エリクソンにとって、人間発達におけるその他の不可欠な構成要素はプレイの精神 spirit of playfulness である。一九九〇年ボストンで開催された「心理療法におけるプレイする心《プレイフルネス》に関する講演」で、ダーリーン・エーレンバーグが語ったのは、軽快さとプレイによって、治療が「表現力の新たな次元」へと開けることができるということであった。彼女は聴衆に対して、この種の分析状況でプレイすることには、「真正 authntic で個人的なかかわり合い engagement がなされ、快感が共有されている……しかし同時に分析的統合性も維持している」と語った。対人関係論的な視点に立つ彼女は、このような治療関係を「協同の探索 collaborative exploration」と呼んだ。ウィニコットによれば、プレイすることが不可欠なのは「プレイすることにおいてのみ、子どもでも大人でも、個人は創造的になることができ、パーソナリティの全体を使うことができる。そして、個人は創造的になることの中でのみ、自己を発見する」(Winnicott, 1971, pp. 60–61) からである。エーレンバーグやその他の人たち、例えばロロ・メイやフリーダ・フロム＝ライヒマンは、分析家は単に分析すること以上のことを行う必要があり、そのような分析には患者と個人的にかかわり合い、経験を共有する必要があると明言している。エーレンバーグ (1989) にとって、プレイする心のある雰囲気をもつ治療空間の創造は、楽しみや快感の相互体験を強調するものであり、それはとくに抑うつ的な人に有用なものであるとしている。

プレイの心の機能と、それが他者にどのような影響をもたらすのかについて語るなかで、エリクソンは「最も一般的な答えとしては、生きているものすべての本質に対してであると言える。具体的には、新しい形のゆとり……あるいは自由な動きを創造し……かかわり合い信頼し合っているという性質を帯びた感覚」であると述べた (Erikson, 1972; Schlein, 1987, pp. 315–316)。ここでエリクソンはふたたびドイツ語の *Spielraum* を用いて、この自由な動きを次のように説明している。

> 私が取り扱う「かかわり関与的」というものは、他者との相互作用の領域であり、そこで人はかかわり関与し、そしてそのかかわった人によってかかわり関与されると、捉えているのである。［他者から何らかの］働きかけを受けて交流するように誘われるときに、子どもは［自分が］活発であると感じるのである。そして［精神］分析で私たちが「自我」と呼んでいるものは、人が、自分の内的な世界を構成するだけでなく、他者と一緒に中心性と活性化を共有する感覚を取り戻すために用いる、秩序化する過程なのである。
>
> (Erikson, 1973; Schlein, 1987, p. 525)

エリクソンは、人間の発達に関する私たちの知識から学んできたことは、「人間関係は、リビードのバランスの悪さによってのみ障害を受けているのではない……相互的な関係の欠如によって、子どもが潜在的な強さに気づけなくなることでも、それは損なわれている」(Erikson, 1964, p. 78) ということだと読者に語りかけている。私は以下に、エリクソンが長年にわたりケースカンファレンスや、著作物のなかで語っていた表現を用いて、治療関係の強力な影響について強調した内容に収斂された文章を示したい。

> すると治療において……患者がもし断片感や孤独感に支配されていたら……彼らは、私たちが彼らに提供できる回復の方法の恩恵を受けることができる。……それは説得力のある治療者の存在感と……まとまり《ホール》のある状態《ネス》、直接性《イミディアシー》そして相互性《ミューチュアリティ》を彷彿とさせるものをとおしてである。……介入とは最も広義には、関与を意味し、……それは成長の全般的な力動に働きかけるものである。

エリクソンの対人関係論‐関係論的な精神分析的観点のさらなる理解を試みるためには、彼の精神分析的方法論のまた別の側面、つまり彼の幼児期についての関心と、彼の母子関係の理解によって浮かび上がる側面を検討することが重要である。情緒的な育みと環境からの供給に関するウィニコットの理論のように，この相互作用についてのエリクソンの理解は，また，心理療法的な治療関係のモデルになることもできる。プレイというプロセスが人間の発達において，人生の早期，つまり幼年期にはじまるものであり，また基本的信頼についての世間一般の考えを超えたものとして，エリクソンは治療プロセスを，自身のもつ乳幼児行動の理解にもとづいて考察しているのである。彼はとくに，幼児の宇宙を整理する基本的感覚として，視覚の決定的重要性とともに，いかに「母親の顔が，発達する相互性の感覚の基礎となり，そして基本的信頼が心の生命力の前提条件となるのか」（Erikson, 1977, p. 87〔訳注：原著に確認できず引用元不明。類似の内容が Erikson, 1972（Schlein, 1987, p. 31）に記載されている〕）に焦点をあてている。

エリクソンは肝心の概念のいくつかを，結局詳しく説明することなく発表している――「認識の相互性 mutuality of recognition」や「くつろぎ合う相互の関係 mutuality of relaxation」〔訳注：Erikson, 1963, p. 76〕――そして前述（第5章参照）のジーンという子どもの症例の論議で，エリクソンはジーンがいかに「母親のくつろいだ愛情を，それを最も必要としたときに」（1950, p. 197）もらえなかったかについて触れている。それはまるで共感の不全についてエリクソンが言及しているかのようである。エリクソンは確かに，母親‐乳幼児関係における相互作用の本質は，パートナーである両者が，ともに重要な存在と感じられるよう，そして新鮮な気持ちを感じられるように持ち上げてくれて，相互認識が強調されるものであると考えていた。他の人ももちろんであるが，エリクソンの考えでは，人は生まれながらにして，このような認識，相互確認，そして証明すること，とくに顔と顔を向かい合わせて認識することを求めているのである。エリクソンは人間の顔を「対人的な仲立ちをするいちばん重要な部位」（p. 48）と呼んだのである。

一九七三年のリチャード・エヴァンス（Richard Evans）への私信で，エリクソンは乳幼児の活動について次のように述べている。

> 私は幼児を単なる影響の受け手として見ることを否定します。最初の段階は摂取にまつわる様式に支配されています。この様式は、定義上、積極的で（遊び心《プレイフルネス》も）あり、幼児が積極的に受け取ること（例えば、母親の乳房との口唇的な出会いを求めたり、母親の目との感覚的な出会いを求めること）を、母親が与えるように刺激するのです。私の考えでは、これは幼児に信頼が確立され、母親に受け入れられ（更新され、実現され）ることとまさに同じ過程なのです。

エリクソンの描写するこのようなプロセスは、かかわり関与《アクチュアリティ》、活性化《アクティヴェーション》、そして相互性《ミューチュアリティ》という概念を浮き彫りにして捉えるものであり、母親－乳幼児関係の研究者たちは、それらを乳幼児期の対人関係的な出会いに欠かせない成分であると同定している。ここで強調されるのは相互適合 mutual fittedness と、確証《アファーメーション》と認証《サーティフィケーション》の過程、そして遊び心《プレイフルネス》であり、母親は「広範にかかわり関与する……幼児の周りにいるだけでなく、時間の経過とともに心の中に住み着いていく」（Erikson, 1977, pp. 81, 88〔訳注：正確な引用元不明〕）存在として経験されるということである。かかわり関与の過程は不可欠なものであり、そこで起こっているのは、パートナー双方のアイデンティティが、このような新たに発生し継続するシステムによって強化されることである。一九五二年のケースカンファレンスにおける議論で発言したように、エリクソンは乳幼児の潜在的可能性に大きな信頼と信義を寄せており、「人間的出会いによって与えられた機会の広大な領域を利用」できると確信しているのである。したがってエリクソン（1972）としては、次のように述べるのである。

> もしも視覚が感覚領域の基礎的な形成体であるとすれば、そして、もしも人が自分の顔を他者に見られることが相互性の感覚を経験するもとになるとすれば、古典的な精神分析状況におけるカウチの利用はまさに精巧な［視覚］遮断実験といえる（Erikson, 1972; Schlein, 1987, p. 319）……そこでは治療者と患者の目が、互い

に交流することのできないために——最も永続するはずの確証、そして向かい合って目と目が接触することを避けてしまうことになるのである。

(Schlein, 1987, pp. 138–139〔訳注：正確な引用元不明〕)

エリクソンは、精神分析的治療の取り決めとカウチの利用について考察している。*

患者に次のような状況を強いるからである。①終始あおむけの姿勢をとる（人間の出会いにおいて顔を上げた姿勢の重要性を想起せよ）。②顔を向き合わせ、目と目を合わせることを回避する（顔を合わせてほほえむことによる相互的認知の決定的重要性を想起せよ）。③会話的なやりとりを排除する（「私」というものの輪郭を相互に描く際の会話の重要性を想起せよ）。最後に、④長く続く分析家の沈黙に耐える。

(Erikson, 1982, p. 101)

---

* 原注　エーリッヒ・フロム、ハリー・スタック・サリヴァン、ロバート・ナイト、そしてシャンドール・フェレンツィといった、他の精神分析のパイオニアたちが、精神分析治療の本質的な特徴として、対面での出会いの重要性に重きを置いていたことは有名な話である。エリクソン同様に、フロムはカウチを義務的に用いることに反対し、ふたりの人間が通常のように対面して出会うことを好み、カウチが作為的な小道具であると感じていた。興味深いことに、ライナー・フンクの著書『クリニカル・フロム——治療的技法についての個人の談話と論文 *The Clinical Erich Fromm: Personal Accounts and Papers on Therapeutic Technique*』(Funk, 2009) は、フロムの概念である「生産的関係性 productive relatedness」を強調し、彼がいかに「自分らしくいられることを、より容易にしてくれる対面のコミュニケーションを高く評価した」か、そして「患者と分析家が互いを見ることができるのが早ければ早いほど、患者が正常な状態に近づく」(Funk, 2009, p. 39) ということを説明している。

臨床家の修復的な責任を強調するうえで、エリクソンは、「過去を解明しさえすれば事足りると思いがちな我々臨床家の習慣を、何としても克服せねばならない」(1964, p. 174) と言う。エリクソンはカウチの利用に大いなる価値を見出していた一方で、彼はその（治療）過程が「厳格な対人関係」と「使い捨ての顔 expendable face の禁欲」(1958, p. 151) が含まれているものだと述べている。エリクソンは次のように言っている。「相互認識を求めて、直接見つめ合うことで……相手のまなざしに確かなアイデンティティを［獲得する］」(1958, p. 115) のである。

遊び（プレイ）について、そして母親 - 乳幼児の相互作用における視覚の決定的重要性についての見事な章である、「見ることとは希望をもつこと」(『玩具と理性』) で、エリクソンは次のように記している。

ジョーン・エリクソンが言うように、「我々は目との関連で人生をはじめる……配慮や愛情が伝達されるのも、またよそよそしさや怒りが伝達されるのも、この目をとおしてである。成熟して大人になっても、この目の中心性が変わることはない。我々が他者ともつ社会的交渉は生涯をつうじて、目に焦点づけられている」
(Erikson, 1977, p. 47)

ある非常に退行した患者について、治療がどうして失敗したと思うかと質問されたエリクソンは、次のように答えたのである（ケースカンファレンスの記録より）。

彼女の分析は、非常に甘やかしすぎな一方で剥奪してもいる……彼女には別のオリエンテーションが必要でしょう。比較的安全な価値（よりまとまりのある自己ということか?）をもっていない人は、誰も分析的手続きの対象になるべきではないし、それに加えて、顕著な退行傾向と突出した病理をもつ人は、尚更ではないでしょうか。精神分析とは、実験的な退行の（をともなう）方法論だといえます。つまりある人を、いろいろな方法で、転移や自由連想などの、いろいろな段階をとおして、退行するように誘うわけです。言うまでもなく、そのような退行については、分析の時期によって異なって見えるはずです。つねに何らかの自我の回復があるはずですし、解釈から学ぶ能力が発揮されているはずです。顕著な退行傾向があり、立ち戻ったりすがりつづけるような確固たる価値観のない人は、このような長期の治療を受けても、退行の内容に十分な変化が見られないので、何か別のものが必要となります。治療者は決して患者から見えないところに自分の顔を引っこめるべきではなかった。あるいはもっと早い時点で、この患者がそのように治療者の顔を引っこめられる程度の剥奪にも耐えられないことに気づくべきだった。

文　献

Coles, R. (1970). *Erik Erikson: The growth of his work.* Boston, MA: Little, Brown, and Co. E. H.（鑪幹八郎監訳（1980）『エリク・H・エリクソンの研究　上巻・下巻』ぺりかん社）

Ehrenberg, D. (1989). Playfulness in the psychoanalytic relationship. Paper presented at the annual meeting of Division 39 of the APA, Boston, MA.

Erikson, E. H. (1940). Problems of infancy and early childhood. In *Cyclopedia of medicine* (pp. 714-730). Philadelphia, PA: Davis & Co.

Erikson, E. H. (1950). *Childhood and society.* New York, NY: W.W. Norton.（草野栄三良訳（1954, 1955, 1956）『幼年期と社会　前篇・中篇・後篇』日本教文社）

Erikson, E. H. (1954). The dream specimen of psychoanalysis. *Journal of the American Psychoanalytic Association, 2,* 5-56.

Erikson, E. H. (1958). *Young man Luther: A study in psychoanalysis and history.* New York, NY: W.W. Norton & Co.（西平直訳（2002, 2003）『青年ルター　1・2』みすず書房）

Erikson, E. H. (1963). *Childhood and society* (2nd ed.). New York, NY: W.W. Norton.（仁科弥生訳（1977, 1980）『幼児期と社会　1・2』みすず書房）

Erikson, E. H. (1964). *Insight and responsibility*. New York, NY: W.W. Norton.（鑪幹八郎訳（2016）『洞察と責任――精神分析の臨床と倫理』［改訳版］誠信書房）

Erikson, E. H. (1968). *Identity: Youth and crisis*. New York, NY: W.W. Norton.（中島由恵訳（2017）『アイデンティティ――青年と危機』新曜社）

Erikson, E. H. (1972). In play and actuality. In M. Piers (Ed.), *Play and development* (pp. 127-160). New York, NY: W.W. Norton.

Erikson, E. H. (1973). Thoughts on the city for human development, *Ekistics, 35(209)*, 216-220.

Erikson, E. H. (1977). *Toys and reasons: Stages in the ritualization of experience*. New York, NY: W.W. Norton.（近藤邦夫訳（2000）『玩具と理性――経験の儀式化の諸段階』［新装版］みすず書房）

Erikson, E. H. (1982). *The life cycle completed*. New York, NY: W.W. Norton.（村瀬孝雄・近藤邦夫訳（1989）『ライフサイクル、その完結』みすず書房）

Erikson, E. H. (1997). *The life cycle completed* (2nd ed.). New York, NY: W.W. Norton.（村瀬孝雄・近藤邦夫訳（2001）『ライフサイクル、その完結』［増補版］みすず書房）

Fong, B.Y. (2012, March 18). Freud's radical talking. *New York Times*.

Friedman, L. (1999). *Identity's architect: A biography of Erik Erikson*. New York, NY: Scribner.（やまだようこ・西平直監訳（2003）『エリクソンの人生――アイデンティティの探求者　上・下』新曜社）

Fromm, M. G. (2002a). Erikson on dreams. *The Austen Riggs Center Review, 15*, 10-11.

Fromm, M. G. (2002b). Introductory remarks. Presented at the Massachusetts Institute for Psychoanalysis event honoring the anniversary of Erik Erikson's 100th birthday, Cambridge, MA.

Funk, R. (2009). *The clinical Erich Fromm: Personal accounts and papers on therapeutic technique*. Amsterdam: Rodopi Press.

Havens, L. (1975). The existential use of self. *American Journal of Psychiatry, 131*, 1-10.

Levine, H. B. (1998). Erik Erikson's dream specimen paper: A classic revisited. *Psychoanalytic Study of the Child, 53*, 25-42.

Roazen, P. (1976). *Erik Erikson: The power and limits of a vision.* New York, NY: Free Press.（福島章・高原恵子・大沼隆博訳（1984）『アイデンティティ論を超えて』誠信書房）〔訳者による付記〕

Schlein, S. (1987). *A way of looking at things: The selected papers of Erik Erikson, 1930–1980.* New York, NY: W.W. Norton.

Stern, D. N. (2004). *The present moment in psychotherapy and everyday life.* New York, NY: W.W. Norton.（奥寺崇・津島豊美訳（2007）『プレゼントモーメント――精神療法と日常生活における現在の瞬間』岩崎学術出版社）

Wharton, E. (1902). Vesalius in Zante (1564). *North American Review, 175,* 625–631.

Winnicott, D.W. (1971). *Playing and reality.* New York, NY: Basic Books.（橋本雅雄・大矢泰士訳（2015）『改訳　遊ぶことと現実』岩崎学術出版社）

第10章 青年期の心理療法的治療

ERIKSON'S PSYCHOTHERAPEUTIC TREATMENT OF ADOLESCENTS:

——実存的・発達的展望

An existential/developmental perspective

エリクソンの青年に対する臨床的方法論と心理療法的技法は、彼の人間発達の心理社会的観点およびアイデンティティ危機への現象学的・経験論的視点に依拠している。時間をかけた成長は、アイデンティティの感覚の強化をともないつつ、最初からパーソナリティの漸次的展開として現れる。よって、アイデンティティに関して述べることは、本質的に、過去、現在、未来について述べることなのである。エリクソンは次のように言う。

> 自我アイデンティティは、誕生の瞬間から「自然に増えていく自信」——変化のただ中にあってもともかく自分は自分であるという自信である。つまり、自分は「内面的同一性と連続性」をもっていて、他人はこれを認めることができ、また、無意識のうちにもごく当たり前のものと考えられるほど確信のもてるものである。
>
> (Erikson, 1968, p. 17〔訳注：実際は『エリク・H・エリクソンの研究』(Coles, 1970, p. 165)〕)

エリクソンは「アイデンティティの発達分化《エピジェネシス》」に言及している。それは、命を得た最初の日からライフサイクルの最後まで、時間をかけて進化するプロセスである。しかし、青年期に最も優勢な存在感を示す。エリクソンが強調するのは、青年の経験する世界についての内的な主観的感覚、つまり個人の核心に存在する内的プロセスであり、人がアイデンティティをもっていると自覚したときに、それがどのように感じられるのか、についてである。エリクソン（1968）は、しっかりとしたアイデンティティが人にとってどのように役立つのかを問い、そして個人が「自分が行っていることと自らを一体と感じ、そしてそれが達成されたとき、プレイはより独創的になり、健康は内から光を発するように輝き、セクシュアリティはより自由になり、仕事はより意味を帯びたものになる」（p. 33）と述べる。これよりは気軽な言い方になるが、リッグス・センターのケースカンファレンスで、混乱した若者についてエリクソンは個人的な見解を口にした。それは、この悩める青年が他の文化でどのように扱われるのかに光をあてるものであった。

これはとてもおかしな事例です。もちろん、いくつかの意味においておかしいと思います。それは彼がボヘミアンを絵に描いたような人、放浪するヨーロッパの若人《わこうど》を絵に描いたような人だからです。ヨーロッパでは、このような人は数年間このようなことをすることがあります。私もそうでした。そして回復して……職業を見つけるのですが、彼のあり方を決定づけるわけではありません。しかし、彼が最も異議を唱えているのは、アメリカではこういうことが決定づけられてしまうことです。ヨーロッパでは、こんな人を見ても数年後には大丈夫になる……やらせておけ、ということになります。

エリクソンの臨床的治療姿勢を包含した、いくつもの決定的な材料がある。その中でも必要不可欠な要素は、実存主義的な観点をもつ発達的な関心事としてのアイデンティティ概念から派生しているものである。その枠組みには次の事項が含まれる。

- 人が自分自身を、心理・社会的な幸福の感覚をもちながら、どのように経験するのか
- 内的同一性と連続性と内的一体感に関連する、自分の独自性についての内的な感覚
- 我々を我々たらしめる個人のあり方にまつわるスタイル
- 数多くのアイデンティティ要素や断片を、独自の主観的自己感へと、望ましくは何らかの統一感および、「自分が重要と思う人びとから期待したとおりに承認してもらえたという内なる確信」(1968, p. 17〔訳注：実際には p. 165〕)へと、自我が統合することにまつわる内的プロセス
- 「各々の危機から個人の内的な統一感覚を高め、判断力を高め、物事をうまくこなす能力を高めて再起する」(1968, pp. 91-92) という希望を抱いている、〔何者かに〕なる実存的なプロセスと自己定義の力動

その著書の全編にわたって、エリクソンは、発達的危機から回復しようとする青年の努力について記述している。危機とはきわめて重大な転機のことであり、回復とさらなる分化のためには、成長のための資源を結集する必要がある。エリクソンがはっきりと述べているのは、その危機の重篤度を臨床家は見極める必要がある、ということである。つまり、それは一過性の危機であり、より発達的な性質を帯びているものなのか。それとも、より急性の危機であり、はっきりと精神病理の要素を見せているものなのか。彼のアイデンティティの問題に関する臨床的および診断的理解は深く、青年が——大人についても同様に——はたして軽度のアイデンティティ危機に悩まされているのか、それともボーダーライン(境界例)状態にいたるような、「アイデンティティの混乱」や「自我アイデンティティ」の喪失をともなう、より深刻なものであるのかを見極められるのである。

このボーダーライン(境界例)状態とは、独特の力動的な条件の一群を含んだ、より病理的な状況を示すものである。つまり、不調の症候群、目にあまる自我機能不全の兆候、自我の統合性の喪失、自我アイデンティティの感覚の中枢の喪失である。以下のような決定的な診断要因と定義可能な症状が関連する。

- 一個人として変わらないでいることや、人生史上連続しているという感覚が喪失すること。それは絶望的な疎外感と孤独、そして自信喪失をともなうものである
- 自我の内的中枢の統制《コントロール》に努力を要すること
- 自我の境界が衝撃を吸収するための内と外を線引きする機能を失うこと
- 何か性急すぎるものや猛烈すぎるものに、不安と怒りがかき立てられること
- 外的刺激と身体感覚の過敏さによって攻撃されたと感じる、「驚かされた」感覚システムが存在すること
- 睡眠と夢を見るのに必要な感覚のふるいわけが回復することに影響をおよぼすような、不眠症が存在すること
- 健忘症と混乱が時間の喪失をもたらすこと
- 連続性と同質性の内的感覚が崩壊しはじめ、そして自分が「誰」なのかを見失ってくる——あたかも自分がもはや「誰」かわからないかのように——につれて、全般的な恥ずかしさの感覚に駆られること
- 連続性と同質性の感覚と、自らの社会的自己に対する信任が失われること
- 自我アイデンティティ（自己の感覚）が崩壊して、肉体的、性愛的、社会的、職業的な断片に散らばること

エリクソン（1968）は、これらの診断上の特徴がボーダーライン（境界例）の精神病理を定義づける特徴であることを認めている。そう認めつつも、治療においては「そのような特徴をもつ」青年に「自分自身になることへ招待状」（1968. p. 169）をいつでも手渡す用意をしているのである。

一九五六年にはじめて公刊され、その後『アイデンティティ——青年と危機』（1968）の一章として再掲された

「自我同一性の問題 The Problem of Ego Identity」という重要な論文の中の、「病跡学的な研究――深刻なアイデンティティ拡散の臨床像 Pathographic : The Clinical Picture of Identity Diffusion」という節で、エリクソンは、いかにして「青年自身が、身体的な親密さ、しっかりとした職業選択、心理・社会的な自己定義が組み合わされて、それらにさらされていると気づいたとき――すべてが心理的麻痺状態を引き起こす可能性があるか」(1968, p. 166) について述べている。ここでは、数多くの経験によって数多くの要素が積み重なるにつれて、プレッシャーが一気にやってくるのだが、その中でも親密性の課題が最も大切な要素となる。

他者との真のかかわりは、しっかりとした自己定義の結果であり、その証しである。アイデンティティが保証されているという感覚がもろいときに、親密な接触をすることの結果として起こりうる問題について、エリクソンは次のように述べている。

> 青年は、友情や競争、性的な戯れや愛情……をとおして、少なくとも暫定的で遊戯的な親密さを探そうとするが、その際に、あたかもこうした暫定的なかかわり合いが、対人的な融合となってアイデンティティの喪失をもたらす、それゆえに張りつめた内的抑制が必要であるかのように、関与しすぎないように注意するという特別な緊張を経験する場合が多い。
>
> (Erikson, 1968, p. 167)

エリクソンが再認識させてくれるように、若者の多くには、救済してくれるリーダーやメンター、あるいは安全な対象として自らを提供してくれる大人との融合が必要である。このような相手は「実験的に身を捧げることのできる安全な対象、あるいは、親密な相互性に向かう最初のステップを再学習する際の案内役であり……こうした人間の下で、徒弟や弟子になりたがり、追随者に、性的奴隷に、あるいは患者になりたがる」(1968, p. 168) のである。

したがって治療においては，「カウチは若者に合っていない」とエリクソンは述べるのである。

彼らには，眼と顔がもつアイデンティティを与える力が必要である。彼らは私たちと向き合うことを望んでいる。それも，親代わりとしてではなく，援助の専門家という仮面をつけてでもなく，ただ一人の人間として向き合うことを求めている。（Erikson, 1958, p. 17）

エリクソンの視点には，セラピストの技法に必要な二重の立場についての考えが含まれている。つまり，解釈によって癒す人でありながら，しかし同時に，肯定のモデルとメンターという不可欠な役割にも取り組むというものである。したがって，転移モデルを超えて，新しい人としての分析家との関係に，最も根源的な絆が立ち現れるのである。この論文の全体に見られるのは，治療の成功のために必要な臨床家の修復を担う責任の強調とともに，「若者の中にある，持って生まれた力強い資源」と回復する力強さについてのかたい信念である。

青年が周りの人たちから「認められる」のを必要としていることを，エリクソンは十分認識していた。それは単に達成を承認される以上に，信頼深い相互性をともなう関係性のもとで，一個人として応答してもらうことでもある。そのような承認が，青年の自我が必要とする強力で不可欠な支援を提供するということの大切さを，精神分析家は十分に理解してこなかったというのがエリクソンの考えである。このような観点から，防衛的な側面を強調するアンナ・フロイトに対して，彼は批判的である。エリクソンは，自我の回復する力と，青年のレジリエンス（回復力），内的資源，洞察力を強く信じており，そして，私は精神科の患者だという感覚ではなく，私は生きているのだという感覚のほうを支えるべきだ，という信念をかたく抱いているのである（Erikson, 1958）。

青年は，現実の人としての分析家の存在をとおして，古い台本を新しい版へと巧みに修正するのである。エリクソン（1964）が強調するのは，「若者は信じられる何かを，そして未来の希望へと道を指し示してくれる誰かを要求している」〔訳注：正確な引用元が不明〕こと、そして「実験的に身を捧げることのできる安全な対象に、あるいは、親密な相互性に向かう最初のステップを再学習する際の案内役になってくれる誰か」（1968, p. 170）を必要としている点である。この視点は、青年に承認と応答をもたらすセラピストの基本姿勢を決定づけるものである。その承認と応答は、青年が「自分自身になるための促進剤」であり、治療関係におけるかかわり関与《アクチュアリティ》の役割と相互確認のプロセスであり、そして青年が「彼の自我にとって不可欠な支援」（1968, pp. 168-169）を得るために必要とするものである。エリクソンは、相互的に活性化する対人関係プロセスの結果によって自我の成長が生じるという信念から、青年の変化はモデルを模倣することや同一化することではなく、対人的な出会いが触媒となって可能になるものだと述べている。このような相互性を重視した視点は、ハリー・スタック・サリヴァンの著書を彷彿させるものであり、また心理療法におけるセラピストのメンター、ガイド、そして触媒としての役割を強調するものである。このような治療的スタンスを念頭に置きながら、思春期に治療を受けていたある大学生に関する、リッグス・センターでのケースカンファレンスで、エリクソンは次のように述べている。

私はこのような事例で何が危険かわかりません。しかし私の感覚としては、彼のセラピストは、彼のイドの側面、そのいくつか［だけ］を理解していたのだと思います。セラピストは自我の問題を理解していなかった。セラピストは支持することなく、解釈を与えることによって少年を危険にさらしていたのです。セラピストは現在の問題に取り組むことなく、子ども時代の問題を彼に直面化させていたのです。

エリクソンが記述した独自の治療的展望は、一九六〇年代にイギリスのロナルド・レイン（Laing, R.）が、重篤なボーダーラインや顕著に悪性な退行状態の患者についての著書に記して以来のものであった。退行の引力に身を任せている者や、まさにこのような経験を必要とする者が、退行的経験をすることにエリクソンは非常に協力的であった。それは患者が精神病理から浮上し、修復の段階に移行するという希望にもとづいてのことであった。

このような自我のための退行とは、患者の「どん底を根源的に探索すること［も含めて］、退行の引力になかば意図的に屈すること」であり、そしてエリクソンにとって、それは「再進展への唯一の確固とした基盤」（1968, pp. 212-216）を得る機会である。一九七〇年代にリッグス・センターのスタッフだったエリクソンが、このような治療的観点に与えた影響と支持は特筆に値する。筆者自身、それをエリクソンとの会話をとおして直接経験しているし、それはまた、一九五〇～六〇年代にリッグス・センターでエリクソンの教えに強い影響を受けた筆者のスーパーヴァイザーたちによっても支持されてきたのである。

文　献

Erikson, E.（1958）. *Young man Luther: A study in psychoanalysis and history*. New York, NY: W.W. Norton & Co.（西平直訳（2002, 2003）『青年ルター　1・2』みすず書房）

Erikson, E.（1964）. *Insight and responsibility*. New York, NY: W.W. Norton.（鑪幹八郎訳（2016）『洞察と責任――精神分析の臨床と倫理』誠信書房）

Erikson, E.（1968）. *Identity: Youth and crisis*. New York, NY: W.W. Norton.（中島由恵訳（2017）『アイデンティティ――青年と危機』新曜社）

訳者あとがき

本書はStephen Schlein: *The Clinical Erik Erikson*. Routledge, London and New York, 2016の全訳である。本書のことは、現在オースティン・リッグス・センターの顧問をしているジェリー・フロムさんに紹介してもらった。かつて、筆者がリグッス・センターに所員として滞在したときの同僚である。彼は、二〇一七年五月に日本発達心理学会（広島大学の岡本祐子大会委員長）に招かれて、エリクソンのライフサイクル論についての講演をした。そのときの日本滞在中に、本書の話を彼から聞いた私はすぐに購入した。そして、読んですぐに訳すことを決めたのである。

＊＊＊

本書は、第1章に述べられているように複雑な経緯をたどり、長い年月をかけて出版された。もともとエリクソンは、個人のプライバシーに関係することを公表するようなことはしたくないという考えをもっていた。しかし、本書の著者シュラインさんの説得やエリクソン夫人であるジョーンさんの熱意で実現することになった。エリクソンのライフサイクル論や青年期論などがどこから出てきたのか、その母体を明らかにするには、やはりエリクソンの臨床の場、またクライエントとの関係を具体的に示す「臨床ノート」は欠かすことができないという考えに、本書は基づいている。ただ、長きにわたる編集期間の中で、重要な臨床資料の一部が紛失したことなどもあって、資料的には大きな制限を受けている。しかし、幸いにも残ったエリクソンの手記が書籍という形で出版された。このことは、エリクソンの臨床活動を知りたい私たちにとって本当に朗報であった。著者のシュラインさんの粘り強い努力に感謝しなければならないだろう。

＊＊＊

エリクソンの著書は読者の幅が広く、精神分析、精神医学、心理臨床学、発達心理学、小児医学、児童精神医学などの関係者のみでなく、社会心理学、教育学、教職関係者、社会学などの研究者や関係者にも読まれている。また、大学の教養課程で学ぶ学生のテキストとしても使われている。エリクソンの影響の大きさを示すものであろう。いろいろの領域の方々から関心をもたれていることもあり、これまでエリクソンの著書はほとんど日本語に翻訳されている。しかし，一二冊ある翻訳書のうち、精神医学、心理臨床学、精神分析学などの臨床家の手になるものは二冊に過ぎない。

エリクソンのほとんどの著書の中には、彼が心理療法を行った事例がとりあげられている。エリクソンの著書は、精神分析的な心理臨床研究から生まれたものであり、その思考の展開も心理臨床的といってよい。彼の研究が心理臨床的なものであるという特性のために、これまで翻訳にはいろいろの問題があった。

＊＊＊

そのひとつが訳者の問題である。精神分析や心理臨床にあまり関係がなく、また、経験もないという人が翻訳を行う場合、エリクソンのいう「臨床的な事実」を十分に理解することが困難になることが起こりうる。これは英語の能力の問題ではなく、「心理臨床という場」の問題である。ライフサイクルやこころの発達、また青年期のアイデンティティの主題を語っていたり検討したりしても、エリクソンの立場は臨床的な場をつねに想定したものであるといえる。しかし、日本の場合、主に発達的な観点や青年期の諸問題の観点から理解され、また研究などに適用されてきた。それはそれで意義のあるものと思う。しかし、エリクソンの研究の中心である精神分析の心理臨床的研究から生み出された理論や志向が，十分に理解されないまま放置されてきたという印象があった。

例えば、青年期の発達的危機として、エリクソンは Ego identity 対 Identity diffusion and confusion をあげている。もともと Ego identity は「自我同一性」と訳されてきた。しかし、その意味は日本語となると、よくわからない。現在は、そのままカタカナで「アイデンティティ」という表現になっている。これは、日本語では表現できない内容の側面について エリクソンは論じているということになる。パーソナリティ発達の一側面の、日本ではこれまで光の当たらなかった側面に新しい光を当てた、ということになるのである。さらに「対 versus」という大事な用語が挿入されている。これは、精神分析の中心概念のひとつである、心理力動的な働きを示そうとしたものと考えられる。つまり、この二つは葛藤と緊張関係を示している。この二つで一つを表現しようとしていると考えられる。したがって、両者を切り離してしまうと、エリクソンのもっている発達的なイメージの半分しか表現できないということになりかねない。

また、例えば成人の発達的危機として generativity versus stagnation という言葉が選ばれている。これも「対」として、力動的な理解が必要になる。また、日本語では「生殖性」「生産性」などと訳されていたが、苦し紛れの感がある。もともと英語の術語もエリクソンの造語である。英語にない言葉を、多くのニュアンスを加えてつくり出したものである。だから、翻訳しようとしても日本語の辞書にないことばである。そうなると、エリクソンが言わんとする意味のコンテキストを吟味し、その意味を表す言葉を探すほかない。この語を用いてエリクソンは、次の世代への関心、次の世代がどのように続いてくるかについての関心が、大人の心の中にどのように展開しているのかを記述し、ここに大人としての人間的な危機があるのだということを伝えたいのである。そうすると、現在使われている「世代性」対「停滞」や「世代継承性」対「停滞」といった訳語が、一番近いのではないかということになる。つまり、エリクソンの著書は、翻訳者に心理臨床や心理療法が体験されていなければ、その理解がきわめて困難となる可能性がある。心理療法の体験に対する理解、経験、想像力を、翻訳者に要求しているのではないだろうか。

また、本書にしばしば引用されているエリクソンの *Childhood and Society*（1950）の翻訳書名『幼年期と社会』と改訂版（1963）の翻訳書名『幼児期と社会』がある。著者の引用元の違いによって、本訳書では書名が変わっていることをお断りしておきたい。

＊＊＊

そうした問題とは別に、本書には訳者泣かせのところがある。エリクソンによる手書きのノートがそのまま掲載されており、手書きの解読に慣れていない者にとって、その訳出はじつに大変な作業となった。

その例として、本文から手記の原文を二箇所、引用してみたい。九八頁と一一四頁に掲載されているジェームスとの心理療法の臨床ノート＃1と＃10である。

臨床ノート＃1では、ジェームスを担当するようになったエリクソンが、ジェームズの発達資料や家族関係についてさまざまに検討し、見立て、診断への考察を検討していることが示されている。

また、次の臨床ノート＃10では、心理療法がかなり進んで治療関係も深まっているプロセスの中での、エリクソンの考察が描かれている。本訳書で臨床ノートを読むときは、原文ではこのようにエリクソンの生々しい姿を示していることを想像することで、エリクソンの心の動きにいっそう近づけるのではないだろうか。また翻訳の困難さも、ある程度理解していただけるのではないだろうか。

＊＊＊

さて、理論的には、フロイトやアンナ・フロイトのサークルにエリクソンがいたために、彼はフロイトの本流に位置する人であると考えられてきて、その発想のユニークさがいっそうわからなくなっていた。したがって翻訳者には、精神分析の歴史的知識をも要求されているということになる。この点について、私たちも注意して日本語を選んだつもりである。また、まだ原義とズレる可能性を感じる用語については、「心理的布置の構造《コンフィギュレーション》」というように、訳語の上に原語のカタカナをつけることにした。布置というのは、ドイツ語の「ゲシュタルト」に

Clinical note #1

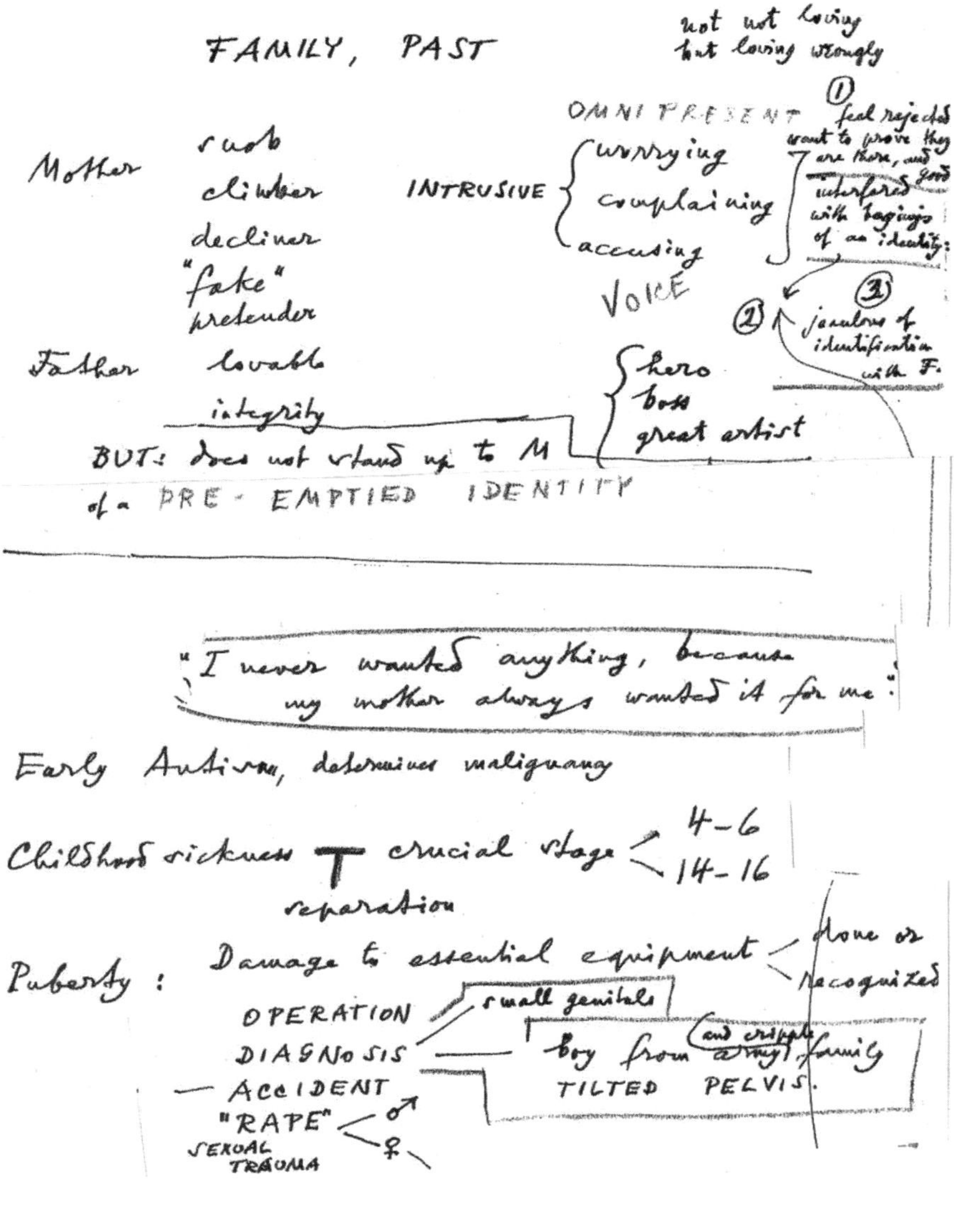

FAMILY, PAST

not not loving
but loving wrongly

Mother　snob
climber
decliner
"fake"
pretender

INTRUSIVE { worrying
complaining
accusing }

OMNIPRESENT

VOICE

① feel rejected
want to prove they are there, and good
interfered with beginnings of an identity:

② ③ jealous of identification with F.

Father　lovable
integrity

{ hero
boss
great artist

BUT: does not stand up to M

of a PRE-EMPTIED IDENTITY

"I never wanted anything, because
my mother always wanted it for me."

Early Antisem, determines malignancy

Childhood sickness — crucial stage < 4–6, 14–16
separation

Puberty: Damage to essential equipment < done or recognized

OPERATION — small genitals
DIAGNOSIS — boy from (and cripple) army family
— ACCIDENT　TILTED PELVIS.
"RAPE" < ♂ ♀
SEXUAL TRAUMA

Clinical note #10

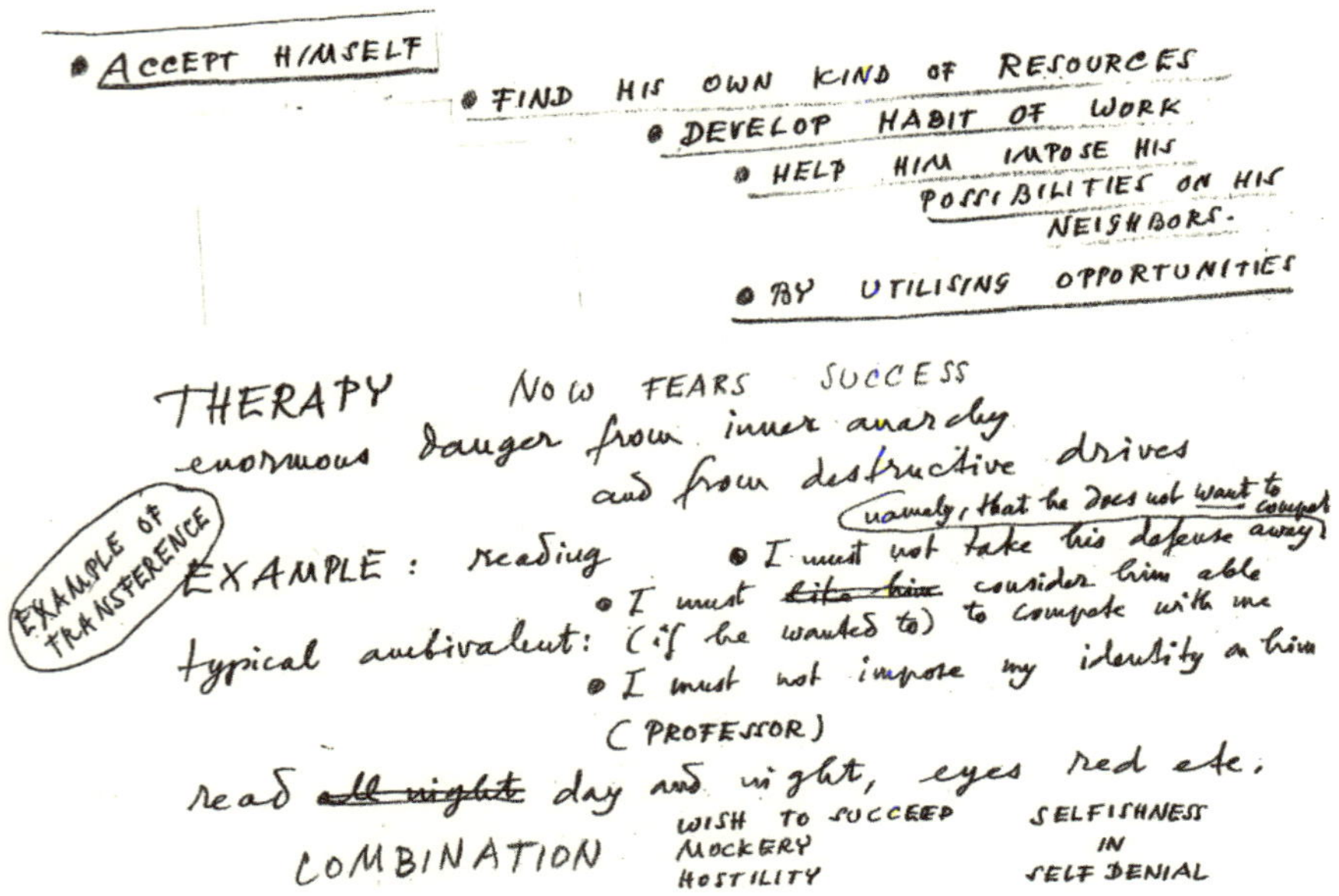

- ACCEPT HIMSELF
- FIND HIS OWN KIND OF RESOURCES
- DEVELOP HABIT OF WORK
- HELP HIM IMPOSE HIS POSSIBILITIES ON HIS NEIGHBORS.
- BY UTILISING OPPORTUNITIES

THERAPY NOW FEARS SUCCESS
enormous danger from inner anarchy
and from destructive drives
(namely, that he does not want to compete)

EXAMPLE OF TRANSFERENCE

EXAMPLE: reading
- I must not take his defense away
- I must ~~like him~~ consider him able to compete with me
typical ambivalent: (if he wanted to)
- I must not impose my identity on him (PROFESSOR)

read ~~all night~~ day and night, eyes red etc.

COMBINATION WISH TO SUCCEED / MOCKERY / HOSTILITY — SELFISHNESS IN SELF DENIAL

相当すると思われる。エリクソンはドイツ語圏で育った人であるので、イメージとしてはドイツ語を連想してもおかしくないであろう。「布置」とは、例えば、雲や夜空の星が「イワシの大群」に見えたり、「入道さま」に見えたり、熊に見えたり、鳥に見えたりするように、意味のある形として見る心の働きということを意味している。ある種の塊や心的な傾向をひとつの形態として捉える、私たちの心の作用でもある。臨床的には、「見立て」とか「アセスメント」と言われるものの原型といってよいだろう。

本書はエリクソンの姿勢について、二つのことを明確にしたものだということがわかる。第一に、これまでの理論に覆われていたエリクソンの臨床的なスタイルが、はっきりと示され、そのユニークさがよくわかった。第二に、エリクソンの理論体系が、精神分析の自我心理学的なものではなく、ずっと対人関係的、関係論的な立場にあることがはっきりした。このような角度からエリクソンをみると、彼の特徴がいっそう明瞭になってくる。その点では、これまでにないユニークなエリクソンについての、またエリクソン自身の著書であるということができる。もちろん、後半は文字どおり、エリクソン自身の記述でもあるのだが。

訳者のひとりの松本寿弥氏は、英語とのバイリンガルな才能をもっている人である。アメリカから臨床心理学者、精神分析の研究者が来日講演をすることになると、いつも松本氏が通訳を担当しているほどである。今回の翻訳が短期間でスムーズに運んだのは、松本氏の力が大きかった。

＊＊＊

本書の翻訳にあたり、次の人々にお礼を申し上げたい。まず、誠信書房の元編集者だった児島雅雄さんにはお世話になった。今は編集の仕事から離れておられるが、本書の版権の取得など、出版の基本的な準備をしていただいた。また同氏には長年にわたってお世話になり、私の関わった数多くの書籍を担当していただいた。心から感謝を申し上げる。本書の編集者を務めていただいたのは、曽我翔太氏である。まだ若い編集者であるが、本書ではていねいに訳文を本文と照らし合わせ、さまざまな意見をいただいた。ありがとうございました。また、編集部長の中澤美穂氏には強力にバックアップしていただいた。短期間のうちに、本書が日本に蘇って生まれたのをうれしく、またありがたく思っている。なお、原書の文中のいくつかのエリクソンの写真が、著作権の都合でそのまま掲載できなかった。残念であるがお許しを願いたいと思っている。

これまでエリクソンの著書に親しんでこられた多くの人々に、臨床的な経験の裏打ちとして本書を利用していただけたら、私たちの努力は報われることになる。また、本書をきっかけとして、エリクソン自身の多くの著作に関心をもっていただければ、彼の言わんとすることの理解はいっそう深まると信じている。

平成三〇年十月　遥かなリッグス・センターでのエリクソンの姿を想像しながら

訳者代表　鑪　幹八郎

人名索引

ア行

アーレント，H.（Hannah Arendt） *230*
イエス（Jesus） *229*
ウィニコット，D. W.（Donald W. Winnicott） *4, 6, 12, 33–35, 37, 47, 56, 64, 215, 218, 231, 233*
ウィーリス，A.（Allen Wheelis） *104*
ウィル，O.（Otto Will） *viii, 104, 218*
ウォートン，E.（Edith Wharton） *228*
ウォーラースティン，R.（Robert Wallerstein） *28, 36, 223*
エヴァンス，R.（Richard Evans） *233*
エリクソン，J.（エリクソン夫人）（Joan Erikson） *iii, v, vii, 7–9, 12, 14, 15, 21, 230, 236*
エリクソン，K.（Kai Erikson） *8*
エーレンバーグ，D.（Darlene Ehrenberg） *218, 231*

カ行

ガンディー，M. K.（Mohandas Karamchand Gandhi） *30*
カーンバーグ，O.（Otto Kernberg） *35*
キーツ，J.（John Keats） *225*
ギル，M.（Marton Gill） *104*
キング，M. S.（Martin Luther King, Jr.） *18*
クライン，M.（Melanie Klein） *47*
コフート，H.（Heinz Kohut） *37, 62*
ゴーランド，J.（Jeffrey Golland） *28, 33*
コールズ，R.（Robert Coles） *20, 24, 31, 36, 53, 71*
ゴールドバーガー，L.（Leo Goldberger） *36*

サ行

サックステダー，J.（Jim Sacksteder） *vii*
サリヴァン，H. S.（Harry Stack Sullivan） *4, 12, 38, 211, 213–216, 218, 235, 246*
サールズ，H. F.（Harold F. Searles） *37, 218*
サルトル，J-P.（Jean-Paul Sartre） *124*
シェイクスピア，W.（William Shakespeare） *227, 228*
シェイファー，R.（Roy Shafer） *3, 104*
ジェーコブソン，A.（Al Jacobson） *vii*
ジェームズ，W.（William James） *230*
シェーンウォルフ，G.（Gerald Schoenwolf） *37*
シャノク，R. S.（Rebecca Shahmoon Shanok） *12, 37*
シャピロ，E.（Ed Shapiro） *vii*
シュワルツ，D.（Daniel Schwartz） *vi, vii*
スターン，D.（Daniel Stern） *4, 225, 226*
セリグマン，S.（Stephen Seligman） *12, 37*
ソロモン，D.（Deborah Solomon） *38, 39*

タ行

ダイヤー，R.（Richard Dyer） *29*
チャセル，J.（Joseph Chassell） *ix, 104*
ドイチュ，H.（Helene Deutsch） *30*

ナ行

ナイト，R.（Robert Knight） *32, 102–105, 108, 207, 235*
ニクソン，R.（Richard Nixon） *13*

ハ行

ハイデガー，M.（Martin Heidegger）　*31*
バーグマン，M.（Martin Bergmann）　*36*
バーマン，M.（Marshall Berman）　*35*
バーリンガム，D.（Dorothy Burlingham） *43*
ハルトマン，F.（Frank Hartman）　*36*
バレット，W.（William Barrett）　*4*
ファーバー，L.（Farber Leslie）　*104*
フェアバーン，W. R.（William Ronald Fairbairn）　*37*
フェレンツィ，S.（Shandor Ferenczi）　*1, 235*
ブラゼルトン，T.B.（T. Berry Brazelton） *vii*
プラトン（Plato）　*61*
フリース，C.（Carolyn Fleiss）　*vii*
フリードマン，L.（Lawrence Friedman） *2, 8, 35, 45, 46, 48, 102, 106, 123*
ブレンマン＝ギブソン，M.（Margaret Brenman-Gibson）　*viii, 104*
フロイト，A.（Anna Freud）　*20, 24, 29, 30, 43, 46, 47, 56, 226*
フロイト，S.（Sigmund Freud）　*6, 7, 28, 43, 47, 49, 209, 211*
ブロス，P.（Peter Blos）　*43*
フロム，E.（Erich Fromm）　*12, 35, 235*
フロム，M. G.（M. Gerard Fromm） *33–35, 213*
フロム＝ライヒマン，F.（Frieda Fromm-Reichmann）　*37, 214, 231*
ブロランド，S.（Bloland Sue）　*8*
フンク，R.（Rainer Funk）　*235*
ヘイヴンズ，L.（Leston Havens）　*vii, 226*
ホーンブルガー，T.（Theodore Homburger）　*21*

マ行

ミラー，S.（Miller Stewart）　*108*
メイ，R.（Rollo May）　*214, 231*
メニンガー，K.（Karl Menninger）　*103*
メリト，R.（Richard Melito）　*vii*
モリス，L.（Leslie Morris）　*145*
モンテッソーリ，M.（Maria Montessori） *44*

ヤ行

ヤンコロヴィッチ，D.（Daniel Yankelovich）　*4*

ラ行

ラパポート，D.（David Rapaport）　*31, 102–104*
リフトン，R.（Robert Lifton）　*31*
ルター，M.（Martin Luther）　*30*
レイン，R.（Ronald Laing）　*246*
レヴァイン，H.（Howard Levine）　*28, 36, 223*
ローゼン，P.（Paul Roazen）　*30, 214*
ローゼンバーグ，A.（Al Rothenberg）　*vii*

ワ行

ワトローバ，L.（Lee Watroba）　*vii*

事項索引

ア行

カ行

サ行

タ行

ナ行

ハ行

マ行

ヤ行

ラ行

ワ行

【著者紹介】

スティーブン・シュライン（Stephen Schlein）

臨床心理学者，精神分析家。オースティン・リッグス・センターで臨床的トレーニングを受け，そこでエリク・エリクソンと出会い，師事する。ハーバード大学医学大学院の元教員であり，臨床スーパーヴァイザーを務めた。ケンブリッジ病院のエリクソン・センターではエリクソンとともに教え，彼の自選論文集『ひとつのものの見方 *A Way of Looking at Things*』を編纂した。現在は，アメリカ国内外でエリクソンの著作について講義を行っている。マサチューセッツ精神分析インスティテュートの教員，ボストン精神分析インスティテュートの客員教員でもある。また，マサチューセッツ州レキシントンで，臨床実践を続けている。

【訳者紹介】

鑪　幹八郎（たたら　みきはちろう）

1934年　熊本県に生まれる
1961年　京都大学大学院博士課程修了（臨床心理学専攻）
現　在　広島大学名誉教授，京都文教大学名誉教授，
　　　　教育学博士，臨床心理士
著訳書　『試行カウンセリング』誠信書房 1977,『夢分析の実際』創元社 1979,『夢分析と心理療法』創元社 1998,『鑪幹八郎著作集』ナカニシヤ出版，（『Ⅰ　アイデンティティとライフサイクル論』2002,『Ⅱ　心理療法と精神分析』2003,『Ⅲ　心理療法と倫理・スーパーヴィジョン』2004,『Ⅳ　心理療法と映像・イメージ』2008),『洞察と責任』［改訳版］誠信書房 2016（エリク・H・エリクソン著),『心理療法家の手引』誠信書房 2018（共編著）　他多数

松本　寿弥（まつもと　ひさや）

1970年　兵庫県に生まれる
2002年　京都大学大学院博士課程単位取得退学（人間環境学専攻）
2010年　京都文教大学大学院博士前期課程修了（臨床心理学専攻）
現　在　京都文教大学臨床心理学部臨床心理学科講師，
　　　　産業メンタルヘルス研究所研究員，臨床心理士，
　　　　京都精神分析心理療法研究所（KIPP）精神分析的心理療法家

スティーブン・シュライン著

クリニカル・エリクソン

——その精神分析《せいしんぶんせき》の方法《ほうほう》：治《ち》療的《りょうてき》かかわりと活性《かっせい》化《か》

2018年11月25日　第1刷発行

訳　者　鑪　幹八郎
松本寿弥
発行者　柴田敏樹
印刷者　西澤道祐

発行所　株式会社　誠信書房
〒112-0012　東京都文京区大塚3-20-6
電話　03 (3946) 5666
http://www.seishinshobo.co.jp/

あづま堂印刷　協栄製本
検印省略

Printed in Japan
ISBN 978-4-414-41472-1　C3011

洞察と責任

精神分析の臨床と倫理 [改訳版]

エリク・H・エリクソン 著
鑪 幹八郎 訳

社会や文化を基盤にもつ、より広い人間論として精神分析をとらえる試み。
臨床家はもちろん精神分析に関心があれば必読の古典的名著。

目次

A5判上製　定価(本体3600円＋税)

アイデンティティとライフサイクル

エリク・H・エリクソン 著
西平 直・中島由恵 訳

エリクソンがその後の展開の中でその思想の醍醐味を発揮していく前提となった論考。

主要目次

A5判上製　定価(本体3500円+税)